AF368567

LES CHEVALIERS DU CYGNE,

OU

LA COUR DE CHARLEMAGNE.

TOME TROISIÈME.

Tremblante, hors d'haleine, elle tombe à genoux.

LES CHEVALIERS DU CYGNE,

OU

LA COUR DE CHARLEMAGNE;

Conte historique et moral, pour servir de suite aux Veillées du Château , et dont tous les traits qui peuvent faire allusion à la révolution française , sont tirés de l'Histoire.

PAR MADAME DE GENLIS,

Auteur du Théâtre d'éducation, d'Adèle et Théodore, etc.

Et coupable un moment , on est puni toujours.
THOMAS CORNEILLE.

Si les adversités , qui ne regardent que les biens de la fortune, dont un ami se voit dépouillé , sont une raison de s'attacher à lui avec plus de zèle , et de faire pour lui de plus grands efforts , la perte de l'innocence , quand elle ne vient pas d'une dépravation sans ressource, est un motif bien plus pressant de voler au secours d'un homme qui tâche lui-même de se relever de sa chute. SETHOS, liv. 8.

TOME TROISIÈME.

A HAMBOURG,

Chez P. F. FAUCHE , Imprimeur et Libraire.

(1797.)

TABLE

DES CHAPITRES

DU TROISIÈME VOLUME.

Fin de la Table des Chapitres.

LES

LES
CHEVALIERS DU CYGNE

OU

LA COUR DE CHARLEMAGNE,

CONTE HISTORIQUE ET MORAL.

CHAPITRE PREMIER.

Une Reine sans esprit, et mal conseillée.

> L'Anglais indépendant et libre autant que brave,
> Des caprices de cour ne fut jamais esclave.
> Nous ne l'avons point vu régler, jusqu'à ce jour,
> Sur la faveur des rois, sa haine ou son amour.
> Contre un tel préjugé, son ame est aguerrie;
> Souvent contre le trône il défend sa patrie.
>
> *Warwick, tragédie de M.* DE LA HARPE.

CE jour si glorieux pour la duchesse de Clèves, acheva d'exalter pour elle les sentimens d'Isambard. Il remarquait avec une joie secrète, que cette princesse affectait de traiter ses rivaux, Theudon et le timide Guichard, avec une politesse pleine de réserve et de froideur, tandis qu'elle était remplie de graces pour tous les autres Chevaliers, et pour lui particulièrement. Enfin, il voyait que déjà il s'était attiré la haine du roi de Pannonie ; il attribuait à la jalousie cette aversion prématurée, et son cœur s'ouvrait par degrés aux plus séduisantes espérances. Béatrix était assise entre Amalberge et Délie ; Isambard, Lancelot, Angilbert, Archambaud et quelques autres Chevaliers, formaient un demi-cercle, en face de ces trois personnes. Angilbert venait de lire des vers qu'il avait faits pour Beatrix ; mais depuis un moment, cette princesse, tombée dans une profonde rêverie, ne se mêlait plus à la conversation ; cependant, au bout de quelques minutes, elle reprit la parole, et changeant d'entretien, elle parla de la cour de France ; elle fit sur ce sujet beaucoup de questions à Isambard. Et tout-à-coup, elle lui demanda s'il trouvait qu'elle eût en effet une ressemblance aussi frappante avec la malheureuse fille de Vitikind, que le prétendaient les autres Chevaliers français, et Ogier le danois ? Cette question, quoique fort simple, surprit

Isambard, et lui fit une sorte de peine, dont il ne put se rendre raison ; il répondit que cette ressemblance était véritablement extraordinaire ; là-dessus, Béatrix fit une multitude de questions sur Célanire, en entrant, à cet égard, dans les plus minutieux détails ; elle voulut savoir de quelle manière elle était mise, lorsqu'elle arriva à la cour. On lui répondit qu'elle avait conservé pendant quelque temps le costume de son pays, et la duchesse se fit faire la plus exacte description de l'habillement saxon. Dans cet instant, Olivier rentra dans la chambre ; aussitôt Béatrix rompit cet entretien, et se hâta de parler d'autre chose. Olivier, suivant sa coutume, fut se placer à l'écart dans un coin du salon ; il s'approchait rarement de la duchesse, jamais il ne lui adressait la parole ; elle, de son côté, lui parlait peu, et paraissait plaindre et respecter sa profonde mélancolie. Les Chevaliers français avaient questionné Isambard sur la tristesse de son ami. Isambard en donnait pour raison, sa rupture avec Armofiède ; il en avait même parlé à Ogier le danois, en lui reprochant son attachement pour une personne si méprisable ; mais Ogier séduit, et plus amoureux que jamais, sachant enfin, à n'en pouvoir douter, que son Aminte était Armoflède, croyait que tout son crime était de lui avoir sacrifié Olivier, et il excusait aisément un égarement si flatteur pour lui. Cette idée lui donnait un extrême embarras avec Olivier; ce dernier le sachant amoureux d'Armoflède, avait pris pour lui une sorte d'éloignement, et l'évitait avec soin; ce qui achevait de confirmer Ogier dans son erreur.

La conversation étant devenue générale dans le salon, le seul Olivier, tristement retiré dans une embrasure de fenêtre, n'y prenait point de part; lorsque l'on entendit le son perçant d'un cor, qui annonçait l'arrivée d'un nouveau Chevalier; en effet, peu de minutes après on vit paraître le vaillant Astolphe, fameux paladin anglais (1), que tous nos Chevaliers connaissaient depuis long-temps de réputation, et qu'Olivier avait rencontré plusieurs fois dans ses voyages. Après les premiers complimens, on fit au Chevalier anglais beaucoup de questions sur l'état actuel de son pays. Béatrix voulut connaître les détails de la révolution qui avait placé Egbert sur le trône, malgré les droits et le parti puissant de la reine Edburge. Astolphe satisfit ainsi la curiosité de la duchesse.

Les droits de la reine Edburge, dit-il, étaient en effet infiniment mieux fondés que ceux d'Egbert; mais le trône est un bien dont l'amour du peuple peut seul assurer l'héritage. Les commencemens du règne d'Edburge semblaient lui présager un destin plus heureux. Une grande jeunesse, un extérieur et des manières agréables, lui gagnèrent d'abord tous les cœurs; son ame était naturellement sensible; sa première ambition fut de se former une société douce et sûre, et d'acquérir de vrais amis. Mais malheureusement elle manquait d'esprit et d'expérience; elle fit de mauvais choix; et le sentiment le plus fait pour étendre les lumières et perfectionner la raison, ne servit qu'à l'égarer et à la corrompre. Elle aima d'abord avec une bonne foi touchante; elle s'enorgueillisait bien moins de son rang, que de la gloire de s'être attaché des amis qu'elle croyait fidèles; remplie de graces et de délicatesse pour eux, elle mettait son bonheur à prévenir leurs desirs, et à les combler de bienfaits. Mais tant de charmes et de générosité ne firent que des ingrats, et ne purent jamais satisfaire l'insatiable ambition de ses favoris ; ils avaient, en général, trop peu de principes pour s'occuper de la gloire de la reine , et la légèreté de leur conduite leur faisait même desirer qu'elle-même se mît au-dessus de ce qu'ils appelaient des préjugés. Il ne leur fut pas difficile de séduire une jeune princesse, vive, sensible et bornée, et dont ils possédaient toute la confiance ; ils l'engageaient sans cesse, pour le plus frivole intérêt de plaisirs ou de vanité, à renverser toutes les lois sevères de l'étiquette, que les souverains ne doivent abolir en public, que pour se rendre populaires. Mais la reine, sans montrer au peuple plus de bonté et d'affabilité, faisait chaque jour des démarches extraordinaires et inconsidérées, et elle perdait insensiblement toute sa dignité et sa considération personnelle. Les favoris n'étaient pas aimés de la nation, et ils inspirèrent à la reine un profond dédain pour le peuple ; elle le montra , et bientôt elle fut universellement haïe, et en reçut des témoignages certains. Alors, au lieu de chercher à regagner la bienveillance de la nation, elle se livra toute entière au plus violent ressentiment; et pensant qu'un petit cercle d'adulateurs suffisait à sa gloire, elle brava le public, ne mit plus de ménagemens dans sa conduite, ni de frein à ses passions. Elle afficha un tel mépris des bienséances, que sa cour même (la plus corrompue de l'Europe) en fut indignée (*). Les favoris hasardèrent quelques représentations, mais qui ne servirent qu'à refroidir la reine pour eux. Cette malheureuse princesse, qu'on avait enivrée si long-temps de séductions et de flatteries, n'était plus en état d'écouter la voix de la raison. Enfin, s'avançant à grands pas vers sa ruine, sa conduite devint si scandaleuse, que sa confiance parut un opprobre aux courtisans les plus avilis;

(*) On doit supposer qu'Astolphe ne parle ici qu'en général; et qu'il admet des exceptions. Et j'ajouterai que mes recherches historiques m'ont fourni la preuve que, dans cette cour si légère et si licencieuse, il existait plusieurs personnages éclairés et vertueux, et qu'il s'en trouva même dans cette multitude de personnes qui, successivement ou à la fois, partagèrent la faveur de la reine. Mais ceux-là ne furent point écoutés.

chacun d'eux gardait les places qu'il devait à sa faveur, mais tous protestèrent qu'ils avaient perdu leur crédit sur son esprit, qu'ils n'étaient plus consultés par elle, et pour le prouver, ils censurèrent hautement ses démarches, et décrièrent à l'envi ses mœurs et son caractère. La reine alors, désabusée de l'amitié, chercha des consolations dans de nouveaux égaremens; son ame découragée, corrompue et flétrie, se ferma sans retour à tous les sentimens doux et tendres, et s'ouvrit et s'abandonna sans réserve à la haine et à la vengeance, passions funestes qui ont achevé de la perdre. Ce fut vers ce temps que la révolution commença; tout le monde en connaît l'histoire, je n'entrerai que dans les détails qui concernent la reine. Le peuple voulait la réforme des abus; l'ambition et la cupidité des courtisans se refusaient à des demandes qui entraînaient des sacrifices pénibles pour eux. La reine, accoutumée à mépriser le peuple, s'aveugla sur le danger qui la menaçait; elle montra la plus grande sécurité, et l'on attribua à son courage ce qui n'était l'effet que de son manque de lumières. Cependant, le peuple armé remporta la victoire, et le prince Egbert allait être placé sur le trône, lorsqu'Edburge, cédant à la nécessité, promit enfin de souscrire aux conditions imposées ; la nation indulgente oublia ses égaremens, elle remit la couronne sur sa tête, et le prince Egbert fut obligé d'aller chercher un asyle à la cour de Charlemagne. La nation, en replaçant Edburge sur le trône, s'était conduite avec autant de franchise que de générosité ; mais les courtisans, qui détestaient la révolution, se flattèrent que la reine pourrait assurer le succès de leurs projets insensés. Dans cette pensée, ils s'appliquèrent à nourrir le ressentiment des injures qu'elle avait reçues ; ils lui persuadèrent qu'elle avait un parti puissant, que l'Europe entière avait les yeux sur elle, et qu'elle se couvrirait d'une immortelle gloire, si elle parvenait à reconquérir les droits qu'elle avait solennellement abjurés ; enfin, ils lui répétèrent qu'on attendait tout de sa fermeté et de son courage. La reine, enivrée de ces flatteries, et desirant la vengeance avec passion, adopta tous les plans extravagans qui lui furent proposés. Alors les courtisans louèrent avec excès son esprit et la grandeur de son

caractère ; et cette malheureuse princesse, en jouant le rôle le plus mal-
adroit et le plus lâche, se croyait une
héroïne. En effet, quoi de plus im-
prudent que de s'entourer de gens
connus universellement pour abhorer
la révolution ? et quoi de moins cou-
rageux, que de répéter dans tous ses
discours publics, les assurances de sa
sincérité et de son attachement aux lois
nouvelles ? d'autant plus que rien ne
la forçait à faire ces discours publics,
et qu'elle les prodiguait sans qu'ils
fussent ni sollicités, ni desirés. Cette
duplicité, jointe à son indiscrétion, et
aux imprudences de ses prétendus amis,
ranima la haine et le mépris. On découvrit ses intrigues secrètes, on en sup-
posa même, qui vraisemblablement
n'ont jamais existé ; mais la nation,
bien convaincue que la reine était implacable et de mauvaise foi, se décida
enfin sans retour, en faveur d'Egbert.
Ce prince fut rappelé et reçu avec transport ; sa réputation de douceur, de
droiture et de bonté, rassura ceux mêmes qui s'étaient montrés les plus contraires à sa cause. Sa première démarche fut de prononcer publiquement le
serment solennel d'oublier à jamais

toutes ses injures personnelles, et en effet, sa conduite noble et franche ne laisse aucune inquiétude à cet égard. Cependant le peuple, outré contre la reine, se serait porté contr'elle aux dernières extrémités, si le roi son successeur n'avait pas voulu la sauver ; ce prince me chargea du soin de la conduire hors de l'Angleterre, et de faire passer avec elle ses trésors et ses pierreries ; il me traça lui-même la route que nous devions prendre ; et il me dit, que lorsque nous aurions passé la mer, je la conduirais au lieu qu'elle choisirait pour asyle dans le continent. Comme je louais la générosité du roi envers Edburge, qu'on accusait d'avoir attenté plusieurs fois à sa vie : L'humanité seule, répondit Egbert, me prescrirait une telle conduite, mais la politique même me l'impose. Le malheur ne corrige que les belles ames ; il achève d'avilir les ames dégradées. Je connais la reine ; je suis certain que, quel que soit son asyle, elle y justifiera aux yeux de l'Europe entière, par ses mœurs, ses emportemens et ses fausses démarches, la conduite du peuple anglais ; qu'elle vive : et les partisans mêmes qu'elle a pu conserver dans ce pays, seront bientôt forcés de la mépriser. Au lieu que, si elle périssait victime de la fureur populaire, on oublierait sa vie entière, pour ne se rappeler que sa fin tragique ; une vive et juste compassion succéderait à la haine qu'elle inspire ; elle laisserait une mémoire intéressante, et les ennemis de la révolution en feraient une héroïne. Je trouvai ces réflexions parfaitement justes, et j'admirai cet heureux accord de la politique et de la vertu, mais qui n'existe que pour les grandes ames et les esprits supérieurs. D'après les ordres du roi, j'ai dirigé la fuite d'Edburge, et passé la mer avec elle. Cette princesse a voulu se rendre à la cour fameuse, où le prince qui venait de la chasser de sa patrie, avait lui-même trouvé jadis un asyle. La réputation de Charlemagne a décidé son choix. En effet, l'Empereur n'a vu dans Edburge qu'une reine infortunée, à laquelle il devait son appui ; il a pensé avec justice qu'Egbert lui-même, lui saurait gré d'accueillir, dans une telle situation, sa rivale et son ennemie. J'ai laissé Edburge à Aix-la-Chapelle (2) ; et ayant appris l'injuste entreprise des princes ligués contre la duchesse de Clèves, je suis venu lui offrir mon bras et mes services.

CHAPITRE II.

Les confidences.

Le cœur a des secrets que l'esprit ne sait pas.
LA CHAUSSÉE.

LE récit du paladin Astolphe donna lieu à une conversation générale, qui dura jusqu'au souper. Astolphe se mit à table à côté d'Olivier, et lui demanda un rendez-vous particulier ; le lendemain, Olivier se rendit dans sa chambre à midi, et le Chevalier anglais lui confia que le principal motif de son voyage, était de demander la main de Béatrix, pour le roi d'Angleterre. Ce prince, ajouta-t-il, dans le temps où il était fugitif, passa dans ce pays ; inconnu et confondu dans la foule, il vit une seule fois la duchesse dans une fête publique ; elle n'avait alors que quinze ans, son père vivait encore, mais elle fit sur le cœur d'Egbert une impression ineffaçable, et maintenant il met à ses pieds le trône qu'il a conquis par sa valeur, et ses vertus. Après avoir fait ce détail, Astolphe ajouta qu'il desirait obtenir une audience particulière de Béatrix, pour s'acquitter de sa mission ; Olivier répondit que la princesse n'en accordait point de telles pour des affaires politiques, depuis la persécution qu'elle éprouvait ; qu'ayant à ménager les esprits différens, et même les prétentions de ses défenseurs, elle évitait avec soin tout ce qui pouvait inspirer de la défiance ou causer de l'ombrage, et que toute espèce de négociation se traitait publiquement. Cette explication embarrassa beaucoup Astolphe, qui, sachant l'éloignement de Béatrix pour l'hymen, ne voulait pas recevoir un refus public. Après quelques réflexions, il conjura Olivier de sonder ses dispositions, et de vanter à cette princesse les qualités personnelles d'Egbert, qu'il avait connu. Tout ce que je pourrais lui dire à cet égard, poursuivit-il, serait suspect dans ma bouche, et ne peut l'être dans la vôtre. Olivier refusa positivement de se charger de cette commission, et sur les instances réitérées d'Astolphe, il proposa d'en parler à Isambard, qui, ainsi que lui, connaissait le roi d'Angleterre, et Astolphe y consentit. Olivier, en refusant, avait eu deux motifs ; l'embarras de se trouver tête-à-tête avec Béatrix , et le scrupule de lui faire une proposition, dont le succès affligerait Isambard. Ce dernier, à la vérité , ne lui parlait plus de ses sentimens pour Béatrix. Olivier démêlait facilement que cette frappante ressemblance avec Célanire , lui ôtait toute confiance avec lui sur ce point, et lui causait un embarras que sa raison ne pouvait vaincre. Mais, certain qu'il adorait cette princesse, et croyant pénétrer qu'elle avait du penchant pour lui , il crut devoir l'instruire de ce nouvel évènement, et fut sur-le-champ lui en faire part. Isambad l'écouta avec émotion, et après l'avoir remercié : Eh bien ! mon ami, lui dit-il, s'il existe un homme sur la terre qui soit digne de Béatrix, c'est sans doute ce prince ; il faut lui en parler , comme le desire Astolphe. Alors, reprit Olivier , tu t'en chargeras. Non , répondit Isambard, je t'avoue que je m'en acquitterais mal , et que je ne pourrais cacher l'excès de mon trouble. Mais je te conjure de lui demander cet entretien particulier , de lui dire en faveur d'Egbert tout ce que la justice et la vérité doivent t'inspirer, et ensuite de me rendre un compte exact, et même minutieux, de tout ce qu'elle aura répondu sur ce point. Olivier se défendit encore, mais en vain. Isambard exigea positivement de lui cette démarche.

Lorsqu'on se mit à table pour dîner, Olivier s'approcha de la duchesse, et s'en trouva si près, qu'elle l'invita, pour la première fois, à se placer à côté d'elle. Olivier parla très peu, mangea moins encore, et pendant tout le dîner, n'eut jamais le courage de hasarder la demande qu'il avait projeté de faire; toutes les fois qu'il en prenait la résolution, il éprouvait un violent battement de cœur, et la parole expirait sur ses lèvres; enfin, à l'instant où l'on se levait, Béatrix se tournant de son côté, il lui dit brusquement, en baissant les yeux, en rougissant et en balbutiant : Oserais-je, Madame, vous supplier de m'accorder aujourd'hui un moment d'audience ? Béatrix fit un mouvement de surprise, mais répondit aussi tôt: Oui, ce soir, dans mon cabinet, à six heures.

On rentra dans le salon; Béatrix parut rêveuse et préoccupée ; Olivier fut avec Isambard, attendre chez ce der-

nier, l'heure indiquée pour le rendez-
vous. Isambard reprenant toute sa confiance pour Olivier, lui ouvrit son
cœur, et lui laissa voir ses inquiétudes
et son amour ; mais il persista toujours
dans sa générosité, et recommanda fortement à son ami, de parler pour le
roi d'Angleterre, d'après sa conscience
e tla vérité. Quelques minutes avant
six heures, Olivier se rendit dans l'appartement de la princesse ; en traversant les pièces qui précédaient son cabinet, un souvenir, à la fois délicieux
et plein d'amertume, vint s'offrir à son
imagination ; l'heure, la disposition des
pièces qu'il parcourait, leur ameuble-
ment, l'agitation de son ame, tout lui
rappelait sa première entrevue tête-à-
tête avec Célanire, dans le palais de
Charlemagne, lorsqu'Emma l'envoya
dans son cabinet, où Célanire l'attendait. L'idée que la ressemblance de la
figure et du son de voix de Béatrix,
allait ajouter à cette illusion, acheva
de le troubler. Enfin, il arrive à la
porte du cabinet, elle était entr'ouverte, il s'arrêta...... Dans ce moment, une voix qui pénétra jusqu'au
fond de son ame, l'appelle doucement,
et lui dit d'entrer. C'était la première

fois que la princesse, en lui parlant,
l'appelait par son nom ; et la manière
dont elle prononça ces deux mots,
venez, Olivier, eut quelque chose de
si touchant pour lui, que ses yeux se
remplirent de larmes..... Olivier, malgré l'affaiblissement de sa santé et son
excessive pâleur, avait conservé toutes
les grâces d'une figure aussi agréable
que régulière ; ses yeux, pleins de
feu et de sentiment, exprimaient tout
ce qui se passait dans son ame, et il y
avait dans ses manières, dans ses gestes
et dans les inflexions de sa voix, un
naturel, un accord et un charme qui
inspiraient l'intérêt et fixaient l'attention.
Béatrix, en l'appercevant, se leva ; et
en jetant les yeux sur lui, elle fut si
frappée de l'expression de sa physionomie, qu'elle resta debout quelques
minutes..... Enfin, elle se remit dans
son fauteuil ; et lui montrant un siége
qui était à côté d'elle, Olivier s'assit,
mais sans proférer une parole. La duchesse était placée devant les lumières,
de manière que son visage se trouvait
un peu dans l'ombre ; on ne distinguait pas la couleur de ses cheveux et
de ses yeux ; on ne voyait bien que
la forme de son visage et sa taille : elle

avait un habit blanc..... Olivier se rappela que Célanire était toujours vêtue ainsi ! Jamais la ressemblance ne lui avait paru si extraordinaire et si parfaite !..... son embarras seul pouvait égaler son émotion. Que penserait la duchesse de son silence et de son maintien ? Cependant il ne pouvait parler ; une oppression insurmontable le mettait hors d'état d'articuler une syllabe : d'ailleurs, à peine se souvenait-il de ce qu'il avait à lui dire !..... Ces pensées joignaient à son trouble une contrainte et une inquiétude inexprimables..... Au bout d'un demi-quart d'heure, Béatrix prenant la parole : Eh bien ! Olivier, dit-elle, qu'avez-vous à me dire ? Ah ! Madame, ... reprit le malheureux Olivier. Il lui fut impossible de poursuivre ; il fondit en larmes. Aussi-tôt, mettant ses mains sur son visage, il fit un mouvement pour sortir. La duchesse le retint, en lui disant, d'une voix entrecoupée..... Demeurez..... je le veux..... Olivier, plus ému que jamais, reste immobile..... ses larmes s'arrêtent..... un sentiment qu'il ne peut définir, les suspend, et dissipe son embarras..... Il regarde la duchesse ; et, pour la pre-

mière fois, il la trouve aussi belle,
aussi touchante que Célanire même.
Elle pleurait !..... O ciel ! s'écria-t-il.
Il n'ose en dire davantage ; mais, pour
un instant, les souvenirs douloureux
s'effaçant de sa mémoire, il ne voit
plus qu'elle, et la contemple avec ravissement. Écoutez, Olivier, reprit la
duchesse ; je vais, je crois, vous épar-
gner une confidence embarrassante :
j'ai découvert votre secret ; j'ai tout
pénétré. Je sais qu'une ressemblance
frappante vous rappelle un souvenir
déchirant. Je vous plains du fond de
l'ame, je gémis de ce rapport singulier
qui vous afflige ; mais, au nom du
ciel ! que cette illusion ne me prive
point d'un défenseur tel quel vous..... ;
et si vous venez pour me faire vos
adieux..... Qui ! moi, Madame ? interrompit Olivier avec véhémence ; moi
vous quitter, quand mon bras peut
vous être utile ?..... Ah ! verser tout
mon sang pour vous défendre, mourir
pour vous, voilà désormais la seule
gloire que je puisse ambitionner.....
Vous me rassurez, répondit la duchesse : j'avais imaginé que vous vouliez me quitter. Olivier soupira, et ne
répliqua rien ; il se défiait de lui-même,

et craignait de parler. Après un moment de silence : Je vais vous apprendre, dit la duchesse, comment j'ai deviné vos sentimens. Long-temps avant votre arrivée, Angilbert et Lancelot m'avaient parlé de cette ressemblance qui vous cause tant de peine ; et ils m'avaient conté la fin tragique de l'infortunée Célanire, et de quelle manière vous exposâtes vos jours pour sauver les siens. Ici, Olivier frémit ; ces paroles dissipèrent l'enchantement qui venait de suspendre un instant ses profondes douleurs ... ; et la duchesse poursuivant son discours : Cette funeste histoire, continua-t-elle, m'intéressa vivement. Je pensai que dans ce grand nombre de Chevaliers qui composent la brillante cour de Charlemagne, il était impossible qu'il ne s'en trouvât pas quelques-uns qui eussent aimé une personne dont on vantait autant l'esprit, les vertus et l'aimable caractère ; j'imaginai que si un de ces Chevaliers venait ici, je découvrirais ses sentimens, par le trouble que lui causerait ma présence.

Ogier le danois arriva trois semaines avant vous ; il m'annonça que les Chevaliers du Cygne le suivraient de près.

Le nom fameux d'Olivier me rappela celui de l'intéressante et malheureuse Célanire ! ..... Je fis des questions..... Ogier m'apprit que vous étiez plongé dans la plus profonde mélancolie, et qu'un crêpe noir couvrait votre bouclier. Je soupçonnai dès lors la vérité.... Je vous attendais avec une extrême curiosité..... Quand vous arrivâtes , je vous reconnus de loin..... ; car on m'avait parfaitement dépeint votre maintien et votre figure.... Je n'oublierai jamais l'expression de votre regard et de votre physionomie, dans ce premier moment de surprise et d'émotion..... J'en fus plus touchée que je ne puis vous le dire..... En achevant ces paroles , la duchesse s'arrêta..... ; et les pleurs d'Olivier recommencèrent à couler. Je ne vous nierai point, Madame , reprit-il , ce que vous avez pénétré..... Il est vrai, je l'adorais..... J'emporterai dans la tombe cette passion fatale !...... Ah ! pourrait-on ne pas regretter toujours celle qui vous ressemblait si parfaitement..... La duchesse ne répondit rien , et il y eut un long silence. Enfin, Béatrix sortant de sa rêverie : Je ne suis entrée dans cette explication , dit-elle , que pour vous ôter l'embarras cruel que vous aviez avec moi ; je sens trop que rien ne peut vous consoler : mais j'ai voulu du moins vous délivrer du tourment de la contrainte ; j'ai pensé même que l'illusion de cette ressemblance vous agiterait moins , lorsque vous n'auriez plus la crainte de m'étonner par des bizarreries inexplicables. Je ne vous rassure point sur votre secret ; j'ose me flatter que vous êtes sans inquiétude à cet égard. Je ne renouvellerai jamais ce triste entretien ; mais je m'honorerai de votre confiance , et mon cœur en est digne , par le sensible intérêt qu'il prend à votre douleur. Maintenant, Olivier , apprenez-moi le motif de votre visite. Olivier était si profondément ému , qu'il fut obligé de se recueillir quelques minutes , pour être en état de répondre. Enfin , il fit le détail de sa mission , et le plus grand éloge d'Egbert. La duchesse l'écouta sans l'interrompre ; et quand il eut cessé de parler : Quel âge a le roi d'Angleterre ? demanda-t-elle. Cette question , qui paraissait annoncer une sorte de délibération , fit rougir Olivier. Je crois , Madame , répondit-il , que ce prince est à-peu-près de mon âge , et j'ai vingt-huit ans. — Olivier, que

me

me conseillerez - vous ? — Je pense, Madame, comme Isambard, que s'il existe dans l'univers un homme qui puisse raisonnablement prétendre à la main de la duchesse de Clèves, c'est le roi d'Angleterre. — Mais prétendre à ma main, n'est-ce pas prétendre à mon cœur ? — La politique, la raison et la gloire, voilà, Madame, les motifs qui forment les alliances des personnes de votre rang. — Vous me placez donc dans la classe de toutes les autres princesses ? — Moi ! grand Dieu ! qui ne puis vous comparer qu'au seul objet..... Ici Olivier s'arrêta, et rougit encore. Eh bien ! reprit la duchesse, sachez, Olivier, que si je forme jamais l'engagement que vous me proposez, je ne consulterai que mon cœur. Enfin, je pourrais, pour l'intérêt de mes sujets, quitter les lieux qui m'ont vue naître ; mais l'ambition ne me fera jamais renoncer à mon pays. Vous pouvez porter cette réponse au Chevalier anglais. A ces mots, Olivier se leva, fit une profonde révérence, et se retira. Plein de trouble et d'agitation, il ne voulut ni réfléchir à cet entretien, ni se rendre compte de ses propres sentimens. Il forma la résolution d'éviter,

Tome III.   B

avec le plus grand soin , toutes les occasions de revoir la duchesse en particulier , et se promit de ne jamais arrêter sa pensée sur le souvenir de cette
dangereuse entrevue. Il annonça à
Isambard et au Chevalier anglais, le
refus de Béatrix ; et ce refus si positif,
augmenta encore les espérances d'Isambard.

CHAPITRE III.

Une méprise.

Male amor si nasconde.

LE TASSE.

Ben s'ode il ragionar, si vede il volto,
Ma dentro il petto, mal giudicar puosi.

L'ARIOSTE.

RIEN n'annonçait dans le château de Clèves, l'attente cruelle de la guerre ; tandis que l'ambition, l'amour, la jalousie et la haine, répandaient la tristesse et la sombre défiance dans le camp des princes confédérés. La cour de Béatrix, plus brillante que jamais, offrait chaque jour les amusemens les plus variés et les plus agréables. Béatrix avait cette véritable dignité que la seule vertu peut donner ; la pureté de sa conduite, la noblesse et la modestie de son maintien, la délicatesse de son esprit, et en même temps la douceur et le naturel de ses manières, inspiraient à-la-fois le respect et la confiance.

Elle était si aimable, on lui trouvait tant de graces, que le desir de lui plaire faisait prendre sans effort le ton et les formes qu'on devait avoir devant elle; sa présence réprimait sans gêner; et c'est sans doute l'art suprême, non-seulement d'une princesse, mais d'une femme jeune et belle, quel que soit son rang dans la société; ou plutôt c'est un don précieux de la nature, qui vient de la pureté et de l'élévation de l'ame, et auquel l'éducation ne peut suppléer que par une frivole et superficielle apparence.

Béatrix joignait à des talens enchanteurs, et à l'esprit le plus étendu et le plus orné, cette aimable enfance de caractère, qui a tant de charmes lorsqu'elle est unie à des qualités brillantes et solides. Capable de raisonner avec profondeur, et de s'occuper d'affaires et d'études sérieuses, Béatrix savait aussi s'amuser de bonne foi d'une bagatelle, et rire de mille petites choses qui n'excitent communément que le dédain des beaux esprits. Quoiqu'elle eût naturellement une gaîté aussi vive que franche, son extrême sensibilité rendait son humeur inégale. Toujours douce, bonne, obligeante, elle n'était

pas toujours gaie ; on la voyait quelquefois rêveuse, distraite et mélanco-
lique ; mais, alors même, jamais la
gaîté des autres ne semblait lui déplaire
ou l'importuner : aussi cette espèce
d'inégalité n'était en elle qu'un charme
de plus, et ne servait qu'à la rendre
aussi intéressante que piquante. La
duchesse consacrait à l'étude et aux
affaires, toutes ses matinées et une
partie de l'après-dîner, et elle se livrait
le soir à la société. Alors on causait,
on faisait de la musique ; on dansait
ou l'on jouait à ces petits jeux inventés
pour l'aimable enfance, et que la première jeunesse lui dérobe avec une joie
si naïve, en se rappelant ce temps précieux d'innocence et de bonheur !.....
La jeune Délie semblait préférer ce
genre d'amusement à tout autre ; elle
ne le proposait jamais, et commençait
même toujours par s'y refuser : cependant, au bout de quelques minutes,
elle y perdait sa tristesse habituelle et
sa timidité ; on la voyait s'animer par
degrés, et reprendre l'enfance et la
gaîté de son âge. Olivier ne se mêlait
jamais à ces jeux, mais il restait à la
musique ; et quand la duchesse chantait, il se plaçait dans l'endroit le plus

retiré du salon , et toujours de manière qu'on ne pouvait voir son visage. Lancelot avait une voix charmante. Un soir qu'il avait chanté plusieurs romances composées par Angilbert, ce dernier s'adressant à la duchesse : Je ne sais pas pourquoi , dit-il , Lancelot chante toujours mes romances , car il en fait lui-même de beaucoup plus agréables. J'en connais une , entr'autres , qu'il a faite ici cet automne , et qu'il chante avec une expression touchante..... A ces mots , la duchesse demanda cette romance. Au même moment , Délie se leva pour s'en aller. La duchesse la retint ; et surprise de l'excessive rougeur qui colorait son visage , elle regarda Lancelot , comme pour lui demander l'explication de ce mystère. Madame connaît le premier couplet de cette chanson , dit Lancelot , en montrant Délie ; et elle m'a défendu de la chanter. Et cela , reprit Angilbert, parce que Lancelot a donné à l'héroïne de sa chanson , le nom charmant de Délie ; mais ce nom est grec , et un poëte a bien le droit de le placer dans ses vers. La duchesse sourit ; et comme il n'y avait dans la chambre que les Chevaliers du Cygne et les person-

nes qu'on vient de nommer, Béatrix,
qui s'intéressait à la passion de Lancelot
pour sa jeune amie, l'autorisa par un
signe à chanter la romance ; alors il
prit un luth, et s'accompagna les cou-
plets suivans :

Premier Couplet.

Oui, le bonheur, jeune Délie,
N'est fait que pour les tendres cœurs.
L'amour seul embellit la vie,
Et même en nous coûtant des pleurs,
Au sein de la mélancolie,
Il fait goûter mille douceurs.

2.

Comme l'astre qui nous éclaire,
Ta beauté brille à tous les yeux ;
Mais un seul don que je préfère,
Te fut refusé par les dieux ! . . . .
Moi, j'aime autant que tu sais plaire.
Ah ! mon partage vaut bien mieux !

3.

Dans une morne indifférence,
Sans intérêt coulent tes jours :
De ta froideur, de ton absence,
Il est vrai, je me plains toujours ;
Mais du moins j'aime, et l'espérance
Vient quelquefois à mon secours.

4.

Tu portes sur cette prairie
Des regards froids, indifférens ;

Avec toi j'y passe ma vie ,
Là , je te vois ou je t'attends.
Les lieux habités par Délie
Enchantent mon cœur et mes sens.

5.

Des rossignols de ce bocage ,
Tu prétends aimer les accens ;
Ils chantent du Dieu qui m'engage
Et les plaisirs et les tourmens.
Mais peux-tu comprendre un langage
Qui n'est fait que pour les amans ?

6.

Tu crois jouir d'un bien suprême
Dans nos danses et dans nos jeux ;
Mais quelle différence extrême
Se trouve alors entre nous deux !
J'y tiens la main de ce que j'aime,
J'y suis encor le seul heureux.

7.

Rempli du feu qui me dévore ,
La nuit je rêve à mon amour ;
Pour revoir l'objet que j'adore ,
Du soleil j'attends le retour ;
Mais pour toi cette douce aurore
N'est que la naissance du jour . . . .

A la fin de ce couplet de la chanson
de Lancelot , la trop sensible Délie ne
pouvant plus cacher sa douloureuse émotion , se pencha vers la princesse , dont
elle tenait une des mains , et cacha sur
l'épaule de Béatrix son visage baigné de

pleurs...... Mais Lancelot avait vu couler ses larmes ; plein de trouble , d'espérance et de joie ; il s'arrêta..... Tout le monde gardait le silence , et chacun en secret interpréta , comme Lancelot même , l'attendrissement de Délie. La duchesse vivement touchée , et souffrant de l'embarras de son amie , prit enfin la parole. Elle attribua à l'excessive timidité de Délie , cet étrange mouvement, elle assura même avoir vu d'elle plusieurs traits de ce genre ; ensuite elle se leva , prit Délie sous le bras et sortit avec elle , laissant Lancelot au comble de ses vœux , et les autres Chevaliers bien convaincus qu'en effet il était aimé.

CHAPITRE IV.

Le mouchoir brodé.

> Le mépris suit de près l'amour
> Qu'inspirent les coquettes.
> *D'une petite pièce de vers de* FÉNÉLON.

> C'est providence de l'amour
> Que coquette trouve un volage.
> LA MOTHE.

> C'est d'un amour constant la vertu qui décide.
> CRÉBILLON.

LE lendemain matin, Angilbert, Isambard et Lancelot, se trouvèrent réunis dans la chambre de ce dernier. Ces trois personnes, liées ensemble depuis long-temps par l'estime, la confiance, et par une grande conformité de goûts et de caractères, se livraient au charme de ces entretiens, qu'une ancienne connaissance et l'amitié rendent à-la-fois si doux et si intéressans, sur-tout après une longue absence. Lancelot et Isambard remplis des plus douces espérances, étaient ces jours-là plus gais et plus communicatifs que jamais ; la conversation

fut exrêmement animée ; on parla beaucoup des intrigues de la cour de Charlemagne, et de la passion mutuelle de
la princesse Berthe et d'Angilbert, dont
Isambard et Lancelot avaient été les
confidens, de l'aveu même de la princesse. Après avoir rappelé plusieurs
particularités de leurs amours : Il n'y a
qu'une chose, dit Isambard, que je n'ai
jamais pu concevoir ; une circonstance
singulière vous obligea, pour l'intérêt
même de votre amour, de me confier
votre passion et vos espérances, avant
d'avoir obtenu de Berthe l'aveu de ses
sentimens ; je vous vis pendant quatre
mois uniquement occupé d'elle, et dans
l'instant où elle paraissait le mieux dis-
posée en votre faveur, vous rompîtes
tout-à-coup, avec la plus étonnante
légèreté de part et d'autre; par exemple,
la veille de cette rupture, Berthe
m'avouait sans détour, qu'elle vous
aimait ; de votre côté, vous l'adoriez ;
et deux jours après, elle me défendit
impérieusement de lui parler de vous,
et jamais vous ne voulûtes m'expliquer
les motifs de cette subite brouillerie.
Il a eu long-temps avec moi la même
réserve, reprit Lancelot en souriant,
et par des raisons que vous approu-

verez ; mais enfin il peut aujourd'hui , sans scrupule , vous confier cette singulière aventure. A ces mots, Angilbert vivement pressé par Isambard , prit la parole en ces termes :

Je n'adorais point la princesse Berthe, comme Isambard vient de le dire ; il m'attribue le sentiment qu'il éprouve dans ce moment, et j'en avais un très-différent. Je trouvais dans le caractère , dans les manières de cette princesse, ce charme indéfinissable , sans lequel l'amour ne saurait exister , mais qui cependant ne produit pas toujours une passion violente. Je l'aimais sans aveuglement, je la voyais sans illusion ; elle n'était pas à mes yeux la femme la plus belle et la plus aimable ; mais avec un instant de réflexion , mon cœur l'eût toujours préférée, s'il m'eût fallu choisir entr'elle et la plus accomplie. Le sentiment qu'elle m'inspirait ne me tournait point la tête, en même-temps il pénétrait profondément mon ame ; je n'étais pas à l'abri d'une séduction passagère, d'autres objets pouvaient encore m'attirer et m'entraîner un moment, elle seule pouvait me fixer. Peu de temps avant que j'eusse osé concevoir l'espérance de lui plaire, il m'arriva une aventure très-bizarre. Vous savez que je possède une maison de campagne à peu de distance d'Aix-la-Chapelle , et que des sources d'eaux minérales sont renfermées dans mon enclos. Comme elles ont des propriétés différentes de celles qui se trouvent dans la ville (*), j'en ai fait des bains publics ; celui des hommes tient à ma maison, celui des femmes en est séparé par un petit bois. J'avois mis beaucoup de soin à orner ce dernier ; il est dans un vaste enclos entouré de murs ; il contient un beau jardin rempli d'arbres fruitiers et de fleurs. Ce jardin a deux portes ; l'une est celle d'entrée, qui est gardée par un de mes gens , qui ne la quitte jamais , et qui reçoit les femmes qui viennent se baigner L'autre donne dans le petit bois qui conduit à ma maison ; j'en avais seul une clef, parce que je traversais ordinairement ce jardin pour me rendre à la ville , afin d'éviter un détour assez long. Mais j'y passais seul, j'envoyais d'avance mes domestiques et mes chevaux m'attendre en dehors à

____

(*) Il y a en effet près d'Aix-la-Chapelle , un lieu nommé *Burscheid*, où l'on trouve ces eaux minérales d'une autre espèce. Apparemment que la maison d'Angilbert était située à *Burscheid.*

l'autre porte , et avant d'entrer dans cette enceinte , je faisais sonner du cor pour avertir le garde, qui , à ce signal, faisait avancer mes chevaux ; je prenais aussi cette précaution par égard pour les femmes qui pouvaient être aux bains, afin que si elles ne voulaient pas que je les rencontrasse , elles ne sortissent pas des tentes dans ce moment. Un matin que j'entrais dans ce jardin, après avoir fait donner le signal accoutumé , j'apperçus de loin la chose du monde la plus extraordinaire. C'était une femme nue qui sortait de dessous les tentes , et qui courait à ma rencontre ; cette action, faite dans le moment même où l'on venait de sonner du cor , ne me permettait pas de douter que cette femme ne fût la plus vile de toutes les courtisannes , et je n'en étais pas moins étonné de cet excès d'impudence. Je m'arrêtai , imaginant qu'elle prendrait alors le parti de retourner s'habiller sous la tente , mais elle poursuivit sa course ; elle avait pour tout vêtement une chemise mouillée et excessivement courte, et une longue chevelure noire , abattue sur ses épaules et sur sa gorge. Lorqu'il me fut possible de distinguer à-peu-près sa figure, je vis avec une nouvelle surprise qu'elle s'était entièrement voilé le visage avec un mouchoir, qu'elle avait entortillé autour de sa tête ; cette circonstance me donna une sorte de curiosité, et la regardant avec attention à mesure qu'elle approchait, je fus vivement frappé de la perfection de sa taille et de l'éclat éblouissant de sa blancheur.... Enfin, se dirigeant toujours de mon côté, elle s'approche et se jette dans mes bras !.... À l'instant même, tremblante, hors d'haleine, elle tombe à genoux, et tirant le manteau que j'avais sur mes épaules, elle semble vouloir s'en couvrir, et me supplier de le lui donner, et tout cela sans articuler un seul mot. Ne sachant plus que penser, l'intérêt et la plus vive curiosité succédaient malgré moi dans mon ame au mépris et à l'indignation ; cependant je conservais encore ma première idée ; mais n'en ayant plus la certitude, et voulant voir quel serait le dénouement de cette scène, je cédai au desir qu'elle exprimait. Je lui donnai mon manteau, en lui proposant de la conduire dans ma maison ; elle me fit signe qu'elle y consentait (ce qui me rendit ma première opinion), elle s'enveloppa avec soin dans mon manteau, je lui donnai le bras, et nous nous acheminâmes vers le bois. Je tâchai vainement de voir à travers son voile si l'agrément de son visage répondait à l'incomparable beauté de toute sa personne ; on ne pouvait absolument rien distinguer. Le mouchoir qui enveloppait sa tête, formant des bouquets de roses rapprochés par les plis, cachait entièrement ses traits. Elle marchait avec peine, et je souffrais en voyant les plus jolis pieds du monde se meurtrir sur le sable et les cailloux. D'ailleurs elle gardait toujours une obstiné silence ; elle soupirait et paraissait être dans la plus pénible agitation. Nous entrâmes dans ma maison par une petite porte dérobée, et sans être vus ; nous montâmes l'escalier, je la conduisis dans ma chambre, et je m'y enfermai avec elle. A présent, lui dis-je, expliquons-nous sans détour ; quel est le but de tout ceci ? Pour toute réponse, elle s'avança vers une table, prit une écritoire, et me fit signe de sortir ; je résistai, elle insista par ses gestes ; je m'avançai vers elle, en disant que je ne pouvais m'en aller sans prendre mon manteau ; à ces mots elle se prosterna devant moi, avec des gémissemens et

des sanglots, qui me firent une impression que je ne puis dépeindre. Toutes
les idées que j'avais conçues s'éva-
nouirent; je crus voir l'innocence, et
j'éprouvai le plus pressant remords de
l'avoir alarmée et méconnue Je relevai
la belle éplorée; elle avait un tremblement convulsif, qui m'effraya véritablement; elle paraissait pénétrée de
terreur, et ne pas entendre tout ce que
je lui disais pour la rassurer. Comme
il semblait qu'elle eût à peine la force
de se soutenir, je voulais lui donner le
bras pour la conduire vers un canapé;
mais tout-à-coup s'échappant de mes
mains, elle court du côté de la fenêtre,
l'ouvre impétueusement comme si elle
eût voulu se précipiter dans la cour.....
Ce mouvement fut si naturel, qu'il me
fit frémir jusqu'au fond de l'ame; je
m'élance, je la retiens; le manteau qui
s'était détaché tombe à terre, et l'inconnue paraît encore entièrement nue
à mes regards!..... Je la revis ainsi
cette seconde fois, avec une sensation
bien différente de celle que j'avais
éprouvée dans le jardin. Combien les
craintes et la pudeur que je lui suppo-
sais donnaient de prix à ses charmes!
Elle me parut une divinité!........ Je

la tenais par le bras ; mais aussi - tôt je mis un genou en terre, et ramassant le manteau, je m'en cachai le visage en le lui présentant..... Cette action parut la calmer ; alors je lui dis que j'allais la quitter et lui envoyer une femme qui prendrait ses ordres, et que je ne reparaîtrais que dans le cas où elle daignerait me rappeler. En effet, je sortis sur-le-champ, et je lui envoyai la femme de mon concierge. Plein de curiosité, d'attendrissement et de trouble, je descendis dans le parterre, et en réfléchissant à cette étrange aventure, j'imaginai que cette belle personne avait peut-être une de ces maladies de nerfs, qui causent des vertiges et des accès où la raison s'égare, et que dans un de ces momens de délire, elle s'était échappée de la tente ; mais je n'avais point vu de femme avec elle. Comment avait-elle pu venir à ce bain absolument seule ? Plus j'y pensais, moins je pouvais le comprendre ; cependant il ne m'était plus possible de former des soupçons injurieux, en me rappelant la vérité de tous les mouvemens qui marquaient sa frayeur et sa modestie ; ses soupirs et ses sanglots frappaient encore mon oreille, et j'avais vu le mouchoir qui couvrait son visage, se mouiller de ses larmes; je me perdais dans mes conjectures, lorsqu'au bout de trois quarts-d'heure, la femme de mon concierge revint me trouver.

Elle était enchantée de l'inconnue, qui s'était jetée dans ses bras en l'appercevant, de joie, disait-elle, de revoir une personne de son sexe; l'inconnue s'était habillée (car on avait envoyé chercher ses habits sous la tente); mais gardant toujours le mouchoir brodé autour de sa tête, elle avait absolument refusé de laisser voir son visage. Enfin, tout était expliqué, elle avait conté son histoire que voici. Un jeune homme amoureux d'elle depuis un an, après avoir vainement essayé de lui plaire, paraissait depuis deux mois ne plus songer à elle. Les bains ayant été prescrits à l'inconnue, elle venait les prendre de très-grand matin, suivie seulement d'une femme de chambre. Cette femme tomba malade, et une marchande qui travaillait pour l'inconnue, lui proposa de lui procurer une personne sûre qui la conduirait aux bains et la servirait. La proposition étant acceptée, il fut convenu que la femme de chambre

d'emprunt se rendrait seulement ce jour-
là, de son côté, aux bains une heure
avant la maîtresse, afin de tout préparer, et aussi pafce qu'elle logeait tout
auprès du village, mais qu'après le bain
elle escorterait la jeune dame jusqu'à
sa maison. En conséquence cette dernière s'était fait accompagner par un
domestique, qu'elle avait renvoyé à la
porte; en arrivant près de la tente
elle appelle la nouvelle femme de
chambre, et l'apperçoit de loin au
bout du jardin, en l'attendant elle se
déshabille à la hâte; et elle était déjà
dans le bain quand la femme de chambre arrive; mais que devient-elle, lorsqu'en jetant les yeux sur cette prétendue femme, elle reconnaît le jeune
homme amoureux d'elle !.... Sa situation
était d'autant plus affreuse, que ce jour-
là, il n'y avait encore aucune autre baigneuse sous la tente, qu'elle s'y trouvait
seule. Eperdue, hors d'elle, son danger
lui donne une force surnaturelle, elle
se dégage de ses bras, et s'échappe de
la tente; dans ce moment on entend
sonner le cor, elle court de ce côté,
croyant être poursuivie par le jeune
homme, elle n'avait plus sa tête !...
D'ailleurs elle voyait à peine, car en

sortant de la tente elle s'était voilé le
visage ; et ce fut ainsi qu'elle vint à ma
rencontre. Ce récit, dont je vous abrège
une infinité de petits détails, qui ajou-
taient à sa vraisemblance, me parut une
explication d'autant meilleure, qu'il fut
confirmé par le témoignage du garde
de la porte, que j'envoyai chercher
pour le questionner. Il me dit qu'en
effet une femme très - grande et d'un
aspect singulier, était arrivée à la pointe
du jour, en se disant femme de chambre d'une jeune et jolie dame qui allait
venir ; qu'au moment où le cor avait
sonné, cette femme, avec un air fort
troublé, était accourue, qu'elle était
sortie précipitamment ; qu'au bout de
la rue s'étant jetée sur un cheval qui
l'attendait, on l'avait vue partir au grand
galop, et disparaître au même instant.
Ce détail ne me permit pas de conserver le moindre doute sur la sincérité
et l'innocence de la charmante inconnue. Il ne me resta qu'une ardente curiosité et le plus vif intérêt pour elle.
Il me parut fort simple alors, que la
modestie même l'eût engagée à cacher
son visage plutôt que son sein, afin de
n'être jamais reconnue de celui qui avait
eu le bonheur de la voir entièrement

nue ; je concevais aussi que pour la même raison, elle n'eût pas voulu me faire connaître le son de sa voix ; mais je ne me consolais pas de l'avoir traitée avec tant de dédain et de légèreté, et je brûlais du desir de réparer mes torts. Je venais de lui envoyer des fleurs, des fruits et des rafraîchissemens, et pendant qu'elle déjeûnait, je lui écrivis une lettre pleine de respect et de galanterie ; au bout d'un demi-quart d'heure, on me rapporta sa réponse ; l'écriture en était visiblement contrefaite ; mais je trouvai dans le billet tant de grace, de noblesse et d'esprit, qu'une véritable admiration se joignit à tous les sentimens qu'elle m'inspirait déjà. Elle me priait dans son billet de la faire conduire dans une auberge qu'elle indiquait, et m'annonçait qu'elle allait partir. Je la fis supplier de me permettre d'aller lui faire mes adieux, elle y consentit. Je rentrai dans la chambre où elle était, avec autant d'émotion que d'embarras ; j'étais honteux de ma conduite avec elle, et je desirais passionnément lui laisser de moi une opinion favorable. Elle était habillée simplement, mais avec élégance, et je fus frappé de la grace de ses manières

et de son maintien. Elle n'avait plus
le mouchoir brodé autour de sa tête,
mais son visage était toujours entièrement caché par une grande coiffe de
taffetas noir, rabattue jusques sur sa
poitrine ; en m'appercevant elle se
leva, et sa contenance à ce premier
abord, exprima le trouble et la confusion.... J'étais interdit, et comme
elle s'était fait la loi de ne pas dire
un seul mot, ce profond silence augmenta mon trouble, car lorsqu'on est
intimidé, il n'y a rien de plus em-
barrassant que l'obligation d'achever
toutes ses phrases, et la certitude de
n'être jamais interrompu. Après lui
avoir renouvelé les excuses les plus res-
pectueuses, j'ajoutai qu'elle serait assez
vengée par les souvenirs de tout genre
qu'elle me laissait. A ces mots, elle se-
coua la tête : Non, repris-je vivement ;
ces souvenirs sont ineffaçables, ils trou-
bleront le repos de ma vie...... Je
vous chercherai par-tout, et si je ne
vous rencontre pas, ne pouvant prendre une autre pour vous, je ne trou-
verai nul objet qui puisse me donner
l'idée de la perfection, que mon imagination m'offrira sans cesse, en pensant à ce que j'ai contemplé pendant si

peu d'instans, et à ce que j'ai lu!...
Ah! puisque vous ne voulez pas même
me répondre, ne me refusez pas quelque gage de votre bienveillance ; que
je reçoive de votre main ce mouchoir
qui couvrait votre visage, combien il
me serait précieux !.... (elle fit un
signe de refus). Du moins, dis-je, vous
êtes forcée de me laisser ce manteau
que j'ai eu la générosité de vous offrir
deux fois..... il réalisera pour moi
les fables de ces vêtemens funestes,
qu'on ne pouvait porter sans se sentir
embrasé..... Mais je n'aurai point la
témérité de m'en couvrir, ce serait le
profaner..... Il restera ici, là....
à cette place où je l'ai vu tomber ; à
cette place où ma main tremblante eut
le courage de vous le présenter, j'élè-
verai un autel à l'amour et à la pudeur, et je l'y déposerai !.... Comme
j'achevais ces paroles, elle baissa la
tête sur son sein ; il me semblait que
je la voyais rougir..... Je saisis une
de ses mains, elle avait des gants, et
je me rappelai que je n'avais pas remarqué particulièrement ses mains ;
j'en fus fâché, en pensant qu'un examen
attentif à cet égard, aurait pu servir un
jour à me la faire reconnaître. Elle retira

tira doucement sa main, mais en serrant la mienne, et elle soupira. Ce premier signe de sensibilité m'émut et me toucha. Je me mis à ses genoux; et oubliant le langage de la galanterie, je lui parlai avec moins d'art et plus de sentiment. Elle me força de me relever; et ensuite se tournant en face de moi, et se rapprochant un peu, elle parut m'écouter avec intérêt. Je la conjurais toujours d'ôter son voile ou de me dire son nom; et sur ses refus, je lui répétais qu'elle me laisserait le plus malheureux de tous les hommes. Là-dessus, elle tira de sa poche un crayon et du papier, et elle écrivit de la main gauche ce petit billet : *Je me ferais connaître, si je le pouvais, sans mourir de confusion et de honte : d'ailleurs, je suis bien sûre qu'un nouvel objet m'effacera bientôt de la mémoire du séduisant et léger Angilbert.* Séduisant! m'écriai-je, après avoir lu ces quatre lignes; la manière dont vous me traitez, prouve trop assurément que je ne le suis pas. *Léger!* j'ai pu l'être; mais il ne tient qu'à vous de rétablir ma réputation à cet égard..... Elle fit un signe d'incrédulité. Hé bien! repris-je, si jamais vous me voyez occupé d'un autre objet, faites-vous connaître ; et soyez sûre qu'un souvenir enchanteur vous donnera sur moi tous les droits de l'engagement le plus sacré. Ainsi, il sera toujours en votre pouvoir de rompre des chaînes légères, que je ne prendrais que pour me distraire de votre image. Elle haussa doucement les épaules ; et reprenant son crayon, elle écrivit encore deux ou trois lignes, pour me demander ma parole d'honneur de ne jamais conter cette aventure à qui que ce fût. Je le promis. Elle me remercia par un signe de tête ; ensuite, me montrant d'une main la porte, elle me tendit l'autre comme pour me dire adieu. Cet adieu me fit une peine réelle, et je la lui peignis avec vérité. Elle en parut touchée, car il y avait une expression singulière dans son maintien, ses attitudes et ses gestes ; mais elle me témoigna qu'elle voulait absolument partir. Je la conjurai de répondre encore à une seule question, et je lui demandai si son cœur était libre. Elle écrivit cette réponse : *Je ne le sais pas bien moi-même.* Au moment même elle se leva ; je voulus en vain la retenir. Elle s'avança vers la porte. Je tenais sa main, que je baisais avec attendrissement. Elle s'arrêta une minute ; et paraissant faire un effort sur elle-même, elle me quitta brusquement, s'élança vers la porte, l'ouvrit et disparut. Elle me laissa dans un abattement extraordinaire ; et cette tristesse me prouva qu'elle avait fait sur mon cœur, presqu'autant d'impression que sur mon imagination. J'allai retrouver le garde de la porte des bains ; j'avais oublié de lui demander s'il avait bien vu son visage lorsqu'elle était arrivée ; mais il me répondit qu'elle avait passé très-vite, qu'il était occupé dans ce moment, et qu'il n'avait pas du tout remarqué sa figure. J'étais véritablement affligé en pensant que vraisemblablement je ne la reconnaîtrais jamais, et que peut-être je la rencontrerais souvent. Je me représentai toutes les femmes de la cour, afin de chercher entr'elles et mon inconnue, quelques rapports ; et j'en trouvai de frappans à deux personnes dont les visages sont aussi différens que les caractères, mais qui ont la même taille, la même blancheur ; et toutes deux les plus beaux cheveux noirs : c'étaient Amalberge et Armoflède. Je me désolai en songeant que l'une était adorée de l'Empereur, et l'autre, selon l'opinion publique, l'épouse d'Olivier. Je me rappelai que la belle baigneuse, lorsque je l'avais questionnée sur l'état de son cœur, avait répondu avec une incertitude qui ne pouvait convenir à une femme qui avouait hautement une grande passion. Ainsi tous mes soupçons se tournèrent sur Amalberge ; je connaissais assez sa vertu et sa modestie, pour être certain que si je ne me trompais pas dans ma conjecture, elle rougirait en me revoyant la première fois. Ma curiosité ne me permit pas de différer cette épreuve. Je me rendis à la cour. Je fus chez la princesse Berthe ; j'y trouvai Amalberge, je la fixai, ses yeux rencontrèrent les miens. Elle fut étonnée de la manière dont je la regardais, et elle en sourit avec une naïveté qui me détrompa dans l'instant. Cependant je m'approchai d'elle ; je lui demandai si elle n'avait pas été se baigner le matin. Elle me répondit avec une simplicité et une tranquillité qui achevèrent de me désabuser entièrement. Alors je revins à Armoflède, qui me montra la même ignorance ; mais comme je n'avais pas une opinion si favorable de sa sincérité, je conservai mes doutes plus long-temps. Enfin, elle parvint à me les ôter ; elle m'embarrassa à son tour, en me demandant raison de toutes mes questions et de mon air mystérieux, curiosité qu'elle me témoigna, pendant plus de huit jours, d'une manière si naturelle, qu'il ne me resta pas le plus léger soupçon. Alors j'imaginai que la charmante personne que j'avais vue ne venait point à la cour, ou peut-être était une étrangère. Son souvenir me poursuivit long-temps ; et pendant plus de deux mois, je ne rencontrais jamais sans quelqu'émotion, dans les rues et dans les promenades, une jeune personne qui me paraissait avoir une jolie taille et de beaux cheveux noirs.

Un sentiment moins romanesque, moins vif peut-être, mais plus solide et plus vrai, vint me guérir de cette espèce de folie. Je m'attachai à la princesse Berthe. Je connus bientôt que j'étais aimé ; cependant il m'était impossible d'en obtenir l'aveu. A cette époque, vers le milieu de l'hiver, il y eut un grand bal masqué à la cour ; l'Empereur et les princesses furent les seules personnes qui y parurent sans masques. L'Empereur se retira à minuit. Alors j'osai, sans crainte, m'approcher de Berthe. J'étais déguisé avec soin. Je me fis connaître ; et pour se débarrasser du cercle qui l'environnait , elle dit qu'elle allait faire un tour dans la salle. Elle prit le bras d'Armoflède et d'une autre dame, et se mit en marche. Je la suivis ; et au bout d'un moment, je priai tout bas Armoflède, qui venait d'ôter son masque , de permettre que je la séparasse de la princesse , en donnant le bras à toutes deux. Elle y consentit , à condition que je lui confierais mon nom. Je le lui dis sans hésiter. Elle sourit, et pour toute réponse , me donna la place que je sollicitais. Nous nous arrêtâmes à l'autre extrémité de la salle. La princesse s'assit sur une banquette. Les deux dames se placèrent à sa droite, et moi de l'autre côté, tout auprès d'une petite porte , par laquelle je pouvais m'en aller et disparaître tout-à-coup, si la prudence l'exigeait. Au bout d'un quart-d'heure , Armoflède, sous je ne sais quel prétexte, se leva et s'en alla. Un masque vint s'asseoir à côté de l'autre dame ; et leur conversation très-animée me donna la facilité d'entretenir sans contrainte la princesse. Je me plaignis de l'incertitude où elle me laissait ; je la conjurai de fixer enfin ma destinée, par un seul mot, qui suffirait à mon bonheur. Eh bien ! reprit-elle, vous ne me reprocherez plus mon silence, j'ai répondu à la lettre que j'ai reçue de vous ce matin ; j'ai cette réponse dans ma poche ; mais si je vous la donnais, vous me quitteriez pour l'aller lire..... Nous pouvons sans inconvénient rester ici encore une heure ; au bout de ce temps, il faudra nous séparer ; alors je vous remettrai ma réponse. Cette promesse ne pouvait me laisser de l'inquiétude sur ce que contenait sa lettre, ou, pour mieux dire, m'apprenait d'avance ce que j'y trouverais. Ainsi, heureux et satisfait, je me soumis sans effort à cette décision. Trois quarts-d'heure s'écoulèrent rapidement dans un entretien plein de charme. Malgré le desir que j'éprouvais de lire sa lettre, je m'attristais en pensant que dans quelques minutes nous serions forcés de nous quitter ; elle partageait ce regret, et me l'exprimait d'une manière touchante, lorsque la porte qui se trouvait à côté de moi s'ouvrit brusquement, et je vis paraître une femme d'une taille ravissante, avec de longs cheveux noirs déployés sur ses épaules, et vêtue d'une robe de mousseline blanche, d'un tissu si fin, que cet habillement ne semblait être qu'une légère draperie. Son visage était caché; mais que devins-je, en reconnaissant dans le voile qui le couvrait, le mouchoir brodé de roses!..... J'apperçus tout ce que je viens de décrire en un clin d'œil..... Berthe s'était retournée du côté de la dame qui était avec elle, aussi-tôt qu'elle avait entendu ouvrir la porte; elle lui parlait, et ne vit point la personne qui entrait...... Sans perdre de temps, l'inconnue me dit d'une voix basse: *Me reconnaissez-vous?* Cette question si simple ordinairement dans un bal, produisit sur moi un effet véritablement magique; l'inconnue me tendait une main charmante, je me lève avec transport, je saisis cette main...... Elle m'entraîne, nous sortons par la petite porte, qui était restée ouverte. Nous nous trouvons dans un corridor obscur, au bout duquel nous recontrons le vestibule qui conduit aux divers appartemens du palais; marchant avec une extrême rapidité, nous traversons la grande galerie, ensuite quelques autres pièces, nous arrivons au bas d'un escalier; après l'avoir monté, nous nous arrêtons à une porte qui s'ouvre aussi-tôt. Nous entrons, et je reconnais l'appartement d'Armoflède ; c'était en effet Armoflède elle-même !..... J'avais perdu la tête, j'étais enivré, et hors d'état de faire la moindre réflexion ; Armoflède parut partager ce délire..... Je ne sortis de chez elle qu'une demi-heure avant le jour.... Mais quand je me trouvai seul et rendu à moi-même, tout cet enchantement se dissipa. Je frémis en songeant au procédé outrageant autant qu'incompréhensible que j'avais eu pour la princesse ; je l'avais quittée sans prétexte, sans lui dire un mot, au moment où j'allais recevoir d'elle la preuve la plus positive de confiance et d'amour. Elle me l'avait annoncé, elle me l'avait promis ; encore quelques minutes, et nous nous séparions heureux l'un et l'autre !... Je sentais tout ce qu'elle devait éprouver ; la vérité même, dont l'honneur me défendait de lui faire l'aveu, n'aurait pu me rendre excusable à ses yeux. Je ne pouvais moi-même concevoir que j'eusse été capable d'un tel excès d'extravagance. Je venais de sacrifier avec indignité une femme qui, daignant oublier la distance qui nous séparait, me préférait aux plus illustres et aux plus brillans établissemens de l'Europe, une femme aimable, vertueuse, sensible, et que j'aimais; et à quel objet venais-je d'immoler la reconnaissance, l'amour, et de si chers intérêts? à la personne la plus méprisable de son sexe. Car en réfléchissant à toute la conduite d'Armoflède, il me fut impossible de m'abuser à cet égard. Cette pudeur, cette réserve, cette extrême confusion qu'elle m'avait montrée avant de se faire connaître, s'accordait si peu avec son apparition au bal, et ce qui venait de se passer entre nous, que l'amour le plus passionné n'aurait pu m'aveugler sur son caractère. Quand je me rappelais qu'elle paraissait en public adorer Olivier, qu'elle professait un tendre attachement pour la princesse Berthe; quand je songeais qu'ayant vu naître mes sentimens pour la princesse, elle avait attendu qu'ils fussent partagés avant d'essayer de l'emporter sur elle, et qu'elle avait arrangé son plan de séduction de la manière la plus cruelle et la plus offensante pour sa rivale; quand je faisais toutes ces réflexions, j'éprouvais des mouvemens d'indignation qui allaient presque jusqu'à la haine. Cependant j'essayai de me justifier auprès de la princesse ; je lui écrivis une longue lettre remplie de mensonges assez bien inventés ; la lettre me fut renvoyée sans avoir été décachetée. Berthe se conduisit avec une dignité, une fermeté, et en même-temps une raison et une sensibilité, qui achevèrent de m'attacher à elle pour jamais. Elle ne chercha ni à me montrer, ni à me dissimuler son profond chagrin ; elle parut sérieuse et triste ; mais elle ne se permit aucun reproche, aucune plainte, même indirecte, n'affecta ni dédain ni colère, ne me défendit point de paraître chez elle, me traita toujours avec politesse et bonté, mais ne me laissa pas une seule occasion de lui dire un mot en particulier, et me renvoya constamment toutes mes lettres, sans les ouvrir. Cette conduite m'ôta toute espérance, et me causa la plus sincère douleur ; et l'artificieuse Armoflède, malgré tous ses charmes, ne put ni me consoler ni me dédommager. Berthe n'avait pas le moindre soupçon sur elle, car elle ne l'avait ni vue, ni entendue, lorsqu'au bal elle m'arracha de ma place. Au mouvement que je fis avec tant de rapidité, Berthe enfin s'était retournée, mais j'étais déjà sur le seuil de la porte, et Armoflède qui marchait devant moi, se trouvait dans le corridor. Ainsi, notre intrigue était absolument ignorée. Je puis dire avec vérité, que je l'aurais rompue sans effort dès le second jour ; mais les égards dus aux femmes même qu'on méprise le plus, ne me permettaient pas une rupture si prompte ; d'ailleurs j'avais besoin de distraction. Je voulus connaître jusqu'où la dépravation d'une femme peut aller, et j'imaginai qu'Armoflède me l'apprendrait. Je soupçonnais que toute l'histoire des bains n'était qu'une fable, et qu'elle avait prémédité cette étrange scène. Il me parut piquant d'obtenir un tel aveu de la femme la moins sincère qui soit au monde, et pour y parvenir, je lui montrai une inconcevable perversité. Je m'apperçus bientôt qu'elle m'en aimait davantage; et quand elle fut bien convaincue que nous avions absolument la même manière de penser, elle se mit à son aise, et me fit des confidences qui surpassèrent tout ce que j'avais pu supposer. J'applaudissais à tout, et enfin je la questionnai sur l'aventure des bains; elle éclata de rire, et me conta, sans hésiter, qu'ayant depuis quelque temps *une fantaisie* pour moi , (ce fut son expression , car nous avions banni les grands mots d'*amour* et de *passion* , elle avait imaginé ce moyen de me séduire, et que la prétendue femme de chambre des bains était le domestique confident de ses intrigues , qu'elle avait fait habiller en femme, afin qu'on me fît un rapport qui pût me confirmer dans mon erreur. Je l'avais deviné, et cependant je fus confondu de le lui entendre dire; en même temps cet aveu ne me donna pas l'entière conviction que je desirais , car je pensais que si par hasard elle ne s'était pas avisée de ce stratagême , il était possible qu'elle s'attribuât faussement la gloire de l'avoir inventé. L'imposture est en elle une chose si naturelle, qu'alors même qu'elle croit pouvoir sans inconvénient montrer tous ses vices , elle ment encore ; le mensonge et l'artifice ne la quittent jamais, et malgré l'emportement de ses passions , qui est extrême , elle est dans tous les instans occupée du projet , ou d'en exagérer la force, ou d'en dissimuler l'empire. Lorsqu'une personne d'un tel caractère est bien connue, toutes les séductions de l'esprit et de la beauté ne peuvent rendre son commerce agréa-

ble ou piquant ; je l'éprouvais avec
Armoflède. Ne croyant jamais, ou ne
croyant qu'à demi tout ce qu'elle me
disait, je l'écoutais sans curiosité et
sans intérêt ; d'ailleurs s'étant démas-
quée à mes yeux, elle n'avait plus pour
moi l'attrait de la variété. Il ne lui était
plus possible de jouer la pudeur, l'ingénuité, la tendresse naïve et touchante ; c'est la délicatesse qui fournit
à l'amour une source inépuisable de
sensations délicieuses et de sentimens
toujours nouveaux. Elle semble faite
sur-tout pour ce sexe charmant, qui ne
peut la blesser sans renoncer aux graces. Enfin Armoflède dévoilée n'ayant
plus que le seul genre d'agrément de la
courtisanne la plus effrontée, me fit connaître que la monotonie du vice peut
être aussi insipide qu'elle est révoltante.
Je ne produisais pas le même effet sur
elle, car sa tête s'exaltant d'autant plus
pour moi, qu'elle voyait bien que je
n'avais pas de passion, elle s'enflamma
au point de m'avouer un jour qu'elle
n'était point mariée, et elle me proposa très-sérieusement de m'épouser :
je ne répondis à cette offre que par un
éclat de rire ; elle se facha, et je saisis
cette occasion de terminer une intrigue

dont j'étais excédé. Soyons conséquens, lui dis-je, d'après le caractère que vous m'avez montré, quel charme aurait pour vous *une union légitime ?* Vous seul me convenez, répondit-elle, et ne pouvant vous attacher, je voudrais vous enchaîner. Voilà, repris-je, une jolie réponse ; mais, belle Armoflède, vous êtes dans l'erreur, et je ne dois pas vous y laisser plus long-temps. Vous m'avez tourné la tête, et j'ai pris pour vous plaire une forme que vous embellissez, mais qui n'est point la mienne. Nous l'avons dit cent fois, toute tromperie est permise en amour ; tout scrupule à cet égard est une sottise ; vos principes que je n'avais pas m'ont enhardi, je vous ai trompée ...... — Comment ? — Je me suis vanté d'une force d'esprit que je n'ai point. Je vous avoue que j'ai presque tous les préjugés que vous méprisez ; je puis m'y soustraire un moment, mais j'y reviens toujours ; enfin je le confesse, la vertu n'est point une chimère à mes yeux ; elle me paraît aussi nécessaire au bonheur de la vie, qu'un air pur l'est à la santé : on ne peut l'abjurer sans se dessécher l'ame ; rien ne dispense de l'admiration qu'on doit avoir pour elle ; il faut la suivre ou la regretter !.....

Ce discours moral produisit l'effet que j'en attendais ; Armoflède prit avec raison l'éloge de la vertu pour un outrage, elle éclata ; je ne cherchai point à l'adoucir, et je rompis avec elle, sans aucun ménagement. Depuis cette rupture, elle m'offrit plusieurs fois mon pardon, elle me poursuivit même pendant quelques mois, et me fit deux ou trois scènes de fureur et de jalousie ; mais toutes ces tentatives n'eurent pas le moindre succès. Après avoir brisé ce lien honteux, je ne m'occupai plus que des moyens de regagner le cœur sensible que j'avais si profondément blessé. Je crus remarquer que Berthe me savait gré de mon assiduité, et de la timidité que j'avais avec elle, car je n'osais ni l'approcher, ni lui parler ; mais ma tristesse lui exprimoit assez ce que je ressentais. Au bout de quelques mois, je vis que son ressentiment était presque éteint ; alors je hasardai de nouvelles lettres, elle me les renvoya comme les premières ; je cherchai les occasions de lui parler en particulier, et elle recommença à m'éviter avec un soin extrême. Je repris ma réserve, et elle cessa de me fuir. Enfin, quand je fis de nouvelles tentatives, elle observa toujours invariablement la même conduite. J'avais presque entièrement perdu l'espérance, lorsque le bruit de l'entreprise des princes ligués contre Béatrix, devint le sujet de tous les entretiens de la cour. L'empereur déclara qu'aussi-tôt que le comte Thédéric (*) serait revenu d'une expédition qui touchait à sa fin, il l'enverrait avec des troupes, au secours de la duchesse de Clèves, et en attendant, ce généreux prince lui envoya Archambaud, chargé de lui offrir tous les secours d'argent qui pourraient lui être nécessaires, ce que la duchesse n'accepta pas. Un soir que j'étais chez la princesse Berthe, on parla, comme à l'ordinaire, de Béatrix et de Gérold, et de l'inconcevable procédé de ce dernier, qui, au moment d'obtenir la main de celle qu'il adorait, lui écrivit une lettre de rupture, qu'il révoqua vainement quinze jours après. Tout le monde, en blâmant le comte de Bavière, soutenait que l'ambition seule lui faisait prendre les armes, et qu'il était impos-

---

(*) J'ai déjà dit, dans une note, que Thédéric était un des généraux et l'ami de Charlemagne.

sible qu'après avoir rompu d'une manière si formelle, il eût pour la duchesse une passion véritable. Je fus seul d'un avis contraire ; j'assurai qu'une grande passion pouvait bien ne pas préserver d'un grand tort, et j'ajoutai que, puisque la duchesse était inexorable, elle n'avait jamais aimé. Comme Berthe, pendant cette discussion, gardait le silence, j'osai m'adresser à elle, et lui demander son opinion. Je crois, répondit-elle en rougissant, que plus on aime, et plus on attache de prix à l'estime de son amant, et qu'alors, quand il est coupable du procédé le plus offensant, l'amour même préserve de l'indulgence qui pourroit avilir. Cette réponse, remplie de délicatesse et de sentiment, me rendit l'espérance, et me pénétra de reconnaissance et de joie. J'étais si attendri, que je n'osai dire un mot de plus ; mais Berthe lut dans mon cœur, et le soir même, je reçus d'elle un billet qui contenait ces mots :

« Allez défendre une princesse op-
» primée, allez vaincre un infidèle.....
» Partez sans me revoir et sans m'é-
» crire ...... Quand la duchesse de
» Clèves sera délivrée de ses persécu-
» teurs, revenez, je vous recevrai, je

» vous écouterai !... et si vous me
» demandez une réponse, je ne con-
» sulterai plus alors que mon cœur ».

J'obéis, je partis dans la nuit même, je n'écrivis point ; mais Lancelot, décidé à me suivre, partit un jour plus tard, afin de rendre compte à la princesse de mon exacte et prompte soumission à ses ordres. Lorsqu'Angilbert eut terminé son récit, on reparla d'Armoflède, et l'on décida qu'il ne fallait pas souffrir qu'elle restât plus long-temps dans le château. Je me charge, dit Angilbert, de la déterminer à choisir une autre demeure. Je l'engagerai à déclarer son sexe à la princesse, et à lui demander pour retraite la maison d'une vieille femme, nommée Marceline, qui vient d'être condamnée, ces jours-ci, à un bannissement perpétuel. Cette maison est assez loin du camp, pour n'avoir rien à craindre des troupes ; d'ailleurs, nous ferons dire aux princes par Giaffar, qu'elle sert d'asyle à une jeune personne protégée par la duchesse, et certainement ils donneront à leurs soldats l'ordre de la respecter. On approuva ce projet, qui fut exécuté le surlendemain. Armoflède vit bien qu'on la forcerait de suivre le conseil qu'on lui donnait , elle s'y décida de bonne grace ; elle inventa une longue histoire , qu'elle fut conter à la princesse , obtint d'elle la maison de la vieille magicienne , et fut s'y établir sans délai.

CHAPITRE V.

La guerre et le collier de perles.

O temps, ô jours heureux, où la forge innocente,
Ne brûlant que pour rendre une moisson moins lente,
Enfantait seulement des socs et des rateaux !

REGNARD.

L'amour dans sa prudence est toujours indiscret.
Suréna, de CORNEILLE.

LA trève touchait à sa fin, et la duchesse de Clèves ayant perdu tout espoir d'obtenir la paix, se livra à la plus profonde tristesse ; elle avait donné à Délie une maison de plaisance, située au milieu de la forêt ; cette jeune personne allait souvent, avec Amalberge, y chercher la solitude ; chaque semaine, elle y passait deux ou trois jours, dans une retraite absolue, et Béatrix, accablée d'inquiétudes et de douleurs, s'y enferma, avec les deux amies, pendant les trois jours qui précédèrent l'expiration de la trève.

Cependant, les princes alliés assemblèrent un conseil pour la dernière fois,

et malgré tous les efforts de Barmécide,
la guerre y fut décidée. A la fin de cette
séance, Barmécide reprenant la parole :
Pour moi, dit-il, je jure par l'honneur,
et par la reconnaissance et l'amitié, de
ne jamais quitter dans les combats le
comte de Bavière, et de le défendre au
péril de ma vie ; mais en même temps,
je jure de me borner à parer les coups
des ennemis, et je m'engage, par un
vœu solennel, à n'attaquer jamais durant tout le temps de cette injuste
guerre (3). Ce discours n'excita que
des murmures, et l'on décida qu'on enverrait le surlendemain à Béatrix la déclaration formelle de la guerre. Les
alliés n'avaient pas la moindre inquiétude sur les évènemens de cette guerre.
La supériorité de leur nombre, l'habileté de leurs généraux, l'excellente
discipline de leurs troupes, tout semblait leur promettre le plus éclatant succès. Le prince de Grèce venait d'arriver dans leur camp, et avec des troupes. Il était accompagné d'Adalgise,
qu'il avait rencontré dans sa route, et
qui s'était joint à lui avec quelques
autres Chevaliers, entr'autres le fameux
Bruhier, guerrier redoutable par sa valeur, sa force physique et sa taille gi-

gantesque (4). On savait que tous les sujets de la duchesse avaient pris les armes, et que le desir de la défendre inspirait un tel enthousiasme, que les vieillards et les enfans s'enrôlaient avec toute l'ardeur que montrait la jeunesse ; mais les alliés méprisaient des soldats sans expérience, et chacun d'eux se livrait en secret aux plus séduisantes espérances que peuvent inspirer l'amour ou l'ambition. La duchesse venait de publier un manifeste, qui acheva de porter au comble l'admiration qu'on avait pour elle. Dans cet écrit, Béatrix rendait compte de tout ce qu'elle avait tenté pour obtenir la paix ; en faisant le détail de sa conduite et de celle des alliés, elle démontrait avec la plus grande évidence, l'injustice et la violence de leurs procédés. Mais elle se contentait d'exposer les faits, et loin de se permettre des réflexions et des expressions injurieuses, elle ne parlait de ses persécuteurs qu'avec le ton de l'estime ; elle savait que le langage de la modération est toujours le plus persuasif, et le seul qui ait de la dignité ; elle savait qu'il est glorieux de vaincre ses ennemis, et non de les insulter, et qu'enfin des manifestes ne doivent pas ressembler à des libelles.

La veille de l'expiration de la trève, Béatrix revint au château. Le soir, cette princesse, les dames de sa cour, et les Chevaliers, revêtus de leurs armures, s'assemblèrent dans une grande galerie; là, tous les Chevaliers renouvelèrent le serment de combattre pour la duchesse, et de ne la quitter que lorsqu'elle serait délivrée de ses persécuteurs. Ensuite, la duchesse et toutes les dames attachèrent aux boucliers et aux lances des Chevaliers, différens ornemens pris de leur habillement ; l'une donna un simple nœud de ruban, ou un morceau d'écharpe ; l'autre un collier ou une chaîne. Plusieurs offrirent les agrafes d'or ou de pierreries qui rattachaient leurs robes ; la duchesse, qui la première fit ses présens, en distribua de magnifiques à chaque Chevalier ; mais quand elle fut près d'Olivier, s'arrêtant d'un air attendri : Le crêpe noir, dit-elle, qui couvre votre bouclier, semble annoncer que vous n'y voulez point d'ornemens, et nous devons respecter cette volonté ; mais je ne puis renoncer au droit et au plaisir de vous offrir un gage de mon estime et de ma reconnaissance, et je me flatte que vous voudrez bien accepter un coursier qui vous sera présenté demain

matin

matin (*). A ces mots, Olivier s'inclina profondément ; et la princesse s'avançant vers Isambard, qui était à côté de lui, ôta de ses bras deux superbes bracelets d'émeraudes et d'opales, et les lui donna. On remarqua que ce présent était le plus beau qu'elle eût fait ; et la jalousie n'observa pas avec moins de chagrin, que Béatrix, en voulant attacher ces bracelets, avait les mains si tremblantes, qu'elle ne put jamais parvenir à les fixer sur le bouclier d'Isambard. Une autre cérémonie de chevalerie succéda à celle-ci. Angilbert et Lancelot déclarèrent qu'ils voulaient s'unir à jamais l'un à l'autre, par l'alliance sacrée de frères d'armes. Ils se donnèrent la main ; et Angilbert prenant la parole, prononça le serment suivant : Par tout ce que la religion, l'honneur et la vertu peuvent avoir de plus sacré, je m'engage à réunir pour jamais tous mes intérêts de fortune, d'ambition et de gloire, avec les tiens ; à partager toujours tes travaux et tes dangers ; à te seconder dans toutes tes entreprises ; à tout quitter pour te dé-

---

(*) On appelait *Palefroi*, un cheval de parade, et *Coursier*, un cheval de bataille.

fendre ou pour te délivrer. Je te promets de ne jamais flatter tes passions ; de te dire toujours la vérité, au risque même de te déplaire ; et si tu t'égares, de t'excuser, de te plaindre, et d'employer tous mes soins à te consoler. Désormais tes amis et tes ennemis seront les miens ; et les bienfaits ou les injustices dont tu seras l'objet, m'inspireront ou la plus vive reconnaissance, ou le plus violent ressentiment que je puisse éprouver.

Lancelot répéta ce serment ; ensuite les deux amis s'embrassèrent, et firent l'échange de leurs armes, ce qui termina la cérémonie (5). Au moment où l'on rentrait dans le salon, on vit paraître le vénérable Théobald avec la jeune Sylvia sa fille. Le vieillard n'ayant plus l'espoir de servir la duchesse par ses négociations avec les princes, venait partager ses dangers et s'enfermer avec elle.

Le lendemain matin, un écuyer de la princesse fut prier Olivier de descendre un moment dans la cour qui était sous ses fenêtres ; et là on présenta au Chevalier du Cygne, le plus beau cheval qu'il eût jamais vu, avec des éperons d'or, et une housse brodée en perles fines et en pierreries. L'extrême magnificence de ce présent ne fut pas ce qui frappa le plus Olivier ; ses yeux se fixèrent sur deux rangs de grosses perles qui bordaient le haut de la housse, et qu'il reconnut dans l'instant, pour les avoir vues au cou de la duchesse ; et il se rappela qu'il avait entendu dire un jour à Délie, qu'elle tenait ce collier de son père, et que c'était la seule chose de ce genre à laquelle elle fût attachée. Tandis qu'il considérait ces perles avec une émotion inexprimable, l'écuyer reprenant la parole : Vous pourrez, Seigneur, dit-il, vous vanter de posséder un cheval unique dans le monde. Chargé depuis six semaines, par la princesse, d'acheter le meilleur cheval que je pourrais trouver, le hasard me fit découvrir celui-ci, qu'on amenait au camp pour le comte de Bavière. La princesse en a offert un prix si exorbitant, qu'elle a eu la préférence ; mais quoiqu'on l'assurât qu'il fût parfaitement dressé, elle a voulu n'avoir aucun doute à cet égard ; et tous les matins, à la pointe du jour, elle le faisait exercer en sa présence. Ce détail ne rétablit pas le calme dans 'ame agitée d'Olivier ; immobile, et les yeux toujours fixés sur le collier, il gardait un profond silence. L'écuyer en conclut que ce Chevalier aimait beaucoup mieux les diamans et les perles, que les chevaux. Il se retira très-choqué, et fut dire avec humeur, à la duchesse, que le Chevalier du Cygne, dédaignant le plus parfait coursier de l'Europe, n'avait regardé que la housse; mais ce rapport fit un effet très-différent de celui qu'il comptait produire. Cependant Olivier devait remercier Béatrix. Après beaucoup de peine et de réflexions, il était parvenu à préparer une phrase qui lui paraissait convenable; mais malheureusement il ne put en articuler que les deux ou trois premières syllabes. Il s'arrêta, car il avait oublié ce qu'il voulait dire. Béatrix rougit...... tous deux se regardèrent en silence. Olivier tressaillit, leva les yeux au ciel, et s'éloignant brusquement, il sortit du salon. Il y rentra au bout d'une demi-heure. Plusieurs personnes étaient survenues et entouraient la duchesse. Amalberge appela Olivier, pour lui montrer un portrait en miniature de Délie, et peint par Béatrix. Olivier admira également la beauté de la peinture et l'exactitude de la ressemblance. Ah ! qu'on est heureux, dit-il en soupirant, de posséder une image aussi parfaite d'un objet qu'on aime !..... Il n'en dit pas davantage, et prononça ces paroles à demi-voix ; mais elles furent entendues et recueillies. Le reste de la soirée se passa tristement ; toutes les dames, et sur-tout Béatrix et Délie, étaient plongées dans la mélancolie la plus profonde. On savait, par le rapport d'un déserteur du camp, que le projet des alliés était de tenter un assaut dès le lendemain ; et en effet, cette tentative eut lieu, mais sans succès. Les assiégés firent une sortie, et livrèrent un combat qui fut long et sanglant. Le roi de Pannonie y fut grièvement blessé. Tous les défenseurs de la duchesse combattirent avec une ardeur héroïque ; mais les Chevaliers du Cygne se surpassèrent eux-mêmes, et firent de tels prodiges de valeur, que ce combat aurait seul suffi pour les immortaliser. Au fort de la mêlée, Ogier, qui, depuis long-temps, cherchait à s'approcher du comte de Bavière, se trouva enfin près de lui. Alors lui adressant la parole : Prince, lui cria-t-il, je vous offre le gage de bataille, et par un

double motif, pour défendre la duchesse de Clèves, et pour venger l'infortunée Maria..... A ce nom, le comte,
également surpris et frappé, perdit un
moment la brillante audace qu'il venait
de montrer dans le combat ; mais se
remettant promptement de son trouble :
J'accepte le défi, répondit il. Au moment même, la bataille est suspendue,
les guerriers se replient dans leurs rangs,
on laisse libre un vaste champ ; et les
deux héros s'avançant avec une contenance noble et fière, saluent les deux
armées, et ensuite fondent avec impétuosité l'un sur l'autre. Après un combat opiniâtre, dans lequel Ogier fut
blessé, tous les deux, dans un choc
violent, brisèrent à-la-fois leurs lances.
Alors on les sépara, et la bataille générale recommença (6). Le jeune
Zemni, exalté par l'exemple de son
maître, s'y distingua d'une manière
remarquable. Se trouvant vis-à-vis du
redoutable Bruhier, la stature gigantesque de ce dernier ne l'empêcha point
de l'attaquer. Bruhier sourit en voyant
la taille et la jeunesse de son adversaire ;
et par une générosité commune en ce
temps, il ne voulut point combattre
avec l'arme terrible dont il se servait

ordinairement : il rendit à son écuyer
sa lance de bataille , et en prit une
courte et légères, qu'il n'employa qu'à
parer les coups que lui portait Zemni (7).
Ce dernier, voyant ces ménagemens,
fut chercher un guerrier d'une force
plus proportionnée à la sienne. Le vin-
dicatif Adalgise parcourut plusieurs fois
les rangs, dans l'espoir de rencontrer
Isambard , et prenant Olivier pour lui,
il l'attaqua ; le Chevalier du Cygne le
renversa d'un coup de lance ; au moment d'être fait prisonnier, le prince
Lombard fut délivré par les gens de sa
suite. Mais Olivier saisit son coursier,
magnifiquement enharnaché , et le
donna en garde à ses écuyers ; Adalgise remontant un autre cheval, rencontra à quelques pas de là Grimoald ,
duc de Bénévent, son beau-frère. L'attachement de ce dernier pour Charlemagne , inspirait au prince Lombard
une haine implacable ; il s'élança sur
lui avec fureur. Grimoald le reconnaissant à son armure noire , et sur-tout
à son emportement, le combattit à
regret. Mais les soldats grecs , que
commandait Adalgise, vivement pous-
sés par Isambard , commencèrent à
ployer avec une extrême confusion.

Adalgise, pour les rallier, quitta son adversaire ; Isambard les poursuivit : dans ce moment, le prince de Grèce accourut avec le corps de troupes qu'il s'était réservé ; aussi-tôt les fuyards reprirent leurs rangs, et le Chevalier du Cygne, malgré sa rare valeur, allait être enveloppé de toutes parts, lorsqu'Olivier, suivi seulement de Zemni et de deux écuyers, vint à son secours avec une telle impétuosité, qu'au même instant le désordre se remit dans tous les rangs des ennemis. On vit fuir pour la seconde fois, devant des Français, l'aigle impériale des anciens Césars. Les soldats, saisis d'une terreur panique, abandonnèrent leurs chefs. Adalgise s'échappa ; mais Olivier se précipita sur le prince Constantin, et le fit prisonnier. Pendant que ceci se passait au centre de l'armée, les quatre fils Aymond, Angilbert et Lancelot, obtenaient des succès à-peu-près semblables à l'aile gauche. Ogier, Archambaud, Astolphe et le jeune Roger, commandaient l'aile droite avec autant d'avantage et de gloire. Ogier n'ayant reçu qu'une légère blessure, n'avait pas voulu quitter la bataille. Quoiqu'il eût perdu beaucoup de sang, et qu'il en fût affaibli, emporté par son ardeur, il s'avança dans les rangs ennemis avec trop de témérité. Bruhier l'attaqua et le fit prisonnier. Cependant Gérold et les autres chefs, voyant la bataille perdue, s'occupèrent de la retraite ; ils la firent en bon ordre, et avec autant d'habileté, qu'ils avaient montré de courage dans le combat. La nuit commençait à tomber ; les vainqueurs rassemblèrent leurs troupes, et rentrèrent triomphans dans le château ; la duchesse, pale et tremblante, et soutenue par deux personnes, vint les recevoir au bas du grand escalier. Olivier lui présenta le prince de Grèce, son prisonnier ; Isambard, le jeune Guichard, et plusieurs autres mirent à ses pieds des drapeaux et des étendards pris à l'ennemi. Béatrix, trop agitée, trop profondément émue, pour qu'il lui fût possible de parier, ne pouvait remercier ses défenseurs que par l'expression touchante de sa physionomie. Toute la cour se rendit dans la grande galerie. On y fit entrer tous les soldats qui purent s'y placer ; les autres se tinrent dans les vestibules qui communiquaient à la galerie par de larges arcades ; là, suivant les usages militaires des siècles de la Chevalerie, des hérauts d'armes devaient décerner le prix de la

D 5

valeur au guerrier qui s'était le plus distingué dans la bataille (8). Déjà les hérauts d'armes s'avançaient vers Olivier, l'assemblée entière prévint leur jugement. Les soldats et les Chevaliers s'écrièrent tous à la fois, qu'Olivier méritait le prix. Alors la duchesse s'approcha de lui. Olivier mit un genou en terre devant elle; Béatrix lui présenta une branche de laurier, et un superbe rubis qu'elle tira de son doigt; ensuite elle lui tendit la main, que le vainqueur avait le droit de baiser; au moment même, une musique éclatante et guerrière célébra le triomphe du Chevalier du Cygne. Ses généreux rivaux vinrent tous l'embrasser; les soldats applaudirent à sa gloire par leurs cris de joie, et le nom d'Olivier retentit de toutes parts dans le palais. Olivier attendri, troublé jusqu'au fond de l'ame, s'étonna de se retrouver sensible à la gloire, et ne reconnaissant plus son cœur, il craignit plus que jamais d'y descendre et de l'interroger. On se mit à table, et Béatrix fit placer à ses côtés Olivier & le prince de Grèce. Elle traita ce dernier avec la générosité qui était dans son caractère, et que prescrivaient les mœurs de ce temps : respecter un

ennemi vaincu, adoucir son malheur
par des témoignages d'estime et les
égards les plus délicats, combattre avec
intrépidité et triompher avec modestie,
telle était la conduite et les procédés
que ces anciens guerriers, quoique *dé-
pourvus de toute philosophie*, regardaient comme des devoirs indispensa-
bles et sacrés (9). Pendant le repas, Olivier, pour la première fois, parla à Béatrix sans en être interrogé; il lui demanda si les succès de cette journée
n'achevaient pas de dissiper toutes ses
craintes. Ah! sans doute, répondit-
elle, ce jour est le plus beau de ma
vie !..... mais si vous saviez ce que
j'ai souffert pendant la bataille !... Ce
peu de mots disaient beaucoup, mais
le son de sa voix et son regard exprimaient davantage encore...... Olivier
baissa ses yeux humides de pleurs; la
duchesse, reprenant la parole, changea
d'entretien, et après avoir parlé de choses indifférentes, elle fit remarquer à
Olivier combien Délie était changée.
L'état où je l'ai vue durant le combat,
ajouta Béatrix, m'a confirmée dans la
persuasion où j'étais qu'elle aime Lancelot; car un intérêt vague et général,
quelque vif qu'il puisse être, ne sau-

rait produire une telle sensibilité. Ces paroles firent tressaillir Olivier; emporté par un mouvement irrésistible, il leva les yeux pour regarder la duchesse, mais elle avait le visage tourné du côté du prince Constantin, et elle resta long-temps dans cette attitude. Olivier ne parla plus; une violente palpitation de cœur, une insurmontable distraction, et le désordre de ses idées, ne lui permettaient, ni de répondre, ni même d'entendre ce qui se disait autour de lui. Cependant, cet état de trouble et d'agitation n'était pas dénué de charmes, et pour la première fois depuis son malheur, il éprouvait une émotion vive et mêlée d'une joie secrète. La conversation devint générale, et tout-à-coup tomba sur le défi qu'Ogier avait fait à Gérold. Personne n'ayant entendu parler de cette infortunée Maria, on ne pouvait concevoir le vif intérêt qu'Ogier prenait à cette inconnue. Après plusieurs conjectures, on changea d'entretien, et au moment où l'on sortait de table, Délie, en voulant se lever, retomba sur sa chaise en perdant entièrement l'usage de ses sens; la duchesse vola près d'elle, et la voyant plongée dans un profond évanouissement, elle s'effraya, la fit porter dans sa chambre, et l'y suivit. Cet accident alarma vivement Lancelot; mais Olivier qui avait, dans cette soirée, beaucoup plus d'obligeance qu'à l'ordinaire, éprouva un grand plaisir à dissiper l'inquiétude de Lancelot, et à le rendre heureux, en lui confiant ce que lui avait dit la duchesse. Cette dernière ne rentra point dans le salon. Théobald vint dire de sa part aux Chevaliers, qu'il irait au camp le lendemain matin, proposer l'échange d'Ogier contre le prince de Grèce. Olivier, avant de se coucher, ordonna à ses écuyers de conduire au pavillon du jeune Roger, le superbe cheval qu'il avait pris au prince Adalgise. Roger accepta avec reconnaissance, mais sans embarras, ce magnifique présent; car alors le Chevalier le plus riche donnait sans faste au plus pauvre, qui recevait sans humiliation. On ne connaissait point encore cette fausse délicatesse, si cruelle pour l'amitié, si gênante pour les ames généreuses, et dont l'orgueil et l'avarice ont fait depuis une vertu (*). Laissons un moment la

____

(*) Dans les combats, dit M. de Sainte-Palaye, les Chevaliers riches donnaient aux plus pauvres

brillante cour de Béatrix, pour voir ce qui se passe dans le camp de ses ennemis. Bruhier était sujet du comte de Bavière, et son premier soin, après la retraite, fut de conduire son illustre prisonnier dans la tente de Gérold. Le prince parut ému en voyant Ogier, mais il lui prodigua les témoignages d'estime les plus flatteurs. Nous ne devons, dit-il, l'honneur de recevoir dans ce camp le vaillant Ogier, qu'à la témérité de son courage, et si nous l'y retenions, on pourrait croire que je crains de reprendre le combat qu'il avait provoqué, et que nos armes rompues ne nous ont pas permis de continuer. Je sais combien mes talens sont inférieurs à ceux d'un si fameux Chevalier, mais j'aime mieux une glorieuse défaite, que le soupçon d'une lâcheté. Ainsi, vous êtes libre, et demain, aux premiers rayons du jour, les hérauts d'armes vous reconduiront dans le château de la duchesse. En achevant ces paroles, le comte fit signe à Bruhier, et aux autres officiers de sortir,

---

les chevaux ou autres dépouilles qu'ils enlevaient aux ennemis. Cette générosité avait passé en usage, et on la retrouvait dans toutes les circonstances de la vie, etc. (Voyez *Mémoires de l'ancienne Chevalerie*, tome 1er.)

et lorsqu'il fut seul avec Ogier, il le conjura de lui dire comment il connaissait Maria, et de lui apprendre le lieu de sa retraite. Ogier, touché de la générosité de ce prince, lui conta sans détour de quelle manière il avait appris l'histoire de Maria. Pendant ce récit, Gérold troublé et vivement attendri, ne put retenir ses larmes. Ah! Seigneur, lui dit Ogier, est-il possible que votre grande ame n'ait, pour cette intéressante et malheureuse Maria, qu'une pitié momentanée! vous renoncez à ce cœur sensible, dont vous faites le tourment, et vous y renoncez pour une chimère; car jamais la duchesse de Clèves ne consentira à vous donner la main. Hé bien! reprit Gérold, lisez donc dans mon cœur; il est certain que je n'ai jamais eu de passion violente que pour la duchesse; vous connaissez cette femme incomparable, vous devez concevoir combien il faut de temps et d'efforts pour se détacher d'elle. Je n'ai plus d'espérance, et je l'aime encore éperdument. Je voudrais que du moins son destin dépendît de moi, je voudrais être l'arbitre de son sort; alors elle rendrait justice à mes sentimens; j'obtiendrais son estime, et la reconnaissance produirait peut-être ce que l'amour n'a pu faire. Mais malgré cette passion qui me domine, le souvenir de Maria me poursuit dans tous les momens. Croyez que si je la retrouvais, je ne balancerais point à lui tout sacrifier; et croyez même qu'elle seule au monde pourrait me consoler et me guérir. Ah! si j'avais connu toute la sublimité de son ame sensible et généreuse, pensez-vous que j'eusse eu l'ingratitude et la cruauté de lui déclarer, en m'engageant à l'épouser, que j'éprouvais pour une autre une passion invincible?.... Un moment d'erreur a détruit pour jamais la félicité de Meinrad et de Maria; mais je suis mille fois plus à plaindre que ces deux victimes de mon égarement. J'ai trahi mon ami; j'ai séduit un enfant; j'ai toujours devant les yeux Meinrad au fond d'un cloître, et Maria errante et désolée! Maria, si jeune, si belle, si ingénue!.... Je n'ai pour me distraire de ces images déchirantes, qu'une passion sans espérance!..... Ah! croyez que Meinrad et Maria sont assez vengés. En disant ces paroles, le comte laissa tomber son visage sur ses deux mains, et resta dans cette attitude quelques minutes. Ogier reprit la parole pour l'assurer qu'il s'était fait un devoir de cacher cette triste histoire , qu'il ne l'avait contée à personne , et que la duchesse n'en avait aucune connaissance. Cette assurance fit un extrême plaisir à Gérold ; il reparla de Béatrix, et ensuite de Délie. Ogier lui dit que cette jeune personne s'était presqu'entièrement retirée de la cour, pour se consacrer à la retraite dans une maison que la duchesse lui avait donnée. Cet entretien du comte et d'Ogier se prolongea encore un quart-d'heure ; ensuite Ogier, séduit par les graces de Gérold, et charmé de la réception qu'il en avait reçue , fut chercher le repos, dont il avait tant de besoin. Le lendemain , aussi-tôt que parut le jour , Ogier se leva, et fut prendre congé du comte ; ce dernier lui fit de magnifiques présens ; il lui passa au cou une belle chaîne de topazes , en lui disant, suivant l'esprit de galanterie de ce temps, qu'il la lui donnait pour qu'il l'offrît *à la dame dont il était aimé.* Enfin Gérold, après avoir comblé le Chevalier danois de marques de distinction et d'amitié, le reconduisit lui-même hors du camp, et le chargea de demander à la duchesse une suspension d'armes de quelques jours, afin de rendre les derniers honneurs aux guerriers qui avaient péri dans la bataille. A peu de distance du château, Ogier rencontra Théobald qui allait au camp, proposer l'échange du prince Constantin et d'Ogier. Très-étonné de voir ce dernier, il l'interrogea, et apprit avec plaisir le procédé généreux de Gérold. Il retourna au château avec le Chevalier danois, dont l'arrivée causa autant de joie que de surprise. Béatrix, après avoir écouté le rapport d'Ogier, ne voulut pas être surpassée en générosité, et dans l'instant, elle fit dire au prince de Grèce qu'il était libre. Ce prince vint la remercier ; elle lui annonça la suspension d'armes, et l'engagea à rester quelques jours à sa cour. Constantin, déjà rempli d'admiration pour la duchesse, y consentit avec plaisir, et en la voyant davantage, il acheva de se dégoûter entièrement de la cause injuste dans laquelle il s'était engagé.

CHAPITRE VI.

Une erreur, un mensonge, un égarement.

Toute blancheur cède à l'éclat du fard,
Et la nature éblouit moins que l'art.
J. B. ROUSSEAU.

Age des passions, trop aveugle jeunesse,
Où conduis-tu les cœurs à leurs penchans livrés ?
VOLTAIRE.

LE comte de Bavière fit de tristes réflexions sur l'entretien qu'il avait eu avec Ogier, et en se le retraçant avec détail, il fut fâché de ne lui avoir pas fait plus de questions sur Délie ; mais n'ayant parlé d'elle qu'à la fin de la conversation, il n'avait pas voulu retenir Ogier plus long-temps. Tout ce qu'on lui disait de Délie, et sur-tout le compte que Barmécide lui avait rendu de son entrevue avec elle, excitait à la fois en lui le plus tendre intérêt et la plus vive curiosité. Il se rappela tout-à-coup que la duchesse lui avait fait demander de donner l'ordre à ses

soldats de respecter l'asyle d'une jeune
personne qu'elle protégeait, et qui s'é-
tait fixée dans une maison de campagne. On n'avait pas dit le nom de cette
jeune personne ; mais Ogier venait d'apprendre à Gérold, que Délie s'était retirée dans une profonde retraite. En
rapprochant ces deux faits, le comte
ne douta pas que la demande de Béatrix n'eût eu Délie pour objet. Ogier
n'avait pas désigné la maison ; mais le
comte croyait savoir parfaitement où elle
était située, Béatrix lui ayant fait donner tous les détails relatifs à l'habitation de la jeune personne pour laquelle
on sollicitait sa protection. Aussi-tôt
le comte, entraîné par une irrésistible curiosité, conçut le projet d'aller secrètement faire une visite à celle
qu'il croyait être cette intéressante et
belle Délie. La suspension d'armes lui
donnait à cet égard toute la facilité
qu'il pouvait desirer, et l'espoir de
pouvoir rencontrer la duchesse seule
et sans suite dans cette maison, acheva
de le déterminer. Aussi-tôt que la nuit
fut tombée, il monta à cheval, sortit
du camp sans être vu, et se rendit
seul à la maison où l'on avait relégué
Armoflède. On était aux derniers jours

du mois de janvier ; la neige , le ver-
glas et le froid rendirent cette petite
course très-pénible. Le comte arrivé ,
frappe à la porte ; on le fait attendre
assez long-temps , et il entend qu'il y
a beaucoup d'agitation et de mouvement dans la maison ; cependant on
vient , mais avant d'ouvrir on veut savoir son nom. Mourant de froid , et
impatienté de ces délais , le comte se
nomme ; alors nouveau mouvement
dans la maison , et un instant après ,
on revint et l'on ouvre. Gérold traverse
rapidement un vestibule et une petite
antichambre très-obscure , au bout de
laquelle il apperçoit une jeune personne qui s'avance à sa rencontre. Il
ne pouvait la voir qu'imparfaitement ,
mais elle lui parut charmante ; il s'approche , et la saluant avec respect : Je
me flatte , dit - il , que la belle Délio
n'attribuera qu'à ma reconnaissance la
témérité de cette visite. Je brûlais du
desir de la remercier moi-même , de
l'intérêt qu'elle daigne prendre à mon
sort..... Ce début surprit étrangement
Armoflède ; mais dans l'instant , entrevoyant le sujet d'une scène amusante ,
elle se décida , sans balancer , à confirmer Gérold dans son erreur. Elle ne

répondit rien, et prit l'attitude et le maintien d'une personne timide, naïve, et profondément émue. Elle fit passer le comte devant elle, dit un mot tout bas au domestique qui la suivait, et au moment même, elle entra avec Gérold dans un salon très-éclairé. Gérold regarda avec empressement celle qu'il prenait pour Délie; elle ne lui parut pas aussi jeune qu'on le lui avait dit, mais il fut enchanté de sa figure et de ses manières. Armoflède, après avoir soutenu cet examen en silence, et les yeux baissés, prit enfin la parole, et d'une voix entrecoupée, invita le comte à s'asseoir sur un canapé, et s'y plaça à côté de lui. L'excès de son embarrass frappa et intéressa Gérold: plus il la regardait, plus elle lui paraissait jolie; il ne se l'était pas représentée sous une forme aussi piquante, il la trouvait moins belle et plus agréable qu'il ne l'avait imaginé. Cependant Armoflède s'enhardissant, osait lever les yeux, et même les fixer sur le comte de Bavière. Il était beau, et dans tout l'éclat de la jeunesse, et les regards d'Armoflède exprimèrent *ingénument* l'impression qu'il produisait sur elle. Gérold oubliait de parler de Béatrix; le desir d'intéresser Délie l'occupait seul dans cet instant. Il lui disait tout ce que la galanterie peut inspirer de plus aimable, et il finit par lui demander dans quelle partie de ses états elle était née. Seigneur, répondit Armofiède, je n'ai point reçu le jour dans les terres que vous possédez près des frontières de ce duché ; j'ai le bonheur d'avoir pour patrie les lieux dont vous portez le nom ; je suis née dans le comté de Bavière. Mes parens voulant me donner pour époux un homme que je ne pouvais aimer, j'ai su, par la fuite, me soustraire à cette tyrannie, et sous un nom supposé, je me suis réfugiée dans cette cour. Je fuis le monde, je vis dans une profonde solitude, et je trouve dans cette retraite un charme de plus, en pensant que j'y suis sous votre protection, puisque vous avez donné l'ordre de respecter mon asyle. Cette réponse, qui contenait tant de choses tendres pour le comte, augmenta son étonnement et son intérêt. Que je plains, dit-il, celui qui n'a pu vous plaire, et que vous avez fui !.... Mais pourquoi, charmante Délie, ne vous êtes-vous pas adressée à moi ? Mon autorité aurait pu vous être utile.... A vous, grand

Dieu! s'écria Armoflède, comme si elle eût été emportée par un premier mouvement. La véhémence de cette exclamation, et ensuite l'excessif embarras qu'affecta Armoflède, parurent à Gérold un trait de lumière; il crut voir clairement qu'il était aimé de cette jeune personne, qui apparemment, sur sa réputation, s'était livrée à une passion romanesque, qu'elle nourrissait sans espérance, et qui causait cette insensibilité apparente, et cette mélancolie qu'on lui reprochait. Gérold se rappela que Barmécide, après son entrevue avec Délie, avait eu cette idée, et lui-même n'en douta pas. La singularité de cette passion, et les charmes de celle qui l'éprouvait, la vertu, l'innocence qu'il lui supposait, tout se réunissait pour exciter l'intérêt et flatter l'amour-propre du galant et léger comte de Bavière. Il feignit de n'avoir pas compris le sens de l'imprudente exclamation; il voulait arracher un aveu plus formel, et croyant surprendre l'innocence, il employait beaucoup d'art pour tomber lui-même dans les piéges du vice et de l'imposture. Il n'avait pas le dessein de s'assurer de son triomphe sur un cœur ingénu, et il oubliait que

c'était

c'était ainsi qu'il avait séduit l'infortunée Maria. Il fit quelques questions à
Armoflède, et, entr'autres choses, il
lui demanda depuis combien de temps
il avait le bonheur de l'intéresser. Depuis le jour, reprit-elle, où j'eus celui
de vous voir. Comment ! reprit vivement le comte étonné, vous avez pu
me voir sans que je vous aie apperçue ?
— Vous présidiez à une cérémonie
publique, et j'étais confondue dans la
foule. — Ah ! j'aurais dû vous y distinguer..... Mais..... combien de temps
s'est écoulé depuis cette époque ? —
Deux mortelles années ! — Souffrez
encore une question ; j'éprouve un
desir si passionné de vous être utile,
qu'il me semble que j'ai des droits à
votre confiance..... En disant ces paroles, il prit la main d'Armoflède. Cette
main, si remarquable par sa beauté, lui
rappela celle de Maria. Il soupira, et
ce fut avec plus d'émotion que de remords..... Charmante Délie, poursuivit-il, vous avez fui pour éviter l'hymen que vos parens vous proposaient ;
mais, dites-moi, votre aversion pour
celui qu'on vous destinait, fut-elle
l'unique cause d'une résolution si violente ? A ces mots, Armoflède, en

baissant les yeux , avoua qu'elle aimait un autre objet. Et depuis quand ? demanda Gérold. Depuis deux ans , répondit naïvement Armoflède. Elle fit cette réponse si claire , avec tant de simplicité , que le comte se persuada qu'elle ne croyait pas possible qu'il pût imaginer qu'il fût question de lui. Il feignit encore de ne rien soupçonner ; et après un moment de silence , causé par un trouble que chaque minute augmentait : Je ne vous demanderai point , reprit-il , si vous êtes aimée ; pour le savoir , il suffit de vous entendre et de vous regarder. Ici , Armoflède parut ne pouvoir plus dissimuler l'excès de son émotion ; elle s'agita , détourna la tête , comme si elle eût voulu éviter les regards de Gérold. Enfin , elle se leva , et d'une voix éteinte , sollicita la permission de se retirer un instant. En même temps , elle fit quelques pas pour sortir , en mettant son mouchoir sur ses yeux. Le comte s'élance vers elle ; il saisit ses deux mains ; il découvre son visage , il le voit baigné de pleurs. Armoflède tremblante , s'écrie : Ah ! que vous êtes cruel ! Et Gérold , oubliant Béatrix et Maria , et son amour et ses remords , se jette aux genoux d'Armoflède, qui, *sans force*, *éperdue* et chancelante, tombe doucement dans ses bras..... Dans ce moment, on entend distinctement le bruit d'un cheval au galop (car le petit salon au rez-de-chaussée, donnait sur la campagne); et presqu'aussi-tôt on reconnaît la voix d'Ogier, qui, avant d'arriver à la porte, appelait à grands cris, afin qu'on ne le fît pas attendre pour ouvrir. Le son de cette voix fut un coup de foudre pour Armoflède ; elle savait qu'Ogier avait été fait prisonnier, et elle le croyait toujours dans le camp ennemi. Pénétrée d'inquiétude et de frayeur, elle se débarrasse des bras de Gérold, en lui disant rapidement, qu'Ogier vient quelquefois de la part de la duchesse ; qu'il est sans doute chargé de quelque nouvelle commission ; qu'elle ne peut se dispenser de le recevoir ; que s'il trouvait le comte chez elle, il le dirait à Béatrix ; et elle finit en conjurant Gérold, ou de s'en aller par une petite porte de derrière, ou d'aller se cacher dans sa chambre, en ajoutant qu'Ogier ne restera pas long-temps, et qu'elle le congédiera promptement. Gérold accepte la dernière proposition. Dans ce moment, un domestique entre, et

E 2

demande ce que l'on doit répondre au Chevalier danois qui frappe à coups redoublés. Armoflède donne l'ordre d'aller ouvrir. En même temps, elle fait passer le comte par un petit corridor, et là, lui montre sa chambre ; et sur-le-champ elle retourne dans le salon, en refermant les portes de son côté. Le comte ouvre la porte indiquée, et il entre dans la chambre à coucher d'Armoflède. Une seule lumière posée sur une table, éclairait cette pièce qui était assez grande. Gérold s'assied dans un fauteuil ; et en pensant à toute cette aventure, cette visite d'Ogier, à huit heures du soir, lui paraît très-extraor-dinaire. Il connaissait la délicatesse, l'extrême décence et les principes de la duchesse ; il ne pouvait concevoir qu'elle eût l'imprudence de charger un Chevalier de ces messages nocturnes, et qu'elle exposât ainsi la réputation de sa jeune amie : d'ailleurs, il était encore plus étonné que la modeste, la timide Délie lui eût proposé d'attendre dans sa chambre qu'Ogier fût parti..... En réfléchissant là-dessus, ses regards tombèrent par hasard sur la table auprès de laquelle il était assis ; il vit briller quelque chose dans une corbeille ouverte posée près de lui. Il regarde, et reconnaît la chaîne de topazes qu'O-gier, le matin même, avait reçue de lui. Son étonnement fut extrême, car cet incident ne laissait aucun doute sur l'intelligence d'Ogier et de la prétendue Délie...... Confondu, et piqué autant que surpris, le comte se lève avec agitation, et se promène à grands pas dans la chambre. Après avoir fait deux ou trois tours, il se trouve contre une fenêtre dont les rideaux étaient tirés ; et tout-à-coup, il entend distinctement éternuer et tousser à côté de lui. Il se retourne, et voit deux pieds d'homme dont les pointes passaient le bord du rideau. Aussi-tôt le comte ouvre le rideau, et il decouvre le jeune Sylvain, le petit page d'Ogier, qu'il reconnut à l'instant, car il l'avait vu plusieurs fois, pendant la trève, dans le château de Théobald. Cette découverte parut si plaisante à Gérold, qu'elle dissipa totalement son dépit ; il éclata de rire, et questionnant Sylvain, celui-ci répondit en rougissant, que lorsque le comte était entré, au lieu de s'en aller, comme il en avait reçu l'ordre, il était venu se cacher dans cette chambre. Gérold n'en demanda pas davantage

E 3

Je vous préviens, lui dit il, que votre maître est actuellement ici..... A ces mots, Sylvain frémit et voulut s'en aller ; mais le comte le retenant : Un moment, reprit-il ; comment ferez-vous pour sortir sans être vu ? Par une porte de derrière, dont j'ai la clef, répondit le page. Hé bien, dit Gérold, vous allez me conduire ; je serai discret, mais à condition que vous le serez vous-même, et qu'on ne saura jamais que vous m'ayez rencontré dans cette maison. Sylvain en donna sa parole. Alors Gérold écrivit ce petit billet :
« Je conseille à l'*innocente* et *timide* » Délie, de choisir une maison plus » vaste ; celle-ci est beaucoup trop » petite pour le *genre de misanthropie* » qui la retient dans la solitude ».

Il attacha ce billet à la chaîne de topazes ; ensuite il sortit avec le jeune page. Ils traversèrent un vestibule qui les conduisit dans la basse-cour. Là, Sylvain ouvrit une porte. Le comte passa devant lui, et se retrouva sur la bruyère. La nuit était extrêmement obscure. Gérold fit deux fois le tour de la maison, avant de rencontrer son cheval qu'il avait attaché près d'un arbre. Sylvain l'aidait dans cette recherche, et touchant enfin l'arbre désigné, il détache le cheval et l'amène au comte. Ce dernier, en recevant les adieux de Sylvain, lui demanda ce qu'il allait devenir à une heure si indue, au milieu de la nuit et sans cheval. Sylvain répondit qu'il attendrait le jour dans une chaumière, à peu de distance de la maison. Le comte, après lui avoir encore recommandé la discrétion, reprit la route du camp, aussi mécontent de son voyage, que surpris de n'avoir trouvé dans cette Délie, qu'on lui avait dépeinte si intéressante, qu'une inconcevable hypocrisie, et la dépravation la plus profonde. Cependant il concevait que l'on fût dupe de ses artifices, lorsqu'il se rappelait à quel point il avait admiré sa candeur et son innocence, et qu'enfin, elle lui avait paru plus sensible et plus ingénue que Maria même. Mais il ne comprenait pas comment elle s'obstinait à dédaigner les soins de Lancelot, d'un Chevalier si aimable et si brillant par les agrémens de son esprit et de sa figure. Ne pouvant trouver le motif de cette bizarrerie, il en concluait que les femmes sont inexplicables, et il s'écriait : O Béatrix ! vous êtes seule exempte de faiblesse et de caprice, et Maria seule sait aimer !.... Tandis que le mécontentement et l'humeur ramenaient le comte de Bavière à la morale, le Chevalier danois se trouvait dans une situation plus fâcheuse encore ; il s'était fait une idée charmante du bonheur de surprendre agréablement Armoflède par un retour inopiné. Sylvain n'avait pas quitté son maître durant la bataille, et fut pris avec lui. Le lendemain matin Ogier lui cacha qu'il avait obtenu sa liberté ; il lui dit qu'on lui permettait seulement d'envoyer son page en commission ; il le chargea de porter la chaîne de topazes à Armoflède, et de lui dire qu'il espérait que sa captivité ne serait pas longue. En même temps, il défendit à Sylvain d'aller au château, et lui donna un second message qui devait employer toute sa journée. Le jeune page, aussi amoureux qu'étourdi, ne se fit aucun scrupule de désobéir à son maître, ou, pour mieux dire, s'oublia chez Armoflède. Ogier ayant pris toutes ces précautions, arriva en effet sans être attendu ; mais il ne pouvait choisir un moment où sa visite fût plus importune et plus désagréable. Armoflède voulant absolument se débarras-

ser de lui, s'avisa d'un expédient commun aujourd'hui, mais sublime dans
ces temps grossiers; elle feignit d'é-
prouver une violente attaque de nerfs:
son génie devina ce moyen ingénieux
de se délivrer d'un amant importun,
en excitant sa sensibilité et même sa reconnaissance; elle tomba dans des convulsions si fortes et si variées, que la
femme de nos jours la mieux exercée
dans ce genre, ne pourrait faire une
scène plus naturelle et plus effrayante.
Le bon Chevalier danois, qui n'avait
jamais rien vu de semblable, fut pénétré de terreur et d'inquiétude, il appela
les domestiques; ce mal étant nouveau,
la médecine n'avait pas encore découvert les remèdes salutaires qui le gué-
rissent, et dans ce siècle peu avancé,
l'eau de fleur d'orange n'était qu'un par-
fum, et l'eau de tilleul était inconnue!...
Enfin, au bout d'une demi-heure, Armoflède fut en état de déclarer à Ogier
qu'elle allait se mettre au lit, que le
repos et le sommeil pourraient seuls la
calmer. Il voulait la veiller, mais elle
assura que s'il restait dans la maison,
son émotion ne lui permettrait jamais
de dormir, elle lui dit là-dessus beaucoup de choses passionnées; et comme

elle avait toujours des *crispations* et des *tressaillemens*, Ogier n'insista plus, et plein d'attendrissement, d'amour et de regrets, il se hâta de retourner au château, en se promettant bien de ne jamais causer de *surprise* et de saisissement à une femme si sensible. Il arriva au château à dix heures du soir; en entrant dans la petite cour sur laquelle donnait son appartement, il appela son écuyer, qui vint aussi-tôt avec un flambeau. Isambard qui logeait à côté d'Ogier, passait dans la cour dans ce moment, et s'approcha d'Ogier, pour lui faire quelques plaisanteries sur cette course nocturne. Ogier mettait pied à terre, et son écuyer, à la lueur du flambeau, jetant les yeux sur le cheval, fit une exclamation de surprise, en disant : Quoi! Seigneur, vous avez troqué votre cheval? A ces mots, Ogier regarde et voit un autre cheval, et un harnais absolument différent; il reste immobile d'étonnement, et l'écuyer reprenant la parole : Le troc est bon, dit-il; ce cheval est bien plus beau, et la selle infiniment plus riche; elle a les couleurs et le chiffre du comte de Bavière, et je reconnais ce cheval pour le lui avoir vu monter plusieurs fois. Ogier le reconnaissait aussi, et se perdait dans les réflexions qu'excitait dans son esprit cette étrange métamorphose. Isambard entrevoyant une partie de la vérité, et voulant approfondir ce mystère, prit Ogier sous le bras, et l'emmena dans sa chambre. Ogier, naturellement communicatif, répondit sans détour aux questions d'Isambard, et ce dernier ne douta pas qu'Armoflède n'eût trouvé le moyen de lier une intrigue secrète avec le comte de Bavière. Il ne dissimula point cette idée au Chevalier danois, qui défendit vivement Armoflède, en convenant cependant qu'elle manquait de principes, mais en soutenant qu'elle était incapable d'une perfidie. Croyez, mon cher Ogier, répondit Isambard, qu'une femme trompe et trahit sans scrupule, lorsqu'elle s'égare sans remords.

E 6

CHAPITRE VII.

Vaine résolution.

On brave un temps l'amour , mais enfin il se venge.
DESTOUCHES.

Serment d'aimer toujours, ou de n'aimer jamais,
Me paraît un peu téméraire....
VOLTAIRE.

LA faible impression que les remontrances d'Isambard avaient pu produire sur l'esprit d'Ogier, fut bientôt effacée par les discours et les mensonges de l'artificieuse Armoflède. Après le départ d'Ogier, elle avait trouvé dans sa chambre le billet de Gérold ; elle éprouva d'abord autant de colère que de confusion ; mais ensuite, en songeant que Gérold la prenait pour Délie, son ame atroce se consola de l'aventure qui déshonorait une jeune personne si intéressante, et qu'elle haïssait mortellement.

Cependant Olivier, plus agité que jamais, ne put repousser les réflexions qu'excitait en lui le souvenir de tout ce qu'il avait éprouvé , en recevant des mains de la duchesse le prix de la valeur. Il se flattait encore de n'adorer en Béatrix que l'image de Célanire , et il s'obstinait à ne voir dans cette passion nouvelle que la preuve d'une éternelle constance. Mais il ne pouvait s'abuser sur les sentimens de Béatrix , et certain d'être aimé , il frémit en pensant qu'il était le rival d'Isambard. Cette idée accablante ouvrit son ame à de nouveaux remords , et lui fit prendre la résolution d'éviter , avec plus de soin que jamais , toutes les occasions d'entretenir Béatrix en particulier , et tout ce qui pourrait le rapprocher d'elle. Mais ce jour même , en traversant une longue galerie , il la rencontra seule ; elle sortait de l'appartement de Theudon , qu'elle allait voir souvent , depuis qu'une dangereuse blessure le retenait au lit (10). Olivier , en appercevant la duchesse , fit un mouvement pour s'éloigner ; elle l'appela , et doublant le pas pour le rejoindre : Je suis charmée de vous rencontrer , dit-elle , car j'ai besoin de votre consentement pour une chose que je desire vivement. Olivier surpris , lui demanda quel ordre elle avait à lui donner. J'ai remarqué , répondit-elle, combien vous aimez le jeune Zemni, et à quel point il vous est attaché ; je vous avoue que je l'ai questionné plus d'une fois ; il m'a conté son histoire, et de cet instant, j'ai pris le plus vif intérêt à celui qui doit la vie à la valeur et à la générosité d'Olivier...... Je sais que dans cette première victoire remportée sur mes ennemis, il vient de montrer le courage le plus brillant ; je voudrais l'armer Chevalier ; y consentez-vous ? Olivier attendri, soupira et s'inclina. Hé bien ! reprit la duchesse, la suspension d'armes finit dans cinq jours, annoncez à Zemni qu'il recevra après demain l'ordre de la Chevalerie. En disant ces mots, Béatrix, sans attendre de réponse, quitta le Chevalier du Cygne, et poursuivit son chemin. Olivier fut, avec empressement, chercher Zemni, et l'instruire des bontés de la princesse. Zemni, transporté de joie, en exprimant sa reconnaissance, fit avec ingénuité le plus touchant éloge de la bonté de Béatrix. Il en conta mille traits intéressans ; c'était la première fois qu'il se livrait avec son maître au plaisir de la louer, car la ressemblance frappante de la duchesse avec Célanire, l'avait toujours empêché de lui parler d'elle. Olivier l'écoutait avec tant de complaisance, qu'il s'oublia dans cette conversation jusqu'à l'heure du souper, et pendant tout le reste de la soirée, il fut infiniment plus rêveur et plus distrait qu'à l'ordinaire.

Après le souper, Lancelot emmenant Olivier dans un cabinet voisin du salon, le pria de se charger d'une lettre pour Délie ; car Olivier était de tous les Chevaliers rassemblés dans le château, celui pour lequel Délie paraissait avoir le plus d'amitié ; moins timide avec lui qu'avec les autres, elle se plaçait souvent à table à côté de lui, et elle l'admettait souvent en tiers, dans les promenades qu'elle faisait chaque matin avec Amalberge. Olivier, de son côté, moins farouche pour l'amie de Béatrix, trouvait un charme secret dans son entretien ; d'ailleurs, la réserve et la profonde mélancolie de cette jeune personne, lui inspiraient un vif et tendre intérêt. Lancelot se croyait aimé de Délie ; mais comme elle le fuyait toujours, et qu'il ne pouvait parvenir à lui parler en particulier, il conjura Olivier de lui remettre de sa part une lettre qu'il venait de lui écrire. Les deux Chevaliers convinrent qu'Olivier, le lendemain matin, au lieu d'attendre Délie dans le jardin, irait dans son appartement une heure avant celle de la promenade ; qu'il lui donnerait la lettre de Lancelot, et lui parlerait en sa faveur. En effet, le lendemain matin à dix heures, Olivier se rendit, pour la première fois, à l'appartement de Délie ; car malgré l'espèce de liaison qui s'était établie entr'elle et lui, comme elle ne recevait point de visites, il n'avait pas encore été chez elle. Arrivé à sa porte, et n'y voyant point de clef, il allait frapper ; mais la porte qui n'était pas fermée, s'ouvrit aussi-tôt qu'il l'eut touchée ; alors il entra doucement. Ne trouvant personne, ni dans l'antichambre ni dans le salon, il crut que Délie était déjà sortie ; cependant, jetant les yeux sur un cabinet dont la porte était ouverte, il y fut ; mais à peine eut-il mis le pied dans ce cabinet, qu'il fit un cri perçant, et tombant appuyé sur le lambris, il resta immobile, presqu'entièrement privé de l'usage de ses sens. Le surprenant tableau qui s'offrit à ses regards, devait en effet lui causer un tel saisissement !... Le lecteur en jugera dans le prochain chapitre, qui contiendra le détail de cette étrange vision.

CHAPITRE VIII.

Dangereuse illusion.

Manca il parlar; di vivo altro non chiedi ,
Ne manca questo ancor, se agli occhi credi.
LE TASSE.

Qu'on se représente, s'il est possible, ce que dut éprouver Olivier, lorsqu'au lieu de celle qu'il cherchait, il crut voir, non Délie, non pas même la duchesse de Clèves, mais Célanire elle-même, telle qu'il la vit la première fois chez la princesse Emma, avec le costume de son pays. En entrant dans son cabinet, Célanire s'offrit à ses yeux, dans la même attitude, debout, le dos tourné ; il reconnut sa taille, sa coiffure, ses longues tresses de cheveux blonds, son habit de la même forme et de la même couleur; enfin, il la retrouva si parfaitement, que dans ce premier moment de trouble et de surprise inexprimable, l'idée de Béatrix ne vint même pas se présenter à son esprit. Au cri qu'il fit, elle se retourna, elle pâlit, et frappée d'un étonnement presqu'égal au sien, elle s'appuya contre une table, et le regarda fixement sans proférer un seul mot..... Olivier, en appercevant son visage, et en remarquant sa pâleur et la couleur de ses cheveux, crut toujours voir Célanire. Il la contemplait d'un air égaré ; mais enfin, la duchesse prenant la parole : Olivier, dit elle, le hasard vous fait découvrir un mystère dont vous étiez l'objet.... Je savais combien vous regrettiez de n'avoir pas un portrait de celle que vous aimiez ; j'ai voulu vous l'offrir, j'ai voulu que la ressemblance qui vous rend ma vue si pénible, pût du moins servir une fois à vous procurer quelque consolation. Depuis quinze jours, n'ayant confié mon dessein qu'à Délie, je viens ici chaque matin me parer de ces cheveux empruntés, et de cet habit. Ma figure m'a servi de modèle ; mais, embellie par l'art et par mon pinceau, ce portrait que je viens de finir, ne vous rappelera de Béatrix que sa tendre amitié, et ne pourra retracer à vos yeux que les traits chéris de Célanire. En parlant ainsi, la duchesse présente au Chevalier du Cygne le portrait. Olivier éperdu, tombe à ses pieds en s'écriant : Ah ! laissez-moi me prosterner devant sa véritable image. Béatrix ne put lui répondre que par ses larmes. Olivier saisit ses deux mains, et les pressant contre son cœur : Oui, poursuivit-il, c'est elle, je la revois..... C'est-là son regard..... son ame est dans ses yeux ....O toi que j'adore ! réponds-moi, dis-moi que par un prodige nouveau, tu viens me dédommager de ce long supplice, que j'ai souffert...... Quoi ! tu veux fuir ? vas-tu déjà disparaître ? Non, non, je te suivrai dans la nuit du tombeau ; la mort qui nous séparait doit enfin nous réunir. A ces mots, la duchesse pénétrée de terreur, s'échappant de ses bras : O mon cher Olivier ! dit-elle, reconnaissez la triste Béatrix, sortez de cet affreux égarement, perdez une funeste et trop chère illusion...... Hé bien, interrompit le malheureux Olivier, arrachez-moi donc la vie ! .... En disant ces paroles, il tomba sur un canapé qui se trouvait auprès de la table, et cachant son visage dans ses deux mains, il donna un libre cours à ses pleurs. Béatrix, pâle et glacée d'effroi, resta debout près de lui, sans oser parler..... Ah ! Madame, reprit Olivier d'une voix entrecoupée de sanglots, qu'avez-vous fait !.... Ce n'est pas seulement un souvenir que vous m'avez rappelé !.... Vous l'avez tirée de la tombe, vous me l'avez rendue pendant quelques minutes !..... J'ai vu les yeux de Célanire se fixer sur les miens. J'ai senti ses larmes brûlantes tomber sur mon visage !.... C'était sa main tremblante que je pressais contre mon sein !.... Vous vous êtes fait un jeu barbare de reproduire dans ce cœur fiétri, tous les transports de l'amour..... O cruelle Béatrix ! vous n'avez ranimé mon existence que pour me rendre toute l'horreur de mes premiers regrets !...... O ciel ! interrompit la duchesse , en versant un déluge de pleurs, quels reproches déchirans !.... Mais dois-je chercher à me justifier !.... Olivier ! serait-il possible que vous n'eussiez pas déjà lu dans mon cœur!.... Cette question fit tressaillir Olivier; il joignit les mains; et se tournant vers la duchesse avec une attitude suppliante, et l'expression la plus naïve de tendresse et de douleur : Oh ! daignez plaindre un déplorable égarement, lui dit-il ; c'est à vos pieds que je devrais en implorer le pardon...... Mais pourrais-je me retrou-

ver à vos genoux, sans retomber dans
ce coupable délire !... Est-ce Olivier,
répondit Béatrix, qui me demande de
le plaindre ? peut-il ignorer l'excès de
la dangereuse compassion qu'il a su
m'inspirer ? et quand ses peines et ses
douleurs ont passé dans mon ame,
quand je partage tout ce qu'il éprouve,
peut-il feindre toujours de méconnaître
mes sentimens ? A ces mots, Olivier
hors de lui, leva les yeux sur Béatrix
qu'il n'avait pas osé regarder depuis
qu'il était assis. Grand Dieu ! s'écria-
t-il, est-ce encore une illusion ?.....
Non, répondit la duchesse, ce cœur
si long-temps insensible est à vous;
dois-je espérer, Olivier, que la tendresse et la main de Béatrix pourront
enfin vous consoler? En prononçant ces
paroles, elle lui tendait la main. Olivier frémit, et la duchesse vit avec
effroi son front s'obscurcir, sa physionomie s'altérer, et peindre le désespoir. Il prit sa main, et la serrant fortement dans les siennes, il garda un
moment le silence; ensuite regardant
la duchesse d'un air sombre et sinistre :
Cette main, dit-il, cette main bienfaisante et pure ne peut s'unir à celle
d'un meurtrier.... Célanire était mon

épouse, sa vertu égala ses charmes, et je fus son assassin ; c'est moi qui lui donnai la mort..... A ce terrible discours, l'infortunée duchesse, qui s'était assise sur le canapé, laissa tomber sa tête sur l'épaule d'Olivier, un nuage épais couvrit ses yeux baignés de larmes, et cessant de voir et d'entendre son malheureux amant, un profond évanouissement suspendit, pendant quelques minutes, la douleur dont elle était pénétrée. Olivier éprouva un sentiment impossible à décrire, en voyant Béatrix appuyée sur son sein. Maintenant, dit-il, qu'elle connaît mon crime, elle ne se trouverait qu'avec horreur entre mes bras.......Je viens d'anéantir sa tendresse, et de perdre son estime !.... Célanire ! Isambard !.... O souvenirs immortels et sacrés ! soutenez mon courage..... En proférant ces tristes plaintes, Olivier avait doucement posé la duchesse sur un des coussins du canapé ; elle reprit promptement sa connaissance ; le premier mot qu'elle prononça fut le nom d'Olivier, et son premier regard dut lui faire connaître que son cœur était toujours le même. Infortuné ! s'écria-t-elle, les sentimens de Béatrix justifieront votre généreuse confiance...... Ah ! ne parlons jamais de ce secret déchirant et terrible..... Je suis certaine qu'une fatale erreur fut la cause et l'excuse de cet affreux évènement, et l'excès de votre malheur rend plus vif encore, s'il est possible, le sentiment qui m'attache à vous. Ce discours si tendre, pénétra le cœur d'Olivier de la plus profonde reconnaissance. Se sentant trop vivement touché pour oser répondre, il leva les yeux au ciel, avec une expression si pathétique, que nul discours n'aurait pu peindre mieux tout ce qu'il éprouvait. La duchesse lui faisant signe de reprendre sa place auprès d'elle : Il est tard, dit-elle, et bientôt il faudra nous séparer ; avant de vous quitter, je veux, Olivier, vous ouvrir mon ame toute entière. On n'a jamais connu mon caractère ; la délicatesse, et non l'orgueil, m'a seule jusqu'ici préservée de l'amour En rejetant les vœux de tant de princes, je ne dédaignais que les prétentions de l'ambition et de la vanité ; je voulais un cœur qui pût répondre au mien ; j'ai souvent pensé qu'il existait sans doute, et l'idée que vraisemblablement je ne le rencontrerais jamais, a plus d'une fois troublé ma tranquillité. Peut-être, me disais-je, cet objet capable d’éprouver un attachement tel que je le conçois cherche-t-il vainement une ame semblable à la sienne, ou peut-être est-il engagé dans d’autres liens ; peut-être enfin la différence de nos conditions, la distance des rangs, nous empêchera-t-elle toujours de nous rapprocher et de nous reconnaître. Cette idée acheva de me faire sentir combien les préjugés de la naissance sont absurdes ; le sentiment me confirma dans l’opinion que ma raison m’avait déjà donnée. Telle était ma situation, lorsqu’Ogier le danois vint ici ; il me parla de vous, et de cet instant, mon cœur qui vous cherchait sut vous deviner et vous attendit. Ce pressant intérêt d’une piété profonde, l’éclat de votre réputation, la sympathie, la conformité de goûts et d’opinions, tout a semblé se réunir pour m’attacher à vous. J’ai pensé que vous pourriez aimer celle qui vous rappelait un objet si cher !..... Mais en connaissant votre sort, je sens trop que l’amour ne vous est plus permis, et que je dois renoncer à l’espoir de vous consoler. Je saurai triompher d’une passion que vous ne pouvez partager ; du moins, elle me préserve à

jamais

jamais du malheur d'éprouver un sentiment semblable. Cependant, j'ai besoin d'un ami, d'un défenseur!...... Olivier..... refuserez-vous à ces titres de vous fixer près de moi?..... Ah! répondit Olivier, pourrais-je former le dessein de m'éloigner de vous, tant que mes services et mon bras pourront vous être utiles! Ils me le seront toujours, reprit Béatrix. Considérez ma situation et ma jeunesse : je suppose qu'une paix glorieuse mette fin à cette injuste guerre, je me retrouverai seule, entourée de voisins ambitieux, et plus irrités que jamais; ils voudront se venger de mon triomphe et de mes refus; la guerre se rallumera bientôt, et j'en serai la victime. Mais avec l'appui du seul Olivier, je n'aurais rien à craindre, et je ne puis me l'assurer qu'en le faisant régner sur les lieux qui me sont soumis. Si je pouvais le rendre mon souverain, ou l'adopter pour mon frère, je ne persisterais pas à lui offrir ma main; mais songez, Olivier, que pour les intérêts réunis de ma réputation, de ma gloire et de ma sûreté, je n'ai que ce seul moyen de vivre à jamais avec vous comme votre sœur. Ce n'est qu'aux pieds des autels, que je puis vous déclarer le protecteur de cet état et le mien..... A ces mots, Olivier se jetant aux genoux de Béatrix : Ame généreuse et sublime ! s'écria-t-il, oh ! que proposez-vous à ce cœur éperdu !.... Non, l'infortuné, le coupable Olivier ne peut être honoré du titre auguste de votre époux !..... Ah ! si vous vouliez en effet devenir ma sœur !..... Le plus vertueux, le plus aimable des hommes, Isambard ose vous adorer en secret, il est mon frère.... Il suffit, interrompit la duchesse en se levant, oubliez ce triste entretien, soyez sûr que je ne vous en rappellerai point le souvenir ; mais j'exige aussi que vous ne me prononciez jamais le nom d'Isambard. En achevant ces mots, la duchesse, sans regarder Olivier, tourna ses pas de l'autre côté du cabinet, et s'approchant d'une petite porte vitrée, elle l'ouvrit et disparut. Olivier resta consterné, et dans un accablement inexprimable ; il considérait d'un air stupide la place que Béatrix venait de quitter, et il ne pouvait s'arracher de ce fatal cabinet. Enfin rassemblant toute sa force, il fit quelques pas pour s'en aller, et s'arrêta tout-à-coup, en se ressouvenant du portrait qui était resté sur une table ; il le prit avec un violent battement de cœur, et sortit ensuite précipitamment.

CHAPITRE IX.

Le songe.

Think me not lost : for the i heav'n implore !
Thy guardian angel , tho 'a wife no more.
SAVAGE.

Mira come son bella e come lieta
Fedel mio caro , e in me il tuo duolo acqueta.
LE TASSE.

OLIVIER, hors d'état de paraître devant du monde, passa la journée entière dans sa chambre. Isambard et le jeune Roger, chargés d'une commission de Béatrix, se trouvaient absens; ils étaient allés, de la part de la duchesse, au-devant de la célèbre veuve de Balahac, la belle Axiane, comtesse de Carcassonne que l'on attendait le lendemain. Cette princesse, après la mort de Balahac, avait pris le commandement de son armée, gagné plusieurs batailles, et fait une paix glorieuse avec les généraux de Charlemagne (11). Ayant appris la situation de la duchesse de Clèves, elle voulut malgré la distance qui séparait leurs états, voler à son secours, et elle venait se ranger au nombre de ses défenseurs.

L'absence d'Isambard laissait au malheureux Olivier la liberté de se livrer, sans contrainte, à sa douleur et à ses tristes réflexions. Mille sentimens violens et contraires s'élevèrent à la fois dans son ame, lorsque, seul et renfermé dans sa chambre, il osa enfin contempler ce tableau, précieux ouvrage de Béatrix. C'était en effet le portrait le plus frappant de Célanire; la duchesse, en peignant sa figure, ne s'était attachée qu'à en saisir l'expression. Les questions qu'elle avait faites tant de fois sur son infortunée rivale, l'avaient mise en état de faire tous les changemens qui pouvaient rendre la ressemblance parfaite. Olivier, en contemplant ce portrait, se retraçait également Célanire et Béatrix ; ce ravissant visage lui rappelait en même temps, et la figure et les sentimens de l'une et de l'autre. S'il pensait aux vertus de Célanire, il ne pouvait les comparer qu'à celles de Béatrix ; s'il songeait à l'amour de la première et aux sacrifices touchans qu'il avait obtenus d'elle, ce souvenir le ramenait naturellement à Béatrix. Il voyait, il entendait cette princesse charmante, lui faisant l'aveu de la passion la plus pure et la plus tendre, et malgré les préjugés de l'orgueil et de la naissance, lui offrant, avec autant de délicatesse que de générosité, cette main, briguée par tant de princes, et qu'elle venait de refuser à l'un des plus grands rois de l'Europe ! Enfin, il ne pouvait regarder ce portrait, sans penser qu'il était l'ouvrage de l'ingénieuse tendresse de la duchesse ; aussi, depuis cet instant sur-tout, Célanire et Béatrix se confondirent tellement dans son imagination, qu'il ne lui fut plus possible de les en séparer, et qu'elles n'y formèrent plus qu'une seule idée. Malgré les combats violens qui déchiraient son cœur, malgré la douleur qu'il éprouvait en songeant à la sévérité du dernier adieu de Béatrix, Olivier trouvait une puissante consolation dans la pensée qu'il avait rempli son devoir, et que dans ce dangereux entretien, il n'avait trahi ni l'amitié, ni la fidélité qu'il devait à la mémoire de sa malheureuse épouse. Sur le soir, il admit Zemmi dans sa chambre, et ce fut pour parler de la duchesse ; il apprit par lui qu'elle s'était plainte d'un violent mal de tête, et qu'elle était en effet extrêmement abattue et changée. Ce détail attrista tellement Olivier, qu'il renvoya Zemni, dans la crainte de ne pouvoir dissimuler son trouble et son attendrissement. Lorsqu'il fut seul, ses larmes recommencèrent à couler, jusqu'à l'heure où il avait coutume de se coucher. Il s'étonna, en se mettant au lit, et devant passer la nuit sans Isambard, de ne pas se trouver saisi de cette terreur affreuse, qui s'emparait toujours de lui, à l'approche du supplice auquel il était condamné. Il gémissait plus que jamais sur sa destinée; mais le sacrifice qu'il venait de faire, calmait les reproches secrets de sa conscience agitée, et il éprouvait qu'un pressant remords produit seul une terreur insupportable. A peine fut il couché, qu'il lui sembla qu'une main invisible et bienfaisante versait un baume salutaire sur les profondes blessures de son cœur; le calme de ses sens produisit en lui de nouveaux sentimens; son ame, pour quelques instans dégagée des passions humaines, s'éleva sans effort jusqu'à l'Etre suprême; la religion vint offrir à son esprit de touchantes consolations et de sublimes espérances; insensiblement ses idées devenant plus vagues, il tomba dans une douce rêverie ; bientôt ses yeux appesantis se fermèrent, et il s'endormit profondément. Pour la première fois depuis son malheur, des songes heureux occupèrent son imagination. Il crut être transporté dans un jardin délicieux, au moment où l'aurore répandait ses premiers rayons. Il se trouvait au pied d'un sorbier, aux branches duquel étaient suspendus la tresse de cheveux, la chaîne d'or de Célanire, et le collier de perles qu'il avait reçu de Béatrix ; il contemplait avec attendrissement ces offrandes de l'amour, lorsque les sons ravissans d'une musique céleste frappèrent ses oreilles, et fixèrent son attention. Il leva les yeux vers le ciel, il apperçut un nuage brillant qui paraissait s'approcher de lui, en imprimant une longue trace de lumière sur l'espace des cieux qu'il parcourait ; ce nuage, planant au-dessus du sorbier, s'arrêta, s'entr'ouvrit, et laissa voir une figure divine, qui représenta dans le moment même à la pensée d'Olivier, l'image adorée de Célanire et de Béatrix. Une voix mélodieuse fit entendre ces paroles : *La justice éternelle est satisfaite ; ton re-*

pentir et ta fidélité ont expié nos éga-remens. A peine ces mots consolateurs étaient-ils prononcés, qu'Olivier vit près de lui Isambard et Béatrix, vêtus de longs habits de deuil, et se prosternant au pied du sorbier. Olivier reporta ses regards sur le nuage ; il apperçut Céla-nire qui lui tendait les bras ; il voulut s'élancer vers elle, dans cet instant il se réveilla. Quelle fut sa surprise et sa joie, en ne voyant autour de lui aucuns vestiges de l'horrible apparition, et en découvrant les premiers rayons du jour naissant ! Elle ne souffre plus ! s'écriat-il avec transport. En disant ces paroles, il se précipita hors de son lit, et se prosterna sur le plancher.

F 5

CHAPITRE X.

Une héroïne.

> . . . . Voi che oscurar voresti
> Con maligne ragione
> La gloria femminil, ditemi voi,
> Se han virtu piu sublime i nostri eroi.
> MÉTASTASE.

CE jour même, si mémorable pour Olivier, le jeune Zemni fut armé chevalier (*). Ce fut à midi que la cérémonie commença ; on se rendit dans la chapelle du château. Lorsque tout le monde fut rassemblé, et que la duchesse eut pris sa place sous un dais magnifique, posé à côté de l'autel, Olivier parut, tenant par la main Zemni vêtu de blanc. Le parrain et le novice, également émus et troublés, mais par des motifs différens, s'approchèrent de l'au-

---

(*) Il fallait avoir au moins vingt-un ans accomplis pour être reçu Chevalier ; mais les souverains et les princes s'étaient réservé le droit de donner des dispenses d'âge, et ils usaient souvent de cette prérogative.

tel, et se mirent à genoux ; la vive émotion d'Olivier s'accrut encore, en se trouvant à côté de Béatrix au pied de cet autel !..... Il pensa que s'il eût accepté sa main, il la recevrait dans cette attitude, dans ce même lieu, à cette même place ! —...... Zemni, après avoir prononcé son serment, se releva ; les dames de la duchesse s'avancèrent ; l'aimable fille de Théobald, la jeune Sylvia, s'approchant de Zemni d'un air doux et timide, lui attacha les éperons dorés ; tous deux rougirent, et Sylvia, sans oser lever les yeux, se pressa de s'éloigner et d'aller se placer derrière la duchesse. Les autres dames donnèrent successivement à Zemni le haubert (*), la cuirasse, les brassards et les gantelets. Alors Olivier conduisit le novice sous le dais de la princesse ; Zemni mit un genou en terre : la princesse prit des mains de ses écuyers une superbe épée : *Au nom de Dieu*, dit-elle, *je vous fais Chevalier ; soyez preux, hardi et loyal* (**). En prononçant cette formule sacrée, elle lui ceignit l'épée ; dans ce moment les

____

(*) Ou cotte de maille.
(**) C'était la formule ordinaire.

F 6

Chevaliers vinrent former un cercle autour de Zemni, et lui présentèrent le reste de son armure, son casque, son bouclier et sa lance. Le nouveau Chevalier reçut l'accolade de tous les guerriers dont il devenait l'égal ; ensuite on sortit de l'église. On conduisit Zemni dans une vaste cour, remplie de peuple et de soldats. Cette multitude attendait avec impatience le nouveau Chevalier, qui monta à cheval, et qui, suivant l'usage, au bruit des acclamations, et suivi du peuple et d'une troupe de musiciens, sortit de l'enceinte où s'était faite sa réception, et fut se montrer dans toutes les places publiques (*). Barmécide, envoyé du camp pour proposer un échange de prisonniers, s'était trouvé présent à la cérémonie ; la duchesse l'invita à passer le reste de la journée au château, afin d'y voir la fameuse comtesse de Carcassonne, qu'on attendait le soir. Barmécide apprit à Olivier qu'un nouveau Chevalier était arrivé la veille au camp des princes, qu'il s'était présenté avec

____

(*) Tout le détail de cette cérémonie est fidèlement tiré des Mémoires de Chevalerie de M. de Sainte-Palaye, tome 1er.

l'habit et le manteau d'un Chevalier errant (*), et qu'on avait accepté ses services ; mais jugez de ma surprise et de mon indignation , ajouta Barmécide , lorsqu'en venant ici ce matin , et voyant de loin ce Chevalier , j'ai reconnu dans l'instant le féroce Rotbold , et le lâche Tryphon , son écuyer ! Mais ces deux monstres ne resteront pas long-temps parmi nous ; j'instruirai Gérold de leur histoire..... Non , reprit Olivier , il vaut mieux les vaincre que les faire chasser ; laissez-les dans l'armée : le ciel sans doute ne les conduit ici qu'afin de leur y faire trouver la juste punition de tant de crimes. Comme Olivier prononçait ces paroles , Théobald s'approcha de lui , pour lui dire que Béatrix l'envoyait au devant de la comtesse , parce qu'un courrier venait d'apporter la nouvelle que cette princesse arriverait sous deux heures. Le vieillard invita le Chevalier du Cygne à l'accompagner. Olivier y

---

(*) Les Chevaliers errans portaient des habits verts , parce que (dit M. de Sainte-Palaye) le vert est le symbole de l'espérance. Ces Chevaliers voyageaient pour se former et chercher des aventures ; il y eut beaucoup de Chevaliers de cette espèce dans les premiers temps de la Chevalerie.

consentit ; il descendit dans la cour, se fit amener le beau coursier, orné de la superbe housse qu'il avait reçue de Béatrix : il monta à cheval, et partit avec Théobald, suivi seulement de deux écuyers. Il causait de choses indifférentes avec le vieillard, lorsqu'il s'apperçut que ce dernier l'écoutait avec distraction, et qu'il avait les yeux fixés sur la housse de son cheval. Vous admirez, lui dit-il, la magnificence de ce harnais ; c'est un don de la princesse..... De grace, interrompit Théobald avec émotion, levez la frange qui cache à moitié ces perles..... Olivier obéit, en disant : Vous reconnaissez sans doute ces perles si précieuses que Béatrix a portées ? Est-il possible ? s'écria le vieillard ; c'est le collier de Béatrix ! O trop heureux Olivier !..... Il s'arrêta, et ses yeux se remplirent de larmes. Olivier, troublé autant que surpris, et brûlant de pénétrer le mystère qu'annonçait l'étonnement et l'attendrissement du vieillard, le questionna d'autant plus vivement, que les écuyers, allant au pas derrière eux, étaient trop éloignés pour pouvoir les entendre. Théobald fut quelques minutes sans répondre. Enfin, poussant un profond soupir : Ah ! Seigneur, dit-il, je suis loin de désapprouver le choix de Béatrix. Connaissant cette princesse depuis son enfance, j'avais même soupçonné ses sentimens ; mais j'ai eu la gloire de former ce cœur si noble et si sensible, et de développer ces vertus et cette raison supérieure qui la distinguent de toutes les personnes de son rang (*). Sa confiance m'était due ; c'était le seul prix qui pût récompenser mes soins. Comment ne m'affligerais-je pas, en découvrant qu'elle m'a caché le plus important secret de sa vie ? O ciel ! dit Olivier, qu'osez-vous penser ; et comment ce collier de perles peut-il produire une telle erreur ? Eh ! quoi, Seigneur, répondit Théobald, la duchesse, en vous le donnant, aurait-elle oublié de vous en

____

(*) Le lecteur doit se rappeler qu'il est question d'une princesse du neuvième siècle. On sait que de nos jours les princes et princesses sont sans préjugés, savent voir par leurs propres yeux, ne se laissent gouverner que par la raison, connaissent et remplissent les devoirs imposés par la justice, la reconnaissance et l'amitié ; mais dans le temps reculé dont j'esquisse l'histoire, ils n'étaient pas si avancés ; une princesse éclairée, sensible et d'un grand caractère, était alors une espèce de phénomène.

conter l'histoire ? ou plutôt pensez-vous
que je l'ignore, ou que ce trait si frappant soit sorti de ma mémoire ? Non,
Seigneur ; je sais que le prince, père
de la duchesse, reçut dans sa jeunesse
ce collier des mains d'une épouse qu'il
adorait : cette princesse le lui donna
avant son mariage, comme un gage
de son amour, et lui fit promettre de
le conserver jusqu'au tombeau. Le duc,
en mourant, le remit à sa fille, en
exigeant le serment le plus solennel de
le porter jusqu'à la mort, ou de ne le
donner qu'à celui qu'elle choisirait
pour époux. Béatrix, à genoux et baignée de larmes, jura, par tout ce qu'il
y a de plus sacré, d'exécuter fidèlement cette dernière volonté d'un père
expirant : je fus seul témoin de cette
scène touchante, dont il est impossible
de perdre le souvenir. On peut imaginer aisément l'impression que dut
produire cette explication dans l'ame
d'Olivier ; il soutint vainement que la
duchesse n'avait pour lui que les sentimens qu'elle croyait devoir à ses défenseurs. Le vieillard, d'après les sermens
d'Olivier, crut seulement que le mariage, différé par des raisons politiques,
n'était pas fait encore ; mais il resta

convaincu que Béatrix avait déjà donné
sa foi, et que rien ne pourrait empêcher qu'Olivier ne devînt son époux.
Au milieu de cet entretien, Olivier
apperçut de loin une troupe nombreuse
et brillante, qui s'avançait à leur rencontre. Bientôt distinguant Isambard
et Roger, il connut que c'était la comtesse de Carcassonne et son escorte.
C'était elle en effet; mais, en s'approchant, Olivier, voyant à la tête de
cette troupe, deux femmes d'une égale
beauté, hésita un moment à reconnaître
la belle Axiane : cependant, remarquant
que l'une des deux était vêtue en amazone, il pensa que cet habit guerrier
devait désigner la comtesse, et il ne se
trompa point dans sa conjecture. Après
les premiers complimens, Olivier engagea Isambard à rester un instant en
arrière, afin de lui parler en particulier.
Lorsqu'ils furent à deux cents pas de la
troupe, Olivier prenant la main de son
ami, en le regardant avec des yeux
remplis de pleurs : O mon frère! lui
dit-il ; ô toi, fidèle compagnon de ces
nuits terribles, dont ton amitié généreuse m'adoucissait l'horreur, apprends
qu'enfin je suis délivré de cette affreuse
apparition..... A ces mots, les douces
larmes de la joie inondèrent le visage

d'Isambard ; il serrait la main d'Olivier, et ne pouvait lui répondre. Au bout de quelques minutes, reprenant la parole, il lui fit mille questions sur cet heureux évènement ; et les deux Chevaliers se promirent de passer encore la nuit suivante ensemble, car Isambard voulait jouïr du bonheur de voir son ami délivré de ses terreurs, s'endormir paisiblement. Ils rejoignirent la comtesse, qui, pendant tout le reste du chemin, parut ne s'occuper que des Chevaliers du Cygne. Cette célèbre amazone, qui avait montré dans les combats toute l'habileté et toute la valeur d'un grand général, réunissait les vertus et les qualités qui font la gloire des deux sexes. La pureté de ses mœurs, la douceur de son caractère, la simplicité et la modestie de son maintien, donnaient un véritable prix à ses actions éclatantes. La dame qui l'accompagnait, vêtue de noir et les yeux baissés, gardait le silence ; mais elle était remarquable par sa beauté majestueuse et touchante, et par la profonde tristesse qui semblait l'absorber. L'on n'arriva au château qu'à la nuit. Axiane descendit de cheval au premier pont-levis ; elle prit d'une main sa compagne, et donna l'autre bras à Isambard ; elle traversa deux cours, et trouva Béatrix dans la troisième. Ces deux princesses, dignes de s'apprécier mutuellement, s'embrassèrent avec un sentiment sincère d'estime et d'admiration. Axiane présenta sa compagne à la duchesse, sans la nommer, mais comme une personne du rang le plus élevé ; ensuite on se hâta de gagner le palais. Quand les princesses furent dans le salon, les dames de la cour de Béatrix et les Chevaliers qui les suivaient, y entrèrent. Barmécide parut le dernier dans le salon ; il s'avança vers les princesses. Dans ce moment, la belle étrangère, compagne d'Axiane, leva les yeux sur lui. Aussi-tôt elle tressaillit. C'est lui ! c'est Barmécide ! s'écria-t-elle avec transport. En prononçant ces paroles, elle s'élance dans ses bras. L'excès de la surprise rendit tous les spectateurs immobiles. Le nom fameux de Barmécide était connu de tout le monde ; mais chacun ayant déploré la fin tragique de cette illustre victime du despotisme, on ne pouvait se persuader que Giaffar fût ce grand homme : les seuls Chevaliers du Cygne pénétrèrent le mystère de cette scène touchante, et reconnurent l'intéressante Abassa.

CHAPITRE XI.

Suite de l'histoire d'Abassa.

L'amour, pour le trouver me fournira des ailes.
Où fait-il sa retraite, en quels lieux dois-je aller?
Fût-il au bout du monde, on m'y verra voler.

L'Illusion, de PIERRE CORNEILLE.

La mer, les vents, l'exil ont-ils pu m'étonner?

Ariane, de THOMAS CORNEILLE.

BARMÉCIDE enivré de joie, oubliait et l'univers entier, et tous ses malheurs, en serrant son épouse dans ses bras. Le témoignage d'Axiane et des Chevaliers du Cygne ne laissant plus de doutes sur son existence, chacun prit la plus vive part sur cet évènement; on se rassembla autour de ce héros, on le regardait avec autant de curiosité que si on ne l'eût jamais vu. Peu d'hommes savent discerner et reconnaître le mérite supérieur qui ne leur est pas indiqué; mais tous, par un premier mouvement involontaire et naturel, lui rendent un éclatant hommage, lorsque la renommée le consacre. Les trois princesses, Barmécide, et les

Chevaliers du Cygne passèrent dans le cabinet de Béatrix, et là, l'heureux Barmécide reçut les tendres félicitations de ses amis. Après un quart-d'heure d'entretien, on laissa les deux époux tête-à-tête, et lorsque le souper fut fini, ces mêmes personnes se rassemblèrent dans l'appartement de la duchesse, pour écouter la suite de l'histoire d'Abassa, qu'elle conta en ces termes : Tandis que mon époux fugitif, guidé par le fidèle Nasuf, abandonnait Bagdat, souillé du sang de ses malheureux frères, je gémissais au fond d'une prison !..... Le troisième jour, une de mes esclaves obtint la permission de venir me voir ; cette jeune personne avoit pour moi la plus vive affection, et elle éprouva un si grand saisissement, en me voyant pâle, échevelée, défigurée et chargée de chaînes, qu'elle s'évanouit dans mes bras ; on l'emporta, et j'eus la douleur nouvelle d'apprendre, deux jours après, que cette infortunée, victime d'un si grand attachement, n'existait plus !..... Nasuf revint de la Mecque ; le Calife le chargea de quelques ordres pour moi., et je revis enfin le libérateur de Barmécide ! Après avoir répondu à toutes mes questions sur mon époux, il m'apprit que la perfide esclave qui nous avait trahis, venait d'être condamnée à la mort par le Calife, et qu'elle serait exécutée publiquement le lendemain. Je demandai pourquoi. Le ciel, répondit Nasuf, punit avec équité, par sa mort, son abominable trahison; mais le Calife la juge injustement, puisqu'il la condamne pour avoir volé vos pierreries, qu'on a vainement cherchées dans votre palais, et que j'ai sauvées et emportées chez moi, comme vous le savez, le jour où je fus chargé de vous conduire en prison. Eh quoi! Nasuf, m'écriai-je, devons-nous souffrir que cette femme perde la vie pour un crime qu'elle n'a pas fait, et pour une action dont nous sommes les auteurs? Songez, répondit Nasuf, que nous ne pourrions révéler la vérité sans me perdre, et songez que cette femme est un monstre; que sa trahison a fait proscrire votre époux, et verser le sang des Barmécides; qu'elle a causé votre captivité, et tous les maux que nous déplorons. N'importe, repris-je, il m'est affreux de penser que cette femme périra, parce que j'aurai caché la vérité qui la justifie. Frappée de cette idée, je cherchai les moyens de sauver cette esclave sans compromettre Nasuf, et j'en trouvai

un certain, que je fis approuver à Nasuf.
En conséquence de ce dessein, il se
chargea de dire au Calife, que j'avais
une chose de la plus grande importance
à lui révéler, et que je lui demandais
un moment d'audience. Après avoir hé-
sité pendant quelques heures, le Calife y
consentit. A l'entrée de la nuit, on vint
me chercher dans ma prison, et l'on me
conduisit par des rues détournées, dans
le palais. Une chaîne pesante, attachant
et joignant ensemble mes deux mains,
m'en ôtait l'usage. Fatiguée par ce poids,
et affaiblie par la douleur, je pouvais à
peine marcher ; deux esclaves me sou-
tenaient ; l'un deux tenait une cassette,
que je l'avais chargé de porter. On me
fit entrer dans le cabinet du Calife, et
j'ordonnai à l'esclave de poser la cassette
sur une table, auprès de laquelle je m'arrêtai, les esclaves sortirent, et je me
trouvai seule avec mon cruel oppresseur.
Il était assis vis-à-vis de moi, de l'autre
côté de la table. Il m'ordonna, d'un ton
impérieux, d'ôter mon voile. Pour toute
réponse, j'agitai les chaînes qui m'em-
pêchaient de me servir de mes mains.
Ce bruit fit quelque impression sur lui ;
il parut se troubler, et garda le silence
un moment. Mais remarquant que je va-

cillais, et que j'avais peine à me tenir debout, il se leva, mit un fauteuil derrière moi, tira mon voile, et fut se remettre à sa place. Je m'assis, il me considéra fixement, et je le vis pâlir. Est-ce Abassa, dit-il, est-ce la sœur d'Aaron Raschid, qui s'offre à mes regards dans cet abaissement? Oui, c'est elle, repris-je ; son ame, indépendante et libre, n'a point changé, la tyrannie ne peut l'asservir. La malheureuse Abassa vit toujours, mais elle n'a plus de frère, ni de souverain légitime ; le magnanime, le grand Aaron n'existe plus ! A ces mots, il ne put s'empêcher de tressaillir ; cependant, voulant me dérober son émotion, il s'arma d'un front sévère, et en élevant la voix : En effet, dit-il, je ne suis plus que ton juge. Il est vrai, répondis-je, mais Dieu sera le vôtre....... Terminons cet entretien, répondit-il ; quel espoir vous amène, qu'avez-vous à me révéler ? — J'ai tout perdu sans retour, je n'ai plus d'espoir ; mais la fortune m'offre encore l'occasion de faire une action généreuse. Je viens remplir ce devoir. La femme perfide qui m'a trahie, n'a point volé mes pierreries ; l'esclave fidèle qui vint me voir dans ma prison, les avait dérobées pour me les rendre ;

je

je trouvai le moyen de les cacher dans mon cachot, je les rapporte, elles sont dans cette cassette. Comme j'achevais ces paroles, le Calife surpris autant qu'agité, ouvrit la cassette, vit tous les diamans, et parut tomber dans une morne rêverie. Il se leva, fit deux ou trois tours dans la chambre, et se rapprochant de moi, il détacha les chaînes qui me liaient les bras; il mit à cette action une extrême précipitation, il semblait qu'il craignît de s'attendrir, et de se trouver si près de moi. Il évitait de me regarder; ses mains étaient tremblantes, il paraissait oppressé, et son excessive pâleur décelait assez le désordre affreux de son ame. Aussi-tôt qu'il m'eut dégagée de mes chaînes, il fut se jeter dans son fauteuil. Ces pierreries sont à vous, me dit-il, reprenez-les; dès cette nuit, je vous ferai conduire dans une province éloignée, à deux cents lieues de Bagdat; je vous ordonne d'y rester, et de ne jamais songer à la quitter; du reste, vous y serez libre, et mes bienfaits vous y suivront. Allez attendre dans la salle prochaine, que j'aie donné mes derniers ordres pour votre départ. A ces mots, je me disposai à sortir. Arrêtez, me dit-il d'une voix étouffée, dont l'altération me frappa : arrêtez , asseyez-vous encore un moment. J'obéis ; il me regardait en silence , car je n'avais pas encore eu le temps de reprendre mon voile. Son air sombre , et l'espèce d'égarement qui se peignit sur son visage , me causèrent une sorte de terreur , dont il me fut impossible de me défendre. Je vis , à son agitation , qu'il méditait quelque chose d'extraordinaire , et ne pouvant soutenir son regard fixe et sinistre , je baissai les yeux. Au bout de quelques minutes , saisissant brusquement la table qui nous séparait , il l'éloigna de nous ; en rapprochant son fauteuil du mien , il se trouva vis-à-vis de moi , et si près , que sa robe touchait la mienne : je frissonnai , mais je restai immobile. Enfin , prenant la parole , d'un ton qui me glaça : Tu me hais, dit-il, oui, tu dois me haïr ! . . . Je fus pour toi, sans doute un tyran , un barbare persécuteur..... Déteste-moi , sois implacable , mais songe qu'Aaron , quel que soit son crime et ton malheur , ne peut inspirer le mépris. La générosité subsiste encore au fond de cette ame égarée..... J'eus les fureurs des tyrans , je n'ai point leurs viles terreurs..... En disant ces paroles , il tira son poignard de sa ceinture, et me le présentant : Je me suis vengé, dit-il, à ton tour venge-toi..... Tiens, prends ce poignard, plonge-le dans le sein déchiré du meurtrier des Barmécides .... Vois-tu leurs ombres menaçantes s'élever autour de nous ?... Vois-tu ton époux, pâle et sanglant, réclamer ton amour et la vengeance ? il te demande la mort de son assasin ; frappe, délivre-moi d'une existence que j'abhorre.... A ces mots, je pris le poignard, je le jetai loin de moi sans répondre un seul mot. Je sentis quelques larmes mouiller mes paupières, et voulant les dérober au cruel auteur de mes maux, je me couvris de mon voile. Il se leva, resta debout un instant près de moi, en gardant un morne silence ; ensuite poussant un profond soupir : Adieu, me dit-il, adieu pour jamais. Aussi-tôt il s'éloigna précipitamment, sortit du cabinet, et m'y laissa seule. J'y restai plus d'une heure ; et je ne puis donner qu'une imparfaite idée de tout ce que j'éprouvai durant cet espace de temps. C'était dans ce lieu même que j'avais vu Barmécide pour la première fois ; c'était-là que, derrière le fauteuil du Calife, j'avais reçu sa première lettre ; c'était-là qu'entre un frère chéri et un époux adoré, j'avais passé les soirées de chaque jour depuis dix ans !.... Je reconnaissais le siége où s'asseyait Barmécide ; j'étais moi-même à la place que j'occupais à ses côtés, mais je m'y retrouvais proscrite, séparée de lui, peut-être pour toujours, et j'y pleurais à la fois la perte de mon frère, de mon époux, et le malheur de ma patrie. On vint enfin me chercher. Je sortis de ce cabinet, en versant un torrent de larmes, et avec un déchirement de cœur inexprimable. On me fit partir la nuit même ; je ne connaissais pas mes conducteurs, et je ne pus voir Nasuf. Je me flattai qu'il serait instruit par le Calife du lieu de mon exil ; mais Aaron ne lui en parla point, et ne lui prononça jamais mon nom ; de sorte que Nasuf ignora totalement mon sort pendant plus d'un an, car le Calife avait pris la précaution de me faire changer de nom, et de prescrire le secret à mes conducteurs. Je fus traitée avec égard dans la province où l'on me conduisit, mais j'y étais soigneusement surveillée ; mes esclaves étaient vendus au Calife, je n'osais me fier à personne, et je ne pouvais donner de mes nouvelles à Nasuf. Cependant à force de soins, il découvrit que j'existais au fond d'une province, dont il apprit bientôt le nom. Alors il en fit répandre le bruit, en y ajoutant la fausse nouvelle, que j'y élevais en secret mon fils. Le Calife ne doutait pas de la mort de cet enfant, et d'ailleurs il me savait renfermée dans un sérail, et sous la garde sévère d'esclaves dévoués à ses volontés; mais, comme Nasuf l'avait prévu, il pensa que ces bruits pourraient, par la suite, exciter des troubles et favoriser de dangereuses impostures; il fit publier que mon fils était mort à la Mecque. Le peuple paraissant incrédule, il en parla à Nasuf, qui fortifia ses craintes, et lui conseilla de me faire revenir près de Bagdat, en ajoutant qu'en m'y voyant ramenée, ceux qui croyaient mon fils vivant, penseraient qu'il venait d'être découvert et immolé par ordre du Calife, et qu'à l'avenir, en vivant sous ses yeux, je ne donnerais plus lieu à de telles fables. Aaron suivit cet avis, et chargea Nasuf de m'aller chercher. Ce généreux ami, qui depuis long-temps se préparait à la fuite, avait fait passer en Europe une grande partie des trésors qu'il tenait de la confiscation des biens de Barmécide, et de la prodigue libéralité du Calife. Il rassembla tout l'argent qu'il put emporter, et muni des ordres d'Aaron, il vint me trouver. Je pensai mourir de saisissement et de joie, en le revoyant. Il montra ses ordres, laissa tous mes esclaves sans exception ; je pris les pierreries que le Calife m'avait rendues, et je partis seule avec Nasuf, au milieu de la nuit, sous la sainte garde de la fidèle amitié. Nasuf m'apprit que la perfide esclave dont j'avais cru sauver les jours, n'avait pas échappé au châtiment que la providence lui réservait ; on trouva sur elle quelques bijoux volés à Nouraha, et le Calife prit ce prétexte pour l'envoyer au supplice. Comme, à cette occasion, j'admirais les décrets de la justice éternelle, Nasuf, qui depuis six ans, touché des vertus et des discours de Barmécide, avait secrètement embrassé le christianisme, voulut m'inspirer ses sentimens, et me donner sa croyance ; mais les préjugés de l'éducation et de l'habitude m'attachaient encore fortement à ma religion, et je lui déclarai que je voulais la conserver jusqu'au tombeau.

Notre voyage fut long, mais heureux ; arrivés en Europe, je bénis le ciel de me trouver enfin dans la partie du monde où j'espérais me réunir à Barmécide. Un jour, en poursuivant notre route, nous traversâmes une ville, à l'extrémité de laquelle nous trouvâmes

un grand concours de peuple qui nous
força de nous arrêter. Bientôt nous
entendîmes des chants religieux. La
multitude se partageant et se plaçant
des deux côtés des maisons, ouvrit un
large passage au milieu de la rue, dans
lequel nous vîmes défiler une longue
suite de prêtres, superbement vêtus,
portant un magnifique dais et de brillantes bannières. De jeunes enfans,
couronnés de fleurs, tenaient des cor-
beilles légères remplies de roses, dont
ils jonchaient la terre. Surprise, d'un
spectacle si nouveau pour moi, je
cédai volontiers au desir que me témoigna Nasuf de suivre ce cortége, qui
s'arrêta devant un immense bâtiment
d'une élévation prodigieuse, et d'une
antique architecture. Ah ! me dit Nasuf
avec émotion, je me trouve enfin à la
porte d'un temple du vrai Dieu. Oh !
souffrez que je puisse y remercier
l'Eternel du salut de Barmécide et
d'Abassa ! A ces mots, il marcha vers
le temple, et je le suivis. J'éprouvai
un sentiment de respect, en entrant
dans ce lieu sacré ; je n'avais vu dans
nos contrées que des mosquées modernes, dont la nouveauté semble décéler
celle de notre culte ; mais ici tout at-

testait la vénérable ancienneté de la religion chrétienne. Je m'avançai avec une sorte de saisissement, sous ces voûtes majestueuses, dont l'œil pouvait à peine mesurer la hauteur. En parcourant un espace vaste et sombre, on appercevait dans l'éloignement un autel brillant de lumière, et paré de guirlandes et de festons de fleurs. Arrivés près des marches de l'autel, je vis Nasuf se mettre à genoux ; et par un mouvement involontaire, j'imitai cette action. Les chants cessèrent ; un profond silence régnait dans l'église ; mais, au bout de quelques minutes, une musique céleste frappa tout-à-coup mes oreilles, et pénétra jusqu'au fond de mon ame ; car je reconnus dans l'instant les sons éclatans et mélodieux de l'ingénieux instrument inventé par mon époux !...... Un souvenir si touchant et si cher produisit une inconcevable révolution dans mes idées. C'était pour honorer son Dieu, que Barmécide avait inventé cette machine merveilleuse, que les Européens consacraient au même usage ; son harmonie enchanterésse, en me retraçant les plus beaux jours de ma vie, excitait dans mon esprit un respect religieux pour le culte des chrétiens. Mon cœur s'élança vers le Dieu de Barmécide ; je l'invoquai ; je lui demandai de me rendre mon fils et mon époux ; et je sortis de l'église, consolée, paisible et remplie d'espoir.

Nous étions dans les états de la comtesse de Carcassonne. Le hasard me fit rencontrer cette auguste princesse ; l'intérêt généreux qu'elle me montra, m'inspira tant de confiance, que je lui contai mon histoire. Je lui dis que mon projet était de me rendre à la cour du comte de Bavière, où j'espérais retrouver Barmécide. Axiane m'apprit qu'elle irait incessamment dans le duché de Clèves, pour se joindre aux défenseurs de Béatrix, assiégée par Gérold. Certaine d'acquérir ici quelques lumières sur le destin de Barmécide, j'acceptai avec reconnaissance les offres d'Axiane, et je l'accompagnai dans son voyage.

La fin du récit d'Abassa fit soupirer Barmécide ; il vit que Nasuf lui laissait toujours croire que son fils existait, et qu'on l'avait envoyé en Europe. Il s'affligea, en pensant qu'il était impossible qu'elle pût conserver long-temps une si chère espérance, et qu'elle ne la perdrait qu'avec une mortelle douleur.

CHAPITRE XII.

Importante découverte.

La prudence est surtout nécessaire aux méchans.
VOLTAIRE.

BARMÉCIDE et son épouse ne quittèrent la cour de Béatrix que le lendemain. Théobald leur offrit son château ; et il fut décidé qu'Abassa y résiderait jusqu'à la fin de la guerre. Barmécide n'avait senti d'abord que le bonheur de retrouver son épouse ; mais ensuite il ne pensa pas, sans une joie secrète, qu'il allait jouir de sa gloire et de sa réputation, et reparaître au camp sous le grand nom de Barmécide : il éprouvait aussi la plus vive impatience de revoir le fidèle Nasuf, qui, resté en arrière avec la suite des princesses, ne devait arriver que dans deux jours.

Une heure après le départ de Barmécide, Isambard, Ogier et Angilbert se promenant ensemble sous les portiques du palais, Angilbert demanda au Chevalier danois s'il était vrai qu'Armoflède fût malade. Oui, répondit Ogier, mais sans aucun danger. Ne deviez-vous pas, reprit Angilbert, l'aller voir ce soir? et ne vous a-t-elle pas fait dire qu'elle ne pouvait vous recevoir, parce qu'ayant besoin de repos, elle se mettrait au lit à six heures? Comment savez-vous tout cela? interrompit Ogier. Je sais bien d'autres choses, dit Angilbert, grace à l'incorrigible imprudence d'Armoflède; et si vous voulez me donner votre parole d'honneur de ne point faire d'éclat, et sur-tout de ne point vous venger, je vous instruirai de tout; car il est temps de vous ouvrir les yeux sur une personne si peu digne de l'attachement d'un Chevalier tel que vous. A ces mots, Ogier, interdit et vivement ému, fit le serment qu'exigeait Angilbert; et ce dernier reprenant la parole: Sachez donc, dit-il, que Félix, l'un de mes pages, s'étant lié d'amitié avec le vôtre, a été plusieurs fois se promener avec lui jusqu'à la maison d'Armoflède. Là, il attendait, dans une chaumière voisine, le jeune Sylvain, qui entrait dans la maison d'Armoflède, et ensuite revenait rejoindre Félix. Dans les commencemens, Sylvain disait qu'il était chargé de vos messages;

mais ensuite, l'indiscrétion naturelle à son âge, et son extrême simplicité, ne lui permettant pas de déguiser la vérité, Félix, plus fin et plus âgé que lui, découvrit bientôt qu'il était amoureux d'Armoflède : et enfin, Sylvain lui avoua qu'il se croyait aimé, mais qu'Armoflède mettait un prix bizarre à ses faveurs, et qu'il ne pouvait se résoudre à faire ce qu'elle exigeait de lui. Félix le questionna vainement à ce sujet; Sylvain n'a jamais voulu s'expliquer mieux. Cependant, quelques mots échappés lui donnèrent d'étranges soupçons; et ce fut alors qu'il m'en parla. Je lui ordonnai de tâcher de s'introduire dans la maison d'Armoflède, afin de découvrir ce mystère. Il trouva le moyen de gagner une jeune servante de la maison. Un jour qu'Armoflède était sortie avec ses deux autres domestiques, la jeune fille fit entrer Félix, qui visita la maison, et vit à côté d'un cabinet où se passent de certaines conférences, une espèce de petit bûcher plein de bois, dont la servante a la clef, et dans leque, en ôtant quelques bûches, deux hommes pourraient se cacher, et entendre de-là tout ce qui se dirait dans le cabinet, qui n'est séparé de ce bû-

cher que par une mince cloison. A
côté du bûcher est un grenier, dont la
fenêtre, au second étage, donne sur la
campagne, du côté opposé à l'entrée
de la maison. D'après cette information,
et plusieurs autres, Félix, par mon ordre, a décidé la petite fille à le recevoir cette nuit de la manière suivante.
A dix heures du soir, elle posera à la
fenêtre une échelle de cordes qu'elle a
reçue de Félix, et elle laissera la porte
de sa chambre ouverte, afin que Félix
puisse l'aller trouver quand il sera arrivé, sa chambre étant au bout d'un
corridor à côté du grenier. Je vous propose donc, poursuivit Angilbert, d'aller vous-même cette nuit dans la maison d'Armoflède, de vous introduire
dans le grenier, et de vous cacher dans
le bûcher, dont Félix a su se procurer la clef. Là, vous entendrez d'horribles choses, vous connaîtrez à quel
point on abuse de la naïveté d'un enfant crédule et sensible, et rendu demain à la raison, vous serez guéri sans
retour d'une passion dont vos amis
déplorent depuis long-temps le funeste
égarement.

Ogier confondu ne répondit rien,
mais Isambard accepta pour lui la pro-

position d'Angilbert, en ajoutant qu'il l'accompagnerait dans cette course nocturne. En effet, Isambard et le Chevalier danois partirent secrètement à neuf heures du soir. La nuit était obscure, et le malheureux Ogier, enseveli dans les plus tristes réflexions, garda un morne silence pendant toute la route. Il ne pouvait plus s'abuser sur les mœurs d'Armoflède ; mais il la croyait absolument incapable des horreurs qu'on lui laissait entrevoir, et dont il avait dédaigné de demander le détail. Il était irrité contre Angilbert, et même contre Isambard, parce qu'il l'avait vu questionner Angilbert, et frémir d'indignation. Isambard voulut vainement le préparer à ce qu'il allait entendre : De grace, interrompit sèchement Ogier, épargnez-vous la peine de me répéter les discours d'Angilbert. Il faut pourtant, reprit Isambard, que pour pouvoir comprendre ce que vous allez entendre, vous sachiez que cette femme qui logeait dans la maison d'Armoflède, l'infâme Marceline, a de fréquentes conférences avec Armoflède, et qu'elle doit l'entretenir cette nuit. Ce peu de mots fit tressaillir Ogier ; non qu'il pût concevoir l'affreux soupçon qu'on voulait lui donner sur Armoflède, mais il éprouva le plus violent mouvement de fureur, en voyant qu'Isambard ne doutait pas de la secrète intelligence d'Armoflède avec une femme universellement regardée comme une empoisonneuse. Il fut au moment d'éclater, cependant il sut se contenir, mais de cet instant il cessa totalement de répondre. Arrivés près de la maison, les Chevaliers attachèrent leurs chevaux à deux arbres, qui en étaient à cinq cents pas ; ensuite ils se rendirent sous la fenêtre ouverte, trouvèrent l'échelle de cordes, et montèrent sans obstacle. Ils s'étaient débarrassés de leurs chaussures, afin de ne point faire de bruit ; ils ouvrirent doucement la porte du bûcher, et s'y établirent tous deux ; car Félix avait eu la précaution d'en ôter quelques morceaux de bois. Tout paraissait calme dans la maison, ils furent plus d'une demi-heure sans pouvoir distinguer le moindre bruit. Ogier commençait à triompher, lorsqu'il entendit la porte du cabinet s'ouvrit, et quelqu'un y entrer ; on s'assit sans proférer un seul mot, et ce silence dura près d'une heure. Enfin, la porte du cabinet s'ouvrit une seconde fois, Ogier reconnut la voix d'Armoflède, il s'émut et se troubla..... Mais qu'on imagine, s'il se peut, l'horreur dont il fut saisi, en écoutant l'abominable entretien qu'on va lire, et dont il ne perdit pas un seul mot! Armoflède en entrant, ferma la porte avec soin ; et s'adressant à la personne qui l'attendait : Je viens bien tard, lui dit - elle, c'est que je n'ai pu me débarrasser de cet enfant; je ne l'ai jamais vu si vif, si amoureux, si décidé. Il s'obstine à vouloir passer ici la nuit ; je vais achever de l'enivrer d'amour et d'espérance , et je me flatte que demain , il distribuera nos breuvages. Quoi ! reprit la voix d'une vieille femme (car c'était en effet Marceline elle-même) , vous avez promis à ce petit garçon vos dernières faveurs, et vous n'êtes pas encore obéïe ? — Je ne sais quel instinct l'avertit, malgré sa crédulité, ses desirs et son amour, du danger de la commission ; je lui vois à cet égard une répugnance sinon invincible, du moins extrême, mais j'en triompherai, j'en suis sûre. Comme je veux absolument qu'il agisse demain , expliquons-nous encore pour la dernière fois. Je t'avoue que je crains toujours que l'effet de ces *philtres* ne soit ou trop prompt ou trop faible. — Si vous aviez suivi mon conseil, il y a deux mois que vous seriez rassurée sur ce point. Que ne faisiez-vous un essai sur Catau, ou sur ce petit page ? — Catau me sert bien, j'ai besoin d'une servante de cette simplicité ; cela ne voit rien et n'entend rien. Pour Sylvain, il m'est nécessaire pour la chose même.—Bon ! au même prix vous en auriez bien trouvé un autre ! — Point du tout, il me fallait le page d'Ogier. D'ailleurs, il est si joli ! avant tout je lui dois, et je me dois la récompense qu'il espère. Ma parole est sacrée. Après cela nous verrons. — J'entends. Mais, pour revenir aux *philtres*, soyez certaine que jamais je n'en ai composé de meilleurs. Celui qui est combiné pour une femme, est beaucoup moins violent que celui d'Ogier. — Ne l'avez-vous pas trop adouci ? — Non, comme je vous l'ai dit, son effet sera, dès le premier jour, de causer une extrême langueur ; ensuite la personne dépérira insensiblement, perdra toute sa beauté en peu de temps. — Etes-vous bien certaine de cela ? — Une seule dose suffirait pour la lui ôter ; jugez de l'effet, lorsqu'elle aura bu tout le flacon. — Ensuite ? — En-

suite cette femme , après avoir souffert
pendant sept ou huit mois..... — Je
vous l'ai dit, je ne veux point leur
mort. — Assurément, ni moi non plus.
Je compose des *philtres*, et non des poi-
sons. — C'est ce que je crois ; je veux
seulement que ce philtre , comme vous
me l'avez promis, leur ôte des passions
qui traversent les miennes. — Sans
doute, et c'est ce qui ne peut s'opérer
sans une révolution physique ; soyez
tranquille , et croyez qu'ils seront *dé-*
barrassés avant un an, de toutes les
passions humaines. — Si tu ne me trahis
pas , tu peux compter sur la somme
que je t'ai promise. — Vous trahir !
et comment le pourrai - je ? En vous
dénonçant à la princesse ? Je n'aurais point de preuves à lui donner;
d'ailleurs , quand j'en aurais , je la
connais , je vous perdrais sans y
rien gagner. Béatrix n'a jamais recom-
pensé les délateurs , elle m'écouterait,
et me chasserait sans me payer. Mais,
sans toutes ces raisons, ne devez-vous
pas compter sur moi ? Quoi ! le hasard
le plus singulier me fait vous rencontrer dans un pays si éloigné de notre
malheureuse patrie , et vous pourriez
vous défier de celle qui soigna vos

premiers ans ? — Tu dois en effet m'aimer, car j'ai bien profité des leçons et des exemples que tu m'as donnés. Cependant, notre première reconnaisance pendant mon voyage en Lombardie, ne fut pas heureuse pour moi. La manière dont tu m'as livrée au prince Adalgise..... — Songez donc qu'il se flattait de remonter sur le trône. — Je te dois, j'en conviens, de m'avoir débarrassée de tous les préjugés dont les sots sont esclaves ; mais en suis-je plus heureuse ? chaque instant semble exalter mes passions ; moins je leur résiste, et plus elles m'agitent et me dévorent. Je desire avec fureur, et je ne jouis plus avec transport..... — Quoi, déjà ! quoi, si jeune ! — Mon cœur a vieilli, et mes sens s'éteignent ; le crois-tu ? J'ai déjà perdu la plus douce de toutes les illusions, l'amour n'est plus pour moi qu'une chimère. — Comment ? et cet Isambard, dont vous m'avez tant parlé ? — Lui !..... je le hais...... Il maîtrise mon imagination, il est vrai, je ne vois rien d'aimable et de séduisant comme lui ; je donnerais la moitié de ma vie pour en être adorée quelques heures..... une nuit seulement !..... Je voudrais l'enflammer, le rendre heureux, jouir de son délire, le partager, et me venger ensuite. — Le bonheur vous ferait oublier la vengeance. — La vengeance ! je m'en occuperais dans ses bras ! Non, crois-moi, ce n'est point le dépit qui me fait parler. Je ne m'abuse plus maintenant sur ce que j'éprouve, je ne prends plus des sensations pour des sentimens ; je le hais, te dis je..... — Mais s'il prenait pour vous une grande passion ? — Ah ! plût au ciel ! il cesserait de me plaire ; rien n'est insipide comme une *grande passion !* c'est sur-tout le romanesque amour que je lui connais pour une autre, qui le rend si piquant à mes yeux. Je veux l'égarer, le séduire et non le fixer. — Quelle tête vous avez ! — Elle est brûlante, c'est un volcan !.... Mais mon ame est desséchée..... la haine et la misanthropie la flétrisent et me consument..... de tristes réflexions viennent souvent m'assaillir !.... Que devient-on, Marceline, quand on a perdu la jeunesse et la beauté ? Par exemple, comment fais-tu, pour te passer d'amans ? — Je ne m'en passe point, avec de l'argent, tout se trouve. — Quoi ! même la volupté ? — Hélas ! quand on a multiplié les excès, il y faut renoncer

de si bonne heure ! l'amour n'est plus à
mon âge, qu'un souvenir amer et
qu'une fureur impuissante ; le plaisir
est usé ; la seule habitude conserve encore un besoin sans desir, et qui s'irrite
sans espoir. — Quelle affreuse peinture !
eh mais, la vertu vaudrait mieux !....
— Oui, j'ai pensé souvent qu'après
s'être livrée sans frein et sans bornes
à ses passions, si l'on pouvait recou-
vrer sa réputation et revenir à la vertu,
l'on ferait un excellent marché. — Il
est tard, va-t-en, et prends garde que
Sylvain ne t'apperçoive. — Vous pas-
serez la nuit ensemble ; n'allez pas le
payer d'avance. — Va, ne crains rien ;
je n'en fus jamais moins tentée. Je ne
sais ce que j'ai ce soir, je me sens véritablement malade. — En effet, vous
êtes changée. — Allons, ne diffère plus,
et laisse-moi. A ces mots, l'exécrable
Marceline sortit, et l'on n'entendit plus
rien. Le Chevaliers pétrifiés et saisis
d'horreur, restèrent immobiles, en se
serrant la main. Au bout de quelques
minutes, Armoflède se leva, appela
un domestique, auquel elle ordonna
d'aller dire à Syvain de venir la trouver ;
et un instant après, le petit page entrant avec bruit dans le cabinet : Enfin,

s’écria-t-il, vous me rappellez, mais pourquoi donc n’êtes-vous pas revenue en bas ? Jamais vous ne m’avez reçu dans ce cabinet. Mon cher Sylvain, répondit Armoflède, je suis si faible et tellement abattue ce soir, que je n’ai pas eu le courage de descendre l’escalier. — Vous êtes faible ? tant mieux, c’est ainsi que je vous desire. — Et moi, je te desire plus tendre et plus soumis. — Plus tendre ! ah ! croyez-vous qu’on puisse l’être ? Non, non, vous savez bien que je vous aime comme un fou..... — Mieux que tu n’aimais Chloé ?...... — Ah ! Chloé est belle, mais vous êtes mille fois plus charmante, plus sensible ; et puis Chloé n’a pas ces jolies mains, si douces, si blanches, si délicates.... Je les adore vos mains..... Ah ! pourquoi les retirer ?.... — Tu ne les baiseras plus que tu n’aies exécuté mes ordres. — Est-il possible ! — Oui, j’y suis décidée. — Ces maudits philtres !..... — Mais pourquoi as-tu tant de répugnance à les donner ? Doutes-tu de leur efficacité ? — Non sûrement, puisque vous en avez fait l’essai sur moi même. Je sais bien que j’aimais Chloé, que je ne l’aime plus, et que je vous adore.

— Et cependant, comme je t'avais
averti, l'effet n'en fut pas aussi vif que
si l'on ne t'eût pas prévenu. Mais je
me conduisis avec toute la franchise
de l'amour ; je t'avouai que je t'aimais.
Je t'offris de te faire oublier Chloé, je
t'expliquai l'effet de ce philtre bienfaisant...... — Oh ! je ne l'oublierai jamais. C'était un soir !..... A peine
eus-je avalé cette liqueur, que je sentis
au même instant tout ce que vous m'a-
viez prédit ; cette émotion, ce trouble,
ce feu dévorant..... Le battement de
cœur !.... Je vous voyais avec d'autres
yeux....... Et je perdis tout-à-coup
toute ma timidité..... Vous en souve-
nez-vous ?.... — Ah ! beaucoup trop.
— Si vous m'eussiez fait boire quelques gouttes de plus, il est certain que
j'en aurais perdu tout-à-fait la raison.
— Quand on sait composer un philtre
d'amour, on ne peut se tromper sur
les doses (12). Après une expérience
aussi positive, aussi frappante, pourquoi donc ne veux-tu pas donner ces
philtres à ton maître et à Béatrix ? —
Etes-vous bien sûre qu'ils s'aimeront
réciproquement ? — Je t'ai expliqué
cela tant de fois ! — Je le crois, mais
je ne le comprends pas parfaitement.

— Si tu le crois, que faut-il de plus? Songe, Sylvain, qu'en m'obéissant tu feras la fortune de ton maître, le bonheur de Béatrix et le nôtre. Tu n'auras plus de rival, et je pourrai me livrer à toi sans contrainte, et sans craindre un amant justement irrité. — Avec tout cela, c'est tromper mon maître, c'est abuser de l'emploi qu'il me donne auprès de lui!.... Et ce pauvre Isambard, qui, dit-on, adore la princesse, et en est aimé, quel serait son chagrin ! il se battrait peut-être avec mon maître. Que deviendrais-je alors, moi qui serais la cause de tout ce bouleversement? — Hé bien, renonce donc à moi, car je te déclare que je n'aurai jamais le courage de congédier Ogier, et certainement tu ne deviendras jamais mon amant, tant qu'Ogier me sera fidèle. — Cependant, vous m'aimez ? — A la folie. — Je ne vous quitterai qu'avec le jour ; oh ! cette nuit pourrait être si fortunée!........ — Ah ! depuis deux jours le flacon d'Ogier est dans ta poche ; si tu m'avais obéie, avec quel transport, avec quelle ivresse je te presserais contre mon sein !..... — Sur ton sein, sur ce sein d'albâtre?.,..... — Ingrat, si tu m'aimais !

m'aimais ! si ce feu qui me consume
circulait dans tes veines ! ..... — Ecoutez..... si, malgré tout ce que je viens
de dire, je vous prouvais que vos
ordres sont exécutés ? — Comment ?
— Oui...... j'ai donné ce breuvage.....
ce matin, à dîner, Ogier l'a reçu de
ma main..... A ces terribles paroles,
Isambard frissonna ; mais Ogier, voulant écouter jusqu'au bout, lui mit la
main sur la bouche ; et l'infâme Armoflède reprenant la parole : Est-il
bien vrai, dit-elle ? et pourquoi me
l'as-tu caché ? — Je voulais ne devoir
mon bonheur qu'à l'excès de ton
amour..... Tiens, regarde ce flacon.....
— Tu n'as pas donné la dose assez
forte ; il fallait en verser la moitié :
car, je te l'ai dit, cela doit se prendre
en deux jours. — J'étais pressé, troublé. .... Mais je crois en avoir assez
donné pour enflammer..... — A-t-il
pâli, a-t-il été languissant le reste du
jour ? tu sais que ces symptômes de
desir et d'amour, doivent se mani-
fester jusqu'à l'instant du bonheur. Tu
l'éprouves toi-même ; tu n'as plus ces
brillantes couleurs..... — Oui, je brûle,
je languis ; mais tu vas me guérir, tu
le dois maintenant..... — Arrête..... il

me faut des preuves plus certaines.....
D'ailleurs, je te le jure, Sylvain, j'ai
la fièvre ce soir, je souffre et cruelle-
ment, sur-tout depuis une heure..... —
Va..... c'est la fièvre brûlante de l'a-
mour..... — Sylvain, je vous le proteste, je suis très-malade..... — Eh
bien, je ne puis mentir et te tromper
plus long-temps..... Connais donc ton
mal ; c'est celui que j'endure. O femme
adorée ! pardonne à ton amant..... Ce
philtre, préparé par ta main divine, et
qui porte dans les sens une flamme
active et dévorante, Ogier ne l'a point
pris ; l'amour en a su faire un usage
plus heureux : ce soir, en soupant,
j'ai eu l'adresse de te le donner. A ces
mots, Armoflède, défaillante et pénétrée de terreur, se laisse aller sur le
dos de son fauteuil ; et perdant tout-à-
fait la tête, elle dit d'une voix éteinte :
O ciel ! je suis empoisonnée !..... Sylvain frémit. Qu'entends-je ! s'écria-t-il ;
quoi ! misérable, ce breuvage était du
poison !..... La détestable Armoflède
ne pouvait répondre ; elle était évanouie. Sylvain éperdu, saisi d'horreur
et d'effroi, appelle à grands cris les
domestiques. Dans ce moment, il entend marcher précipitamment, la porte

s'ouvre ; mais que devient-il, en appercevant Isambard et le Chevalier
danois ! L'infortuné page, fondant en
pleurs, court se précipiter aux genoux
de son maître. Ogier le relève, le prend
dans ses bras, et le serrant contre sa
poitrine : Mon enfant, lui dit-il, avec
l'heureux naturel que vous venez de
montrer, je suis certain que mon égarement et le vôtre ne serviront qu'à
vous faire mieux sentir le danger des
passions, et le prix des mœurs et de
la vertu. Ah ! n'oubliez jamais cette
leçon terrible !..... En parlant ainsi,
Ogier ne put retenir ses larmes ; mais
elles se séchèrent aussi-tôt, en voyant
l'infâme Armoflède se relever et r'ouvrir les yeux. En appercevant les
Chevaliers, elle ne fut en état ni de
chercher à les fuir, ni même de faire
un mouvement de surprise. Pétrifiée
d'horreur et d'étonnement, elle resta
dans une effrayante immobilité, en les
fixant d'un air hagard et stupide. Ogier
s'approchant d'elle : Depuis trois heures, lui dit-il, caché derrière cette
cloison, j'ai tout entendu. Reconnaissez enfin une providence, qui, tôt ou
tard, punit le crime avec une ingénieuse et sublime équité. En disant ces

mots, Ogier, prenant le désolé Sylvain par la main, et s'appuyant sur le bras d'Isambard, sortit précipitamment. A la porte de la maison, Sylvain s'adressant à Ogier d'un air suppliant : O mon cher maître ! lui dit-il, je la déteste ; mais elle est empoisonnée, et par moi !..... Cette idée est affreuse ; la laisserons-nous sans secours ?..... J'ignore absolument, répondit Ogier, quels sont les contre-poisons qu'il faut lui donner, et notre présence ne pourrait qu'aggraver l'horreur de son état ; mais nous lui enverrons du château, un des médecins de la princesse. En effet, ce fut le premier soin d'Ogier en arrivant au palais ; il fut aussi réveiller Théobald, pour lui rendre compte des forfaits de Marceline et d'Armoflède, en demandant la grace de cette dernière. On fit arrêter Marceline ; et sur les dépositions juridiques des deux Chevaliers, du petit page et de Félix, cette abominable femme fut enfermée pour le reste de ses jours. Le médecin répondit de la vie d'Armoflède, mais en déclarant que rien ne pourrait jamais lui rendre la santé, et qu'elle serait obligée de rester au lit plusieurs semaines. On visita sa maison ; on y trouva quatre phioles d'un poison semblable à celui dont elle avait chargé le crédule Sylvain. Béatrix la fit assurer de son pardon , en ajoutant qu'elle lui permettait de rester encore trois mois dans la maison qu'elle occupait ; mais qu'au bout de ce temps , elle serait bannie pour toujours du duché de Clèves.

CHAPITRE XIII.

Des amis du neuviéme siècle.

For blessings ever wait on virtuous deeds
And tho' a late a sure reward succeeds.
The Mourning-Bride, de CONGRÈVE.

LA guerre, ranimée depuis deux mois, se continuait sans activité et sans combats meurtriers ; la discorde divisait les chefs du parti des princes : quelques-uns desiraient la paix ; d'autres voulaient avec acharnement la prolongation de la guerre ; et plusieurs d'entr'eux témoignaient déjà le desir de se retirer de cette *coalition* imprudente autant qu'injuste. Les troupes combattaient à regret ; et le courage héroïque de leurs adversaires, répandait dans l'armée entière une telle terreur, que les généraux, dans la crainte d'être mal secondés, n'osaient rien entreprendre de décisif. Barmécide, au conseil, rappelait avec force tout ce qu'il avait prédit. L'évènement justifiait ses premiers discours contre la guerre ; on admirait son génie et son éloquence ; mais les passions l'emportaient sur la raison et sur la saine politique. Sans doute que dans le temps où nous vivons, un tel aveuglement doit paraître inconcevable aux grandes têtes qui conseillent les souverains, et qui gouvernent les empires florissans de l'Europe ; mais il faut toujours se souvenir que nous parlons du neuvième siècle. Sans cette idée, il est bien certain que de semblables traits paraîtraient tout-à-fait absurdes, et absolument incroyables.

Les assiégeans attaquant avec timidité, et toujours étant repoussés avec vigueur, il ne se passa rien de mémorable dans le reste de l'hiver, à l'exception de quelques combats particuliers entre les chefs des deux partis, qui s'envoyèrent réciproquement des cartels. Le jeune Roger, sachant que Rotbold était dans l'armée des princes, voulut combattre le féroce persécuteur d'Azoline. Ce combat fut long et terrible ; Roger y déploya la plus rare valeur et toute la générosité chevaleresque. Il blessa et renversa son adversaire ; et maître de sa vie, ou du moins de sa liberté : Je te laisse, lui dit-il, ton exécrable existence, afin de me réserver le plaisir de te vaincre encore; je dédaigne de traîner à ma suite un aussi vil prisonnier. Par les lois de la guerre, ta dépouille m'appartient; mais elle ne peut être un trophée de gloire, et souillerait des mains pures. En disant ces mots, il le laissa sur le champ de bataille et rentra dans le château. La vaillante Axiane fut témoin de cette action; et sachant par Isambard l'histoire de Roger, elle applaudit à sa générosité. Ce suffrage était pour Roger d'un prix inestimable; car Axiane avait fait une profonde impression sur son cœur, et cette passion nouvelle affaiblissait chaque jour dans son esprit, le souvenir touchant d'Azoline. Mais Roger remarquait avec douleur que les seuls Chevaliers du Cygne paraissaient fixer l'attention et exciter l'intérêt de la comtesse. Roger ne doutait pas que l'un de ces deux Chevaliers n'eût le bonheur de plaire à la belle Axiane; il craignait sur-tout Olivier, car il se rassurait sur Isambard, en pensant qu'il adorait Béatrix, et que, selon l'opinion générale, il en était aimé. Dans un assaut qui fut assez vif, et que les assiégés repoussèrent avec leur valeur accoutumée, la comtesse montra toute l'intrépidité du guerrier le plus brave et le plus téméraire. Rotbold, guéri de ses blessures, osa défier cette héroïne, qui voulut accepter le défi, malgré les instances de tous les Chevaliers, et la douloureuse inquiétude de Roger. Le combat dura près d'une heure, avec un égal avantage des deux côtés ; lorsqu'au bout de ce temps, un orage affreux, accompagné de grêle, survenant tout-à-coup, servit de prétexte aux spectateurs des deux partis, pour séparer les combattans. Les Chevaliers du Cygne, suivis des plus zélés défenseurs de la duchesse, firent plusieurs sorties, dans l'espoir d'engager un combat général ; mais l'ennemi se renferma toujours dans ses retranchemens, et le parti de Béatrix ne put obtenir de ces diverses expéditions, que la gloire de montrer une extrême audace, et celle de faire quelques prisonniers.

Cependant, depuis deux mois, délivré de son affreuse obsession, Olivier, en recouvrant le sommeil, reprenait insensiblement la santé, et le brillant coloris de la jeunesse. Cette espèce de révolution physique, en produisit une

dans ses idées ; son ardente imagination , affranchie d'une pensée dominante et terrible , se reporta avec impétuosité vers les objets séduisans qui
pouvaient lui plaire et l'enflammer.
Célanire existait toujours dans le fond
de son cœur ; mais certain qu'elle avait
enfin recueilli la palme immortelle de la
vertu , elle ne s'offrait plus à sa pensée
sous l'aspect déchirant d'une victime
innocente , ou sous les traits séducteurs
d'une amante passionnée ; il ne pouvait plus se la représenter qu'à travers
un voile religieux , sous une forme angélique et mystérieuse. Cette image si
pure lui laissait un souvenir vague et
sublime , qui produisait sur son ame
une impression plus douce que profonde , et qui , loin d'entretenir la
constance d'un amour malheureux , en
affaiblissait chaque jour les regrets.

Sachant l'histoire intéressante du
collier de perles de la duchesse, Olivier , depuis cet instant , attachait un
prix inestimable à ce gage touchant
d'un sentiment si tendre. L'ayant détaché de la housse de son cheval, il
en avait fait un bracelet qu'il portait au
bras gauche , et qui se trouvait couvert
et caché par ses vêtemens. C'était un

usage commun dans ce temps, de porter de cette manière le don le plus précieux de sa maîtresse, et cet usage n'était alors consacré qu'à l'amour (*). Ces perles, fixées autour du bras d'Olivier, firent sur lui l'effet d'un talisman, ou plutôt elles en devinrent un véritable ; car ce fut sans doute le pouvoir magique de l'amour, qui donna la première idée d'un enchantement surnaturel. Olivier, ne s'aveuglant plus sur la passion violente qu'il éprouvait, n'essaya pas même de la combattre ; mais il n'en fut pas moins fidèle à l'honneur et à l'amitié. Il réfléchit profondément à sa situation, examina scrupuleusement les devoirs qui lui étaient imposés, et jura de les remplir tous. Il sentit qu'indépendamment de son amitié pour Isambard, et de la reconnaissance qu'il lui devait, un second hymen serait toujours un crime pour lui ; il sentit que, dans tous les instans, toute la félicité d'une union nouvelle, serait empoisonnée par cette affreuse pensée : *Ce bonheur dont je jouis, je le dois à la mort de Célanire assassinée*

(*) Voyez les Mémoires de Chevalerie de M. de Sainte Palaye.

II 6

par moi ! Sans cet horrible forfait,
Béatrix n'eût jamais été mon épouse !....
Cette réflexion le faisait frémir, et elle
se présentait sans cesse à son esprit.
Non, non, se disait-il, quand je ne
trouverais pas un rival dans le frère et
l'ami le plus cher, Béatrix ne pourrait
jamais être à moi. Je dois lui cacher
éternellement les sentimens qu'elle
m'inspire, ou du moins lui persuader
qu'ils ne tiennent qu'au souvenir
qu'elle me rappelle ; je dois employer,
en faveur d'Isambard, tout l'ascendant
que j'ai sur elle : mais je puis l'adorer
en secret, et je le puis ainsi sans remords. O Célanire ! c'est toi seule que
j'aime en elle !..... Quelle autre figure
que la tienne aurait pu fixer encore
mes regards !..... Quelle autre ame que
ton ame angélique, aurait pu prendre
un tel empire sur la mienne !..... Je
l'adore, parce que je t'adorais !..... Si
j'eusse perdu ton souvenir, eût-elle fait
cette impression profonde, ineffaçable
sur mon cœur !..... Si d'affreuses souffrances, si le sombre désespoir eussent
détruit cette passion brûlante que j'avais
pour toi, j'aurais vu Béatrix avec indifférence..... Mais pouvais-je te retrouver sans transport !..... C'est ainsi

qu'Olivier justifiait un amour qui, en effet, s'unissait tellement au souvenir de Célanire, qu'il ne pouvait le regarder comme une passion nouvelle. Le bonheur d'aimer encore, et de sentir son ame se r'ouvrir à toutes les impressions délicieuses de la tendresse, ce nouvel intérêt si puissant qui le rattachait à la vie, lui faisait envisager, sinon sans amertume, du moins sans désespoir, les sacrifices douloureux qu'il s'était imposés, et auxquels son imagination s'était accoutumée depuis la mort de Célanire, en pensant tant de fois, qu'il n'y avait qu'un malheur réel, celui de perdre l'objet qu'on aime; enfin, il se répétait que le bonheur de Béatrix et d'Isambard suffirait au sien. Cependant il remarquait l'inclination naissante d'Axiane pour Isambard, avec un plaisir secret qu'il ne s'avouait pas lui-même; mais au fond de son ame, il en concevait l'espérance qu'Isambard, avec le temps, pourrait peut-être répondre aux sentimens de la comtesse; et dans cette supposition, il se permettait de desirer que Béatrix conservât toujours sa liberté. Aussi, ne laissait-il échapper aucune occasion de faire l'éloge d'Axiane, sur-tout lorsqu'Isambard se trouvait à portée de l'entendre. Il montrait tant d'admiration pour cette princesse , que plusieurs personnes l'en croyaient amoureux ; mais le cœur de Béatrix ne s'y méprit pas, elle avait aussi facilement pénétré les sentimens d'Axiane ; elle résolut d'avoir à ce sujet un entretien avec Isambard, et elle l'invita à se rendre un soir dans son cabinet. Ce rendez-vous inopiné causa plus d'inquiétude que de joie au Chevalier du Cygne. Depuis quelque temps , il trouvait la duchesse presqu'entièrement changée à son égard ; quoiqu'elle ne montrât point de préférence pour un autre , il remarquait en elle une distraction et une mélancolie qui le frappaient vivement ; plus d'une fois , il repoussa des soupçons affligeans qui lui faisaient entrevoir la vérité ; et il porta chez la duchesse un douloureux pressentiment, qui ne le préparait que trop à la confidence qu'il allait recevoir. Il la trouva seule ; elle eut d'abord l'air embarrassé ; ensuite paraissant se rassurer, elle lui annonça qu'elle allait lui ouvrir son cœur sans déguisement. Elle ajouta qu'elle sentait combien cette démarche était extraordinaire , qu'elle avait eu beaucoup de peine à s'y décider, mais

qu'elle espérait que l'estime la plus parfaite et l'amitié la plus sincère en seraient l'excuse à ses yeux. Après ce
préambule, elle lui confia ses sentimens
pour Olivier, et lui fit le récit de tout
ce qui s'était passé entr'eux ; elle insista particulièrement sur le refus qu'O-
livier avait fait de sa main, et sur tout
ce qu'il avait tenté près d'elle pour servir son ami. Il a tout fait, poursuivit-
elle, pour me décider en votre faveur,
tout, jusqu'à l'aveu de son malheur et
de son crime.... En connaissant son
destin déplorable, j'ai senti comme lui,
que la fidélité à la mémoire de Célanire, est en effet le plus sacré de ses
devoirs Je ne prétends plus à son amour ;
je ne serai jamais pour lui qu'une amie,
qu'une sœur ; mais je ne puis le fixer
près de moi, qu'en lui donnant le titre
de mon époux. Lorsqu'avec le temps
il connaîtra que cette union si pure as-
surerait le repos. et la félicité de ma
vie, lorsqu'il sera bien certain que sa
présence et son amitié suffisent à mon
bonheur, lorsqu'enfin il cessera de voir
en Béatrix la rivale de Célanire, ses
vœux, j'en suis sûre, s'accorderaient
avec les miens, si les sentimens qu'il
vous connaît pour moi n'y mettaient

pas un obstacle invincible..... O ciel ! s'écria douloureusement Isambard, je serais un obstacle au bonheur de Béatrix et d'Olivier !.... Ah ! généreux Isambard, reprit la duchesse, si vous le vouliez, nous pourrions tous être heureux .... — Depuis quelques instans j'ai renoncé pour toujours au bonheur !.... Mais, que puis-je faire pour le vôtre ? Parlez, Madame, et du moins ne doutez pas de mon obéissance. — Axiane vous aime passionnément, j'en suis certaine ; la beauté, les vertus, les qualités héroïques de cette illustre princesse, la gloire éclatante dont elle est environnée, la rendent digne de fixer les vœux d'un héros tel que vous..... Enfin, fille d'un des plus illustres successeurs du grand Pélage, et veuve d'un prince qui porta le titre de roi.... Oui, Madame, interrompit Isambard, je sais combien sa naissance et son rang mettent de distance entr'elle et moi ; je puis mesurer froidement l'intervalle qui nous sépare, et j'en connais toute l'étendue. Mais souffrez que je vous dise, que prêt à m'immoler pour vous, je veux du moins que mon sacrifice ne puisse être attribué à l'ambition. Je refuserais un trône, s'il m'était offert ; et cependant vous pouvez disposer de ma liberté ; il en est un moyen plus sûr et plus facile. Vous voulez me donner une épouse, j'y consens ; mais choisissez-la parmi les jeunes personnes qui vous sont attachées ; désignez-la, Madame, et si elle accepte ma main, je l'épouserai sans délai, et je jure par les sentimens qui m'inspirent, de la rendre heureuse, et de lui cacher à jamais la situation de mon cœur. A ces mots, Béatrix attendrie, levant sur Isambard des yeux humides de pleurs : Que me proposez-vous ? dit-elle ; pourriez-vous me croire capable d'abuser à cet excès d'une générosité si touchante ?... Hé quoi ! Madame, reprit Isambard, ne suis-je pas certain que l'épouse que je recevrai de votre main sera digne de mon estime ? et puis-je éprouver désormais un sentiment plus vif ?... Je vous épargnerais l'embarras de diriger mon choix, si je pouvais moi-même en faire un raisonnable ; mais je n'ai de liaison ici qu'avec trois personnes qui n'ont plus le cœur libre, Délie, Amalberge, et la jeune Sylvia. Je connais à peine les autres ; c'est donc à vous à me guider. La simplicité avec laquelle s'expliquait

Isambard, ajoutait un tel prix à ce dévouement sans bornes, que la duchesse ne trouvait point d'expression qui pût rendre l'admiration et la reconnaissance dont elle était pénétrée. Elle le regardait en silence, et ses larmes coulaient doucement. Cessez, lui dit-il, de vous attendrir sur mon sort. Il est vrai que ce sentiment que vous rejetez, ne finira qu'avec ma vie ; mais Olivier m'est aussi cher que mon amour même ; cette amitié, qui fut si long-temps l'unique passion de mon cœur, ne peut être affaiblie par aucun autre attachement. Olivier, mon rival, n'en est pas moins à mes yeux, le plus sensible, le plus généreux, le plus grand de tous les hommes : accoutumé depuis tant d'années à ne m'enorgueillir que du titre de son frère d'armes, que de ses exploits et de sa gloire, à ne sentir vivement que ses succès ou ses peines, son bonheur peut se trouver contraire à mes desirs et à mes espérances, mais il ne peut détruire le mien, puisqu'il aura toujours le droit de me consoler de tout. L'excès de son malheur a tellement resserré les nœuds qui nous unissent, que s'il n'eût jamais connu Béatrix, et qu'elle m'eût offert sa main,

à condition de me séparer de lui, j'aurais fait à l'amitié le sacrifice le plus
héroïque et le plus déchirant qu'elle ait
pu jamais obtenir. . . . . . . L'infortuné!
dont j'ai si douloureusement recueilli
les larmes amères, ah! puisse-t-il perdre enfin l'affreux souvenir de ses longues souffrances! vous seule, Madame,
pouvez l'en dédommager! . . . . . Oh!
qu'il m'en coûtera peu de m'oublier moimême, si je vous vois heureux l'un et
l'autre! Ah! s'écria Béatrix, Olivier doit
préférer à tout un tel ami, et je ne
pourrais le consoler des sacrifices que
vous feriez pour lui.... Isambard allait
répondre, mais dans cet instant on entra dans le cabinet, pour avertir la duchesse qu'un courrier venait d'annoncer
l'arrivée du comte Thédéric, et des
troupes envoyées par Charlemagne.
Béatrix chargea Isambard d'aller surle-champ chercher Olivier et les autres Chevaliers français, afin de les
conduire au-devant du général de
l'Empereur.

CHAPITRE XIV.

Un incendie.

Le moment du péril est celui de l'amour.
DU BELLOY.

Au moment où les Chevaliers français, rassemblés par Isambard, se disposaient à partir pour aller au-devant du comte Thédéric, le son du cor leur annonça son arrivée. Ils se rendirent dans la grande cour du palais ; ils y rencontrèrent Thédéric, qui témoigna la joie la plus vive, en retrouvant ses braves compatriotes. Au moment où l'on entrait dans le salon, un des pages de Thédéric perçant la foule avec une extrême vivacité, vint se jeter dans les bras d'Olivier, qui reconnut avec autant de plaisir que de surprise, le jeune Mirva, cet enfant adoptif de Diaulas et d'Ordalie, qu'il avait délivré des fers du féroce Rotbold. Thédéric apprit à Olivier, qu'Ordalie et Diaulas, arrivés heureusement à la cour de Charlemagne, avaient été reçus de

Vitikind avec transport ; qu'après avoir embrassé le christianisme , ils s'étaient fait un devoir de renouveler publiquement, dans une cérémonie religieuse , les vœux sacrés du mariage, et l'adoption de Mirva ; qu'enfin ce dernier, en voyant partir Thédéric pour se rendre dans le duché de Clèves, avait montré un si grand desir de l'accompagner dans cette expédition , et d'y faire ses premières armes, que ses parens adoptifs , cédant à ses instances , s'étaient déterminés à se séparer de lui, et à le confier à Thédéric (*). Après cette explication, Thédéric remit à Olivier une lettre de Vitikind ; Olivier courut s'enfermer dans sa chambre pour la lire, et il trouva dans cet écrit les plus précieuses conso-

____

(*) C'était un usage très-commun alors, d'envoyer des enfans de cet âge dans les armées ou à des siéges. Cet exemple a souvent été renouvelé depuis, et même de nos jours. Le plus jeune de mes trois infortunés élèves (M. de Beaujolais) a fait la première campagne de la guerre actuelle ; il s'est trouvé à des combats très-meurtriers, et y a montré la tranquille et brillante valeur qui, parmi tant d'autres vertus, distingue si éminemment ses frères, et il n'était alors que dans sa douzième année !.... Quels enfans et quels jeunes gens de leur âge ont montré plus de courage , d'activité, de zèle (j'oserai dire de talens),

lations. Vitikind témoignait toute la reconnaissance dont il était pénétré pour le libérateur de son fils ; et il ajoutait que cet évènement pouvait seul adoucir ses maux, et l'attacher encore à la vie. Après avoir lu cette lettre, qui fut arrosée de ses pleurs, Olivier retourna dans le salon ; il y retrouva tout le monde occupé du jeune Mirva. La duchesse, instruite de son histoire, avait demandé à Thédéric de lui céder cet aimable enfant, et l'on venait de décider que Mirva serait page de la princesse pendant tout le temps du siége. Mirva aux genoux de Béatrix, l'amusait par sa vivacité, et par une ingénuité pleine de graces, qu'elle n'avait vue dans aucun autre enfant ; Mirva élevé loin des cours, en ignorait les étiquettes, et n'avait nulle idée de l'inégalité des rangs ; il concevait la réserve, car il respectait la vieillesse, mais il ne connaissait pas la timidité. Au milieu de tout ce qui l'environnait, Théobald était la seule per-

---

plus de désintéressement et d'amour pour la patrie ? Et quelle en est la récompense ! .... Ah ! qu'on me pardone une réflexion sans doute déplacée ici ; mais, hélas ! tout ramène à des regrets causés par une douleur si naturelle et si profonde ! . . . .

sonne avec laquelle il ne fût pas fami-
lier; ce bon vieillard voulut l'embrasser, et Mirva lui baisa la main avec l'expression d'une vénération profonde. La
jeunesse et la beauté de Béatrix ne lui
inspiraient pas le même sentiment; vivement touché de ses caresses, il montrait sans contrainte toute sa sensibilité.
Olivier ne vit pas sans une reconnaissance secrète, Béatrix s'occuper autant de Mirva; il sentit la part qu'il
avait lui-même à cet intérêt si tendre.
Béatrix, en écoutant, en regardant cet
enfant, tâchait souvent de déguiser par
un sourire, l'attendrissement qu'il lui
inspirait; elle paraissait badiner et plai-
santer avec lui; cependant ses yeux se
remplissaient de larmes. Olivier lisait
dans son cœur; il voyait qu'elle aimait
à fixer un objet qui lui rappelait l'action généreuse du libérateur de Diaulas.

Après le souper, Olivier, au lieu
d'aller se coucher, descendit dans les
jardins. On était dans les premiers jours
du mois de mai; la beauté de la nuit et
celle du clair de la lune, réveillèrent
dans l'ame d'Olivier une foule de souvenirs touchans et douloureux. Il erra
long-temps sur les terrasses qui entou-
rent le château, et vint enfin s'asseoir

sur un banc placé en face du palais, et vis-à-vis l'appartement de la duchesse. Là, regardant avec attendrissement les fenêtres de la chambre de Béatrix : O jours rapides et brillans du bonheur ! s'écria-t-il, vous ne renaîtrez plus pour moi ! jamais je ne goûterai le charme inexprimable de ces entretiens, que la confiance et l'amour rendent inépuisables et toujours nouveaux ! Toutes les heures de ma vie s'écouleront désormais, sans me ramener l'heure fortunée d'un rendez-vous ! privé d'espoir, et condamné au silence, mon imagination ne s'égarera plus dans les rêves enchanteurs d'une attente délicieuse, et ma bouche ne prononcera jamais le doux serment d'aimer toujours !.... Tel est mon destin, et rien ne peut le changer !..... Mais cependant je n'ai pas tout perdu ; j'admire avec enthousiasme, j'aime avec idolâtrie, il existe encore une ame qui sait répondre à la mienne !... Hélas ! ce cœur si sensible pour moi, doit m'accuser d'ingratitude !.... Est-il bien vrai, Béatrix, que vous ne connaissiez point mes sentimens ? Les vôtres, et tant de témoignages d'une passion si tendre, si délicate et si pure, ne vous assurent-ils pas de cet empire

suprême

suprême que vous avez sur mon cœur?...
Non, elle doit l'ignorer à jamais cet
amour malheureux ; je le desire, je le
veux du moins..... En parlant ainsi,
le visage d'Olivier se couvrait de larmes..... Il s'oublia dans sa rêverie, et
les yeux toujours fixés sur les murs qui
renfermaient Béatrix, il resta plus de
deux heures dans cette contemplation.
Il allait enfin se retirer, lorsqu'en jetant
les yeux sur le sommet de la galerie
qui précédait la chambre de Béatrix,
il apperçut tout à-coup une épaisse fumée qui, sortant du toit, s'élevait dans
les airs, et se dessinait en noir foncé,
sur l'azur du ciel clair et serein. Au
même instant, quelques flammes parurent et s'élancèrent à travers les ardoi-
ses, qui commencèrent à se désunir et
à s'écrouler. Olivier se précipite en
frémissant vers le palais ; il ignorait les
issues secrètes de l'appartement de la
duchesse ; il ne connaissait d'autre entrée à sa chambre que cette galerie, et
il se décida, sans balancer, à la traverser. Il était deux heures après minuit ;
le logement de la princesse formait un
corps-de-logis qui n'était occupé que
par ses dames, ses domestiques, et
ses gardes. Les Chevaliers et les autres

habitans du château logeaient dans des pavillons séparés du palais par d'immenses cours et de longues terrasses ; tout le monde était enseveli dans un profond sommeil ; cependant les sentinelles qui veillaient, en appercevant les flammes, envoyèrent les soldats de garde, et donnèrent le signal d'alarme. Olivier entendit ce signal, mais il avait déjà franchi la moitié de la galerie. L'embrasement augmentant avec une inconcevable rapidité, s'étendait déjà jusqu'à la porte de la princesse. L'épaisseur de la fumée, l'activité des flammes, l'écroulement des murs, rendaient le passage de la galerie aussi périlleux que difficile. Olivier, en la parcourant, invitait à haute voix Béatrix à se lever, et à fuir par un escalier dérobé. Béatrix, à la voix d'Olivier, se réveilla ; pénétrée de frayeur, elle sort précipitamment de son lit, et jette sur ses épaules une simple robe de mousseline. Dans ce moment, sa porte s'ouvre, elle voit la galerie toute en feu, et le Chevalier du Cygne au milieu des flammes ! il s'élance vers elle, lui saisit la main, et l'entraîne vers l'autre porte de la chambre. Béatrix éperdue, le conduit sur le haut d'un petit escalier, et là ne pouvant plus se soutenir sur ses pieds tremblans et nus, elle chancelle et paraît prête à tomber. Olivier la prend dans ses bras, descend l'escalier, traverse un corridor, ouvre une porte et se trouve sur une terrasse. Craignant l'embrasement entier du palais, il veut en éloigner la duchesse, et il imagine de la porter dans le pavillon d'Axiane; il fallait traverser pour cela, une assez longue partie du jardin. Béatrix n'était point évanouie; mais la plus violente émotion et un tremblement universel lui ôtaient absolument la faculté de se mouvoir, et même celle de parler. Olivier, pour la première fois, dans cet instant, perdant toute idée de ses malheurs, et transporté de la joie la plus pure, éprouvait néanmoins un embarras pénible, en voyant Béatrix presque nue dans ses bras. Oh! qui peut définir le véritable amour! et qui pourra jamais prévoir tous les sentimens contraires qu'il sait produire!..... Olivier tenait contre son sein celle qu'il adorait, et la plus belle femme de l'univers! et cependant il eût mieux aimé la voir marcher à ses côtés; l'état de négligence et de désordre où elle était, blessait la vénération idolâtre qu'il avait pour elle; il la portait avec un respect superstitieux, n'osant ni la presser dans ses bras, ni la regarder ; il semblait qu'il craignît de profaner l'objet de son adoration et de son culte secret. A trente pas du pavillon d'Axiane, il déposa doucement Béatrix au pied d'un arbre ; il se jeta à genoux, en elevant ses mains jointes vers le ciel. Il gardait le silence, mais les rayons de la lune éclairaient son visage, et Béatrix vit tous ses traits s'embellir par l'expression passionnée de l'amour et du bonheur. Béatrix voyait, pour la première fois, la joie se peindre et briller dans les regards de son amant, et jamais l'intéressante physionomie d'Olivier ne parut si charmante à ses yeux !.... O mon libérateur ! s'écriat elle, je puis désormais m'enorgueillir de mon existence, je vous la dois !..... Il m'est donc permis de montrer pour vous le sentiment le plus tendre !.... celui d'une reconnaissance sans bornes !... En disant ces paroles d'une voix entrecoupée, Béatrix lui tendit la main. Olivier toujours à genoux, prit cette main dans les siennes en la serrant avec transport ; dans ce moment on vit s'ouvrir les portes du pavillon d'Axiane. Retournez au palais, reprit Béatrix ; je n'ai point d'inquiétudes sur les personnes qui s'y trouvent, puisque mon ap-

partement seul touche à la galerie ;
mais voyez si l'on a pris les mesures
nécessaires pour arrêter l'incendie, et
revenez ensuite me retrouver dans le
pavillon d'Axiane. A ces mots, Olivier
se leva, et s'éloigna précipitamment, car
il apperçut la comtesse elle-même qui
s'avançait vers Béatrix. Au signal d'a-
larme, tout le monde s'était levé dans
le château, et presque tous les Chevaliers s'étaient armés à la hâte, dans
l'intention de se rendre sur les remparts, imaginant que le signal annonçait une attaque des ennemis. Axiane
avait eu la même idée ; mais elle fut
détrompée par la vue des flammes qui
s'élevaient des toits embrasés de la galerie, et par la rencontre de la duchesse.
Les deux princesses entrèrent dans le
pavillon ; bientôt elles y virent arriver
successivement un grand nombre de
personnes, qui venaient s'informer des
nouvelles de Béatrix ; en même temps
on lui apprit qu'on était maître du feu,
mais qu'on n'avait pu l'empêcher de
communiquer à sa chambre, et que le
mur sur lequel était adossé son lit, s'é-
tait écroulé. Cette circonstance causa
un plaisir secret à Béatrix ; elle pensa
que si elle n'eût pas été réveillée par

I 3

les cris d'Olivier, rien n'aurait pu la sauver, et l'amour lui faisait trouver un charme inexprimable dans tous les détails qui pouvaient aggraver l'idée du danger qu'elle avait couru. Cependant le jour commençait à paraître, et Olivier ne revenait point ; tout-à-coup on entendit un nouveau signal d'alarme, et presque au même instant crier aux armes ; c'était l'ennemi qui voulant profiter du désordre causé par l'incendie, venait subitement attaquer les remparts. Axiane et les Chevaliers qui se trouvaient dans le pavillon, sortirent tous précipitamment. Le jeune Mirva s'élança pour les suivre, en disant qu'il allait rejoindre Olivier, et qu'il ne le quitterait plus ; mais la tremblante Béatrix le retint, pour lui faire promettre qu'il reviendrait de quart-d'heure en quart-d'heure, afin de lui apporter des nouvelles de l'assaut. Mirva fit le serment qu'elle exigeait, et courut ensuite rejoindre les combattans. Béatrix s'enferma dans un cabinet avec Amalberge, Délie et Sylvia. Dans l'état où elle était, la duchesse ne trouvait de consolation que dans la société de ces trois personnes, et sur-tout des deux dernières, qui montraient une sensibilité presqu'égale à la sienne. Béatrix, baignée de pleurs dans les bras de ses amies, comptait toutes les minutes, et frémissait au moindre bruit. Cependant le pavillon d'Axiane était situé de manière qu'on n'y pouvait rien entendre de ce qui se passait sur les remparts ; mais l'attente des nouvelles faisait frissonner Béatrix, chaque fois qu'elle entendait ouvrir une porte et marcher dans les chambres voisines. Souvent elle se levait pour aller écouter sur l'escalier ; si elle croyait distinguer le pas précipité de Mirva ou d'un courrier, ses forces l'abandonnaient, elle était prête à s'évanouir ; et lorsqu'elle avait prêté vainement une oreille attentive, elle s'effrayait de ce long silence, et ses pleurs redoublaient avec une nouvelle amertume. Dans d'autres momens, elle invoquait l'Etre suprême avec cette ferveur sublime et consolante que le sentiment donne à la piété ; son ame angélique et pure se r'ouvrait alors à l'espérance. Après une longue prière, elle sentait renaître son courage ; mais bientôt elle retombait par degrés dans l'abattement, et dans les cruelles angoisses de la plus mortelle inquiétude. Au bout d'une heure, elle envoya un page sur les remparts. Il revint lui dire

que Thédéric, ayant rassemblé les soldats français qu'il avait amenés, s'était
rendu dans le lieu où combattaient les
Chevaliers du Cygne ; que les troupes
françaises, en reconnaissant Olivier,
avaient témoigné leur joie par des acclamations redoublées ; et que les Chevaliers du Cygne, ayant demandé au
comte Thédéric de leur confier le
commandement de deux cents de ces
soldats, venaient de faire une sortie
avec cette petite troupe. Ces nouvelles
ne servirent qu'à rendre plus vives et
plus insupportables les inquiétudes de
Béatrix ; chaque instant augmentant
son agitation, elle voulut retourner
au palais. L'incendie était totalement
éteint ; mais la duchesse visita la galerie, afin de se représenter le péril
affreux dont Olivier l'avait délivrée.
Elle resta plus d'une heure parmi les
décombres de cette partie de son appartement ; elle ne pouvait s'en arracher ; elle croyait encore y voir Olivier environné de flammes, marchant
sur des poutres embrasées, et bravant
le plus terrible danger pour voler à son
secours.

On entendait du palais les cris des
combattans ; mais ce bruit effrayant ne
produisait pas sur Béatrix l'impression

accoutumée : elle savait qu'Olivier n'était point sur les remparts. Enfin, à midi, elle entendit un grand tumulte ; et l'on vint lui annoncer que l'ennemi repoussé de tous les côtés, abandonnait les remparts. Elle demanda, en tremblant, des nouvelles des Chevaliers du Cygne. On lui répondit que leur petite troupe avait inopinément attaqué et défait un gros corps de réserve, commandé par Hartrade, comte de Thuringe ; que l'on voyait les Chevaliers du Cygne poursuivre les vaincus dans la plaine ; et que Thédéric et les autres Chevaliers français, Grimoald, les quatre frères Aymon, et un grand nombre de soldats, venaient d'y descendre, afin que les Chevaliers du Cygne ne fussent pas enveloppés par les troupes repoussées des remparts. Un quart d'heure après, l'on revint dire à la princesse que son parti victorieux rentrait dans le château, avec une multitude de prisonniers. Comme on achevait ce récit, la porte s'ouvre brusquement, et l'on voit paraître le jeune Mirva, hors d'haleine, qui s'écrie en entrant : Nous avons vaincu vos ennemis ; les Chevaliers du Cygne ont attaqué la troupe d'Hartrade ; Isambard a tué le comte de Thuringe ; toute la troupe est prisonnière, on vous l'amène. A ces mots, l'heureuse Béatrix, baignée de larmes, prend Mirva dans ses bras, et l'embrasse avec transport. Venez, dit Mirva, venez voir rentrer nos guerriers ; oh ! cela est si beau !..... En parlant ainsi, il entraînait la princesse. Arrivée sur les premières marches du perron de la grande cour, la duchesse tressaille en distinguant les cris des vainqueurs, et en entendant, pour la première fois, des chants d'alégresse. Elle demanda à Mirva quelles étaient les troupes qui chantaient ainsi. Ce sont les soldats français, répondit Mirva ; ils chantent la chanson d'Olivier ; c'est toujours leur coutume, avant et après la victoire .... En effet, Béatrix entendit retentir le nom chéri d'Olivier ; et le triomphe que ces chants célébraient, lui en parut mille fois plus glorieux et plus beau. Enfin, les guerriers victorieux arrivent. Olivier, couvert de sang et de poussière, devançait tous les autres ; c'était pour annoncer à Béatrix qu'Isambard avait tué le comte de Thuringe. Sans la mort d'Hartrade, pourrait-il, ses troupes n'auraient jamais rendu les armes : ainsi, Madame, c'est mon frère qui vous a délivrée d'un si redoutable ennemi , et c'est à lui que vous devez le plus utile succès de cette grande journée..... Ah ! Seigneur , interrompit Béatrix en pâlissant , votre armure est ensanglantée ; vous êtes blessé ? Olivier avait en effet reçu une légère blessure ; mais voyant la vive émotion de la duchesse , il assura que ses habits n'étaient teints que du sang de l'ennemi. Aussi tôt que les autres Chevaliers s'approchèrent , Olivier s'éloigna , fut dans sa chambre faire panser sa blessure ; et après quelques heures de repos , il retourna dans le salon. La cour n'y était point encore rassemblée. Un page de Béatrix vint dire à Olivier que la princesse le demandait et l'attendait dans son cabinet. Olivier venait de passer trois heures entières seul , et livré à ses réflexions ; il avait repassé dans sa tête tous les évènemens de cette journée ; il s'était retracé sur-tout le moment où , après la fuite du palais , Béatrix , au pied de l'arbre , avait exprimé sa reconnaissance d'une manière si touchante et si passionnée : Olivier s'avouait lui-même , que sans la subite arrivée d'Axiane , il n'aurait pu dissimuler ce qui se passait dans son cœur. Connaissant sa faiblesse,

et le danger de ces entretiens si doux ,
il renouvela des sermens que l’honneur
et l’amitié devaient rendre inviolables ;
et il prit la résolution vertueuse d’ôter
toute espérance à Béatrix , en lui per-
suadant qu’il n’était plus susceptible
d’éprouver une nouvelle passion , qu’il
n’avait pour elle qu’une vive admiration,
et que sa ressemblance avec Célanire
causait seule le trouble qu’elle remarquait en lui si souvent. Béatrix , lorsqu’il
entra chez elle , le considéra quelques
minutes avec un profond attendrissement ; les fatigues de la journée , la blessure qu’il venait de recevoir , et sur-tout
les combats affreux qui déchiraient son
ame , avaient imprimé sur son visage, de
la manière la plus frappante , les traces
de la souffrance et de la douleur. Des
larmes de reconnaissance s’échappèrent
des yeux de Béatrix , en remarquant
qu’une partie de ses cheveux était brûlée !..... Elle fut long-temps sans pouvoir rompre le silence. Enfin elle prit la
parole ; elle rappela avec enthousiasme
tout ce qu’il avait fait pour elle ; et elle
exprima , sans contrainte , les sentimens
dont elle était pénétrée. Olivier répondit
avec respect ; mais son air contraint et
sévère surprit et glaça Béatrix. Après
un moment de réflexion : Écoutez , lui

dit-elle, je ne puis vivre plus long-temps sans connaître votre cœur..... Je puis, Olivier, souscrire à toutes vos volontés, je puis sacrifier à vos scrupules mes projets les plus chers ; mais il m'est impossible de supporter l'incertitude qui m'accable !..... Ah ! si vous m'aimez, quelles que soient vos résolutions, je ne suis point à plaindre..... Parlez, Olivier, ne dois-je qu'à votre seule générosité tant d'éclatans services, tant de preuves touchantes d'un attachement et d'un dévouement sans bornes ? A cette question précise et terrible, le malheureux Olivier sentit son cœur se briser ; mais rappelant toute sa vertu, il eut le courage de répondre avec fermeté, que depuis la mort de Célanire, son ame s'était fermée pour jamais à l'amour. Il voulut adoucir cette déclaration positive, par l'assurance d'un profond sentiment d'admiration. Béatrix l'interrompant aussi-tôt : Ah ! cruel ! s'écria-t-elle, pourquoi donc m'avez-vous sauvé la vie ?..... A ces mots si touchans, Olivier hors de lui, tombe aux pieds de Béatrix : la duchesse se levant, et s'éloignant de lui : Du moins, dit-elle, épargnez moi les funestes témoignages d'une sensibilité qui m'a si souvent abusée...... Allez, Olivier, ne craignez point d'avoir humilié mon orgueil ; je gémis de ma faiblesse, mais je n'en puis rougir ; elle est ennoblie et justifiée par vos services et par vos bienfaits. Je n'ai ni le desir ni le droit de me plaindre de vous ; il est vrai, j'ai cru, je vous l'avoue, que vous m'aimiez, et je me reproche cette erreur ; car j'aurais dû penser que dans une ame telle que la vôtre, la compassion et la générosité peuvent produire ce qui ne fut jamais inspiré que par l'amour. En disant ces paroles, la duchesse s'avança vers une des portes de son cabinet ; et après avoir fait quelques pas, elle revint, et retrouvant Olivier pétrifié, à la même place, et toujours à genoux, elle le fit relever, et lui dit rapidement, que s'occupant du bonheur de Zemni, sachant qu'il aimait Sylvia, et qu'il en était aimé, elle se chargeait de sa fortune, et d'obtenir le consentement de Théobald ; mais qu'elle n'avait point voulu faire cette démarche avant d'en prévenir Olivier. Après cette explication, Béatrix sortit brusquement, sans demander une réponse, et sans l'attendre.

CHAPITRE XV.

Les ciseaux.

..... O doux momens d'horreur empoisonnés !
Cher et fatal objet de douleur et de joie !......
Alzire, de VOLTAIRE.

OLIVIER désespéré, anéanti, s'arracha de l'appartement de la duchesse dans un état inexprimable. Il rentra dans sa chambre, et s'y enferma avec soin, afin de donner un libre cours à ses gémissemens et à ses pleurs. Une heure avant le souper, Isambard vint frapper à sa porte. Olivier reconnut la voix de son ami, et cette voix fit sur son cœur une douce impression. Olivier venait de faire à la mémoire de Célanire, et sur tout à l'amitié, un sacrifice véritablement héroïque, et il sentait que la présence d'Isambard aurait quelque chose de consolant pour lui. En effet, dans tout le reste de la soirée, il n'éprouva point avec son ami cet embarras secret qui le dominait malgré lui depuis quelque temps ; loin d'éviter ses regards, il aimait à les rencontrer, et le calme et la paix semblaient renaître dans son ame, toutes les fois qu'il jetait les yeux sur lui.

Le lendemain matin, Olivier fut se promener de bonne heure sur les remparts avec le jeune Mirva ; l'intrépidité que cet enfant avait montrée la veille, achevait de le rendre aussi intéressant qu'il était aimable. D'ailleurs, Mirva, objet des plus tendres caresses de la princesse, avait pour Olivier un charme particulier. Olivier voulait lui donner des leçons sur l'art militaire, et c'était dans ce dessein qu'il le menait voir les fortifications Mirva, plein d'esprit, de courage et de sensibilité, aimait passionnément Olivier, et placé près de lui, sur un bastion, il l'écoutait avec une profonde attention, quand tout-à-coup deux pierres lancées de la plaine, blessèrent assez grièvement Olivier. L'une le frappant à l'estomac, r'ouvrit la blessure qu'il avait reçue la veille ; l'autre l'atteignit à l'épaule gauche. Mirva ne put retenir ses pleurs, en voyant couler le sang d'Olivier ; il mit son mouchoir sur sa plaie, et le Chevalier du Cygne s'appuyant sur son bras, reprit le chemin du château. Craignant

de rencontrer Béatrix sur les terrasses,
il voulut prendre une route plus longue,
mais détournée et solitaire. Il marchait
lentement, car il souffrait beaucoup,
sur-tout de la forte contusion qu'il venait de recevoir à l'épaule; son bras était
déjà prodigieusement enflé, et lui causait une douleur que chaque instant rendait plus insupportable. Il cheminait
tristement, lorsqu'au détour d'une allée
il apperçut la duchesse et Sylvia, à
trente pas de lui, et marchant à sa rencontre. Il n'était pas possible de songer
à les éviter. Béatrix avait jeté les yeux
sur lui, elle avait vu sa pâleur, le sang
qui couvrait son habit, et saisie de douleur et d'effroi, elle s'était élancée vers
lui. Olivier fut si troublé, que ne pouvant plus se soutenir sur ses jambes défaillantes, il s'assit sur un siége de gazon. Béatrix respirant à peine, interrogea Mirva. C'est, répondit-il, la blessure qu'il reçut hier, qui vient de se
r'ouvrir..... Comment, reprit Béatrix,
il fut blessé hier?... — Hélas! oui,
mais il m'avait défendu de vous le
dire...... — Ah! Mirva, courez, volez
au palais, amenez-nous des secours.....
A ces mots, Olivier assure qu'il est
en état de se rendre au château. Il veut

se relever, il retombe sur le gazon, et Mirva part et disparaît comme un éclair. Olivier proteste à Béatrix que sa blessure n'est rien, et que son mal ne vient que du coup qu'il a reçu à l'épaule, et de l'enflure de son bras. Ah ! s'il est vrai, dit Béatrix, on peut facilement soulager cette vive douleur que vous éprouvez, en coupant la manche de votre habit. En disant ces paroles, la duchesse tire de sa poche des ciseaux. A cette vue, Olivier pâlit. Au nom du ciel, Madame, s'écria-t-il, daignez vous éloigner...... Non, je ne souffrirai point...... Il n'en put dire davantage ; voyant que la duchesse ne l'écoutait pas, et qu'elle allait couper son habit, l'excès de son émotion et de son embarras, joint à son extrême souffrance, lui causa un tel saisissement, que ses forces l'abandonnèrent entièrement, et il tomba évanoui dans les bras de Béatrix éperdue. L'amour ranimant le courage de la duchesse, elle fait soutenir Olivier par Sylvia, ensuite elle se met à genoux, et prenant le bras gauche d'Olivier, elle coupe avec ses ciseaux la manche de son habit ; l'étoffe se déchire dans toute la longueur du bras, la manche même de la chemise fut coupée, et laissa voir à découvert une partie du bras d'Olivier. En y jetant les yeux, Béatrix connut dans l'instant, par la couleur et la tension de la peau, que le bras était encore fortement comprimé par un bracelet; elle soupira, en pensant qu'elle allait trouver sans doute un ancien gage de la tendresse de Célanire. Voulant, pour soulager Olivier, détacher ce bracelet, elle acheva d'ouvrir la manche; mais que devint-elle, en reconnoissant son collier de perles!.... Cette découverte, qui ne laissait aucun doute sur les sentimens d'Olivier, transporta Beatrix d'admiration, de reconnaissance et de joie, et en même temps rendit plus déchirante encore l'affreuse inquiétude que lui causait l'état d'Olivier. O le plus vertueux et le plus sensible de tous les hommes! s'écria t elle, en versant un torrent de larmes; cher Olivier, en croirai-je mes yeux?.... Quoi! votre cœur était d'accord avec le mien?..... Quoi! je suis aimée d'Olivier.... Hélas! dans quel moment devais-je le découvrir!.... Quand il a reçu peut-être une blessure mortelle; quand pénétrée d'amour et de terreur, je lui parle, je l'appelle en vain!..... quand, le pressant dans mes bras, et gémissante près de lui, je ne vois sur son visage pâle et défiguré, que l'effrayante immobilité de la mort!.... En prononçant ces paroles, elle dénouait les deux rangs de perles. Dans cet instant, Olivier r'ouvrit les yeux, et voyant le collier entre les mains de la duchesse : Quoi! s'écria-t-il douloureusement, vous le reprenez?..... Ah! c'est pour vous le rendre, répondit Béatrix, c'est pour renouveler le serment inviolable que je fis au fond du cœur, quand je vous le donnai, sans oser vous l'offrir. Béatrix parlait encore, lorsque Sylvia lui fit remarquer plusieurs personnes qui venaient du château, et s'avançaient vers eux. La duchesse essuya les larmes qui baignaient son visage, et le Chevalier du Cygne, aussi troublé, aussi profondément touché qu'elle, reprit le précieux collier, et pour le dérober à tous les regards, se hâta de le cacher dans son sein.

CHAPITRE XVI.

Un amant guéri.

Monstre ! qui sur mon cœur usurpas tant d'empire,
Qui dans l'art de tromper mis tant de profondeur !

. . . .

Je ne demande point à ce ciel irrité ,
Qu'il hâte ton trépas si long-temps mérité ,
Ni qu'il te livre encore à l'horreur du supplice.
Un plus long châtiment t'est dû par sa justice.
Ah ! pour te mieux punir de tant d'atrocités ,
Qu'il te laisse des jours flétris et détestés ,
Qu'il grave sur ton front ton caractère infâme
Avec des traits affreux et dignes de ton ame ;
Ou plutôt pour offrir plus d'horreur à la fois ,
Qu'il te montre aux humains telle que je te vois.

BarneveIt , de M. DE LA HARPE.

Tandis que l'amour et l'amitié fidèle produisaient à la cour de Béatrix des scènes si touchantes de tendresse et d'héroïsme, le camp des princes alliés était plus que jamais en proie à tous les maux qu'entraînent nécessairement la discorde et la haine. Le prince de Grèce venait d'annoncer son dessein de se retirer de l'alliance des confédérés. Les alliés éclatèrent en reproches ; ils accusèrent Constantin de perfidie et de lâcheté. Le prince de Grèce n'en persista pas moins dans sa résolution ; il trouvait avec raison, que lorsqu'on a eu le malheur d'entreprendre une guerre injuste, l'honneur et l'humanité prescrivent de tout sacrifier pour rompre un si funeste engagement ; car ces ligues meurtrières, ces alliances belliqueuses ne sont que d'horribles associations, quand la nécessité de se défendre ne les a pas formées. C'est l'intérêt des peuples qui les justifie, c'est l'équité seule qui les rend inviolables. Cependant Adalgise, toujours violemment agité par sa passion pour Armoflède, devina facilement qu'elle habitait la cour de Béatrix, puisque les Chevaliers du Cygne s'y trouvaient ; car il ne doutait pas qu'Isambard ne fût son amant. Devant partir avec le prince de Grèce, qui se disposait à retourner incessamment à Constantinople, Adalgise forma le projet d'enlever Armoflède. A force de soins et d'informations, il venait enfin de découvrir qu'elle vivait dans une maison de campagne isolée, située à quelques milles du château. Il se déguisa en paysan, et se rendit secrètement dans les environs ; il fit cacher ses gens et des chevaux dans un bois voisin, et s'établit dans unechaumière occupée par un vieillard et son fils. Ce dernier allait souvent chez Armoflède pour y porter des légumes et des fleurs. Adalgise lui confia qu'il avait le desir de s'introduire dans la maison d'Armoflède, en lui déclarant qu'il en était amoureux, et il accompagna cette confidence d'une somme d'argent, qui inspira au paysan le plus grand desir de le servir. Ce jeune homme, à son tour, avoua qu'il avait une intrigue avec la servante d'Armoflède. Ce n'est point par amour, ajouta-t-il, car cette fille, qui a remplacé une petite servante fort jolie, n'est ni jeune ni belle ; mais elle m'a fait tant d'avances, et la libéralité de sa maîtresse la met en état de me donner tant d'argent, que je n'ai pu lui résister. Elle me donne de fréquens rendez-vous, et toujours la nuit. Je me rends, à l'heure indiquée, à la petite porte du potager. La servante vient m'ouvrir, ensuite elle me laisse seul dans le jardin, et m'ordonne d'y rester jusqu'à ce qu'un certain signal donné de sa fenêtre, m'avertisse que je peux monter dans sa chambre, sans risquer de rencontrer un autre domestique. Nous nous voyons ainsi, et j'avais promis d'y aller cette nuit même. A ces mots, Adalgise conjura le jeune homme de lui laisser prendre sa

place pour le soir ; le paysan fit beaucoup de difficultés ; mais une bourse
remplie d'or triompha bientôt de tous ses
scrupules. A minuit précis, Adalgise,
après avoir bien combiné son plan d'en-
lèvement, se trouva à la porte du jardin. Au bout de quelques minutes, il
entendit marcher ; on frappe doucement
contre le mur. Il répondit à ce signal ;
la porte s'entr'ouvrit, et il entra brusquement dans le jardin ; aussi-tôt saisissant
la servante par le bras, et lui montrant
un poignard, il menaça de la tuer, si
elle faisait le moindre bruit. Cette fille
épouvantée le prit pour un voleur, mais
lui promit une aveugle obéissance ; alors
Adalgise lui ordonna de le conduire dans
la chambre d'Armoflède, avec les précautions nécessaires pour n'être entendu
de personne. Ne craignez rien, dit tout
bas la servante, les autres domestiques
dorment, et ma maîtresse ne pourra
nous entendre. En parlant ainsi, elle le
mène dans l'appartement d'Armoflède ;
Adalgise y trouve de la lumière, mais
Armoflède n'y était pas. Où donc est ta
maîtresse ? dit Adalgise. A cette question, la servante paraît interdite. Ecoute,
reprit Adalgise, en lui donnant quelques
pièces d'or, je ne suis point un voleur ;
je

je veux voir Armoflède. Si tu fais ce que je desire, je te récompenserai libéralement ; sinon..... Eh bien ! Seigneur, interrompit la servante, je vais vous dire la vérité. Ma maîtresse est dans ma chambre..... — Comment? — Elle y attend mon amoureux, car c'est elle qui le paye et qui le reçoit toutes les nuits. A ces mots, Adalgise frissonne et pâlit ; et, presqu'au même instant, se reprocha sa crédulité, en pensant qu'il est hors de toute vraisemblance qu'une femme de l'état d'Armoflède, et en même temps si aimable, si jeune et si jolie, soit capable d'une telle bassesse. Quel conte absurde ! reprit-il ; et comment ce paysan croirait-il que c'est toi qui lui donnes ces rendez-vous ?...... Seigneur, il n'y a point de lumière dans la chambre où le reçoit Armoflède. Sur cette réponse, Adalgise haussa les épaules, en considérant, de la tête aux pieds, la figure de quarante ans, sèche et flétrie, qui lui parlait. Ne perdons point de temps, dit-il ; s'il est vrai qu'Armoflède soit dans ta chambre, je ne pourrai le croire qu'en le voyant, et il faut m'y conduire. En disant ces paroles, il prend un flambeau, et force la servante de le guider. Elle le fait monter au grenier, et là, lui montre une petite porte, en lui faisant signe que c'est celle de sa chambre. Adalgise enferme à clef la servante dans le grenier ; ensuite, tenant toujours le flambeau d'une main, et de l'autre son poignard, il ouvre précipitamment la porte indiquée, et se trouve dans un petit galetas. Au moment même, une voix qui partait d'un grabat placé vis-à-vis la porte, s'écria : *O ciel ! de la lumière !* Aussi-tôt une figure hideuse s'élance hors du lit. Dans ce mouvement, elle rencontre une chaise, se heurte, et tombe étendue sur le plancher, la face contre terre. Son bonnet de nuit s'était détaché ; et sa chemise, accrochée aux bâtons de la chaise, laissait voir à découvert ses jambes nues. L'exclamation qu'elle venait de faire, fit tressaillir Adalgise, car le son de cette voix l'avait profondément ému ; mais en approchant de cette étrange figure, il ne lui fut pas possible de soupçonner que ce pût être Armoflède. Ses bras et ses mains desséchées et ridées, paraissaient appartenir à une femme de soixante ans ; et sa tête absolument chauve, semblait confirmer cette conjecture. Ses jambes étaient prodigieusement enflées et d'une grosseur monstrueuse ; et sur l'une des deux, on voyait un ulcère..... Cependant Adalgise, voulant questionner cette horrible créature, la saisit par les épaules, et, malgré sa résistance, la força de se relever. Alors, regardant son visage décharné, couvert de boutons et de pustules, quelle fut sa surprise, en reconnaissant, malgré cet inconcevable changement, les traits défigurés de l'infâme Armoflède ! C'était elle en effet, que le poison préparé par ses mains, avait réduite en cet affreux état. Elle gardait le silence, espérant qu'Adalgise ne la reconnaîtrait pas ; mais elle faisait de violens efforts pour s'échapper. Adalgise la retenant avec force : O divine providence ! s'écria-t-il ; quoi ! ce spectre effroyable est la jeune et brillante Armoflède !..... Ah ! que ne puis-je rassembler ici tous mes anciens rivaux, tous les amans séduits et trahis par toi ; ta présence nous réconcilierait : je voudrais qu'ils profitassent, comme moi, de cette leçon terrible, imprimée sur ton visage..... A ces mots, Armoflède redoubla ses efforts pour s'arracher des mains d'Adalgise. Oh ! laisse-moi contempler ta difformité, lui dit-il ; non, jamais je ne vis tes dangereux charmes avec autant de plaisir !..... Cette affreuse métamorphose n'est point l'ouvrage du temps, dont la main vénérable n'agit que lentement, et laisse du moins subsister des vestiges et des ruines ; mais le vice, mille fois plus actif et plus funeste à la beauté, la consume et la détruit avec la rapidité d'un feu dévorant. Que te reste-t-il aujourd'hui ? Une ame abjecte, des passions honteuses, des desirs effrénés, un corps hideux et languissant qui penche vers la tombe !..... Oui, la mort, sous un aspect épouvantable, sous les traits effrayans d'une gorgone, est déjà prête à te saisir ; la vois-tu s'approcher, suivie de l'horrible cortége dont elle entoure les méchans, les regrets cuisans et superflus, la rage impuissante, l'opprobre et le désespoir sans remords ?..... En disant ces paroles, Adalgise, qui parlait avec véhémence, et qui tenait toujours son poignard, fit un geste qui parut effrayer Armoflède. Va, ne crains rien, poursuivit-il. Je venais ici, je l'avoue, avec l'intention de t'enlever ou de te poignarder ; mais le ciel s'est chargé de ma vengeance. Maintenant, loin de vouloir ta mort, je desire qu'elle puisse être encore quelque temps différée. Vis pour épouvanter les pervers ; vis pour épuiser le calice amer de l'infâmie , pour envier les succès de la beauté , pour frémir à la vue de l'innocence et du bonheur.... Puisses-tu, dans le sein de l'ignominie , rencontrer partout le tableau touchant de l'amour heureux et de la vertu triomphante ! Oui, tel est le sort que la justice éternelle te réserve. Tu ne verras finir ton exécrable existence , qu'après avoir souffert tous les tourmens de la noire et dévorante envie , et de la haine implacable et déçue ; qu'après avoir éprouvé tous les genres d'insultes et d'outrages ; et du milieu de la fange , traînée enfin sur le bord du cercueil , tes yeux , frappés alors d'une lumière éblouissante et terrible , mesureront avec effroi la profondeur de l'abîme creusé par les passions et l'impiété. Dans les convulsions d'une agonie privée d'espérance , tu verras toute l'horreur du vice sans pouvoir le haïr ; et tu connaîtras qu'il existe un Dieu , sans pouvoir l'invoquer. A ce discours, Armoflède, ne pouvant plus se contenir , prit enfin la parole ; et avec la figure et le ton d'une abominable furie , elle exhala sa rage par un torrent d'injures. Adalgise l'écouta tranquillement, sans l'interrompre; il semblait jouir de sa vaine fureur; et lorsqu'elle eut cessé de parler, il appela la servante, et lui ordonna de prendre le flambeau. Ensuite se tournant vers Armoflède: Je crois, lui dit-il froidement, qu'il est temps de terminer cet entretien; permettez-moi, Madame, de vous reconduire dans votre appartement, car vous attendriez inutilement, cette nuit, l'amant heureux auquel vous prodiguez vos faveurs avec un mystère si ingénieux. En prononçant ces mots, Adalgise entraîne Armoflède malgré sa résistance, en lui disant tout ce que la plus sanglante ironie peut fournir de piquant et d'injurieux. Enfin, après avoir épuisé contr'elle tous les traits envenimés du mépris et de la haine, il sortit de cette maison avec autant d'aversion et de dégoût, qu'il y avait apporté d'amour. Tel est le peu de solidité des passions humaines; elles seraient moins dangereuses, si l'on en connaissait toute la fragilité; on les croit durables, enracinées, parce qu'elles sont violentes, et on les combat avec découragement: cependant un simple incident, un dépit vif, un changement physique, et souvent une seule réflexion, suffisent pour les détruire.

CHAPITRE XVII.

Histoire d'Axiane.

On est rarement grand au faîte des grandeurs.
SAURIN.

LES blessures d'Olivier examinées par les médecins, ne furent pas trouvées dangereuses ; mais comme il avait un peu de fièvre, on lui prescrivit de garder le lit pendant quelques jours. Le lendemain, les deux princesses, Isambard et Roger, étant dans sa chambre, la conversation tomba sur les exploits et les aventures de la comtesse ; on lui fit plusieurs questions. Béatrix, entr'autres choses, lui demanda pourquoi elle ne portait pas le titre de reine, Balahac, son époux, ayant été couronné roi de Carcassonne. Axiane répondit qu'elle ne pouvait satisfaire la curiosité de la duchesse, sans entrer dans de longs détails ; on la pressa de conter son histoire ; elle y consentit, et prenant la parole, elle fit le récit suivant.

Parmi les rochers des Asturies, il

K 4

existe encore quelques débris d'une antique habitation ; on y voit les restes d'une forteresse qui fut jadis l'asyle respectable du grand Pélage et des Goths fugitifs qui, sous sa conduite, échappèrent comme lui à la tyrannie des Arabes (*). C'est dans ces lieux sauvages et déserts que je fus élevée. Mon père, sous un nom supposé, s'était retiré dans cette profonde solitude. Suivi seulement d'un domestique fidelle, il avait, avec son secours, construit une simple chaumière, au milieu même des débris de la forteresse ; et cette humble habitation touchait à l'une de ces ruines, appelée encore la *Tour de Pélage*. Mon père me cacha avec un soin égal, et mon sexe et ma naissance ; tant qu'il vécut, je ne portai jamais qu'un vêtement rustique et grossier pareil au sien. Il m'appelait Favila, je me croyais son fils ; je croyais encore avoir un frère ; Balahac remis dès le berceau entre les mains de mon père, fut le compagnon de mon enfance, et nourri dans cette double erreur, ne voyait en moi qu'un frère chéri. Plus âgé que moi de six années,

______

(*) J'ai rapporté l'histoire de cette révolution dans les Annales de la Vertu, tome 2.

il se plut à me former aux exercices,
dans lesquels il excellait lui-même. Il
m'apprit à tirer de l'arc, à manier la
fronde, à gravir les rochers les plus
escarpés, à franchir à la course les fos-
sés et les haies, à passer les torrens
à la nage. Le soin de m'instruire et de
m'aguerrir était sa plus douce occu-
pation ; mon père observait avec joie
sa tendresse pour moi, et il ne négli-
geait rien pour la fortifier. Il me prescrivait pour mon frère tous les égards
du respect et toute la soumission de la
dépendance ; mais Balahac n'abusait
point de l'empire qu'on lui donnait
sur moi. Cependant, je me rapelle que,
durant tout le temps de mon enfance,
il s'affligeait sans cesse en considérant
la petitesse de ma taille, et mes traits
efféminés ; mais lorsque j'eus atteint ma
treizième année, cette délicatesse ex-
térieure devint à ses yeux un motif de
plus d'intérêt et de sensibilité ; chaque
jour il semblait craindre davantage de
m'exposer. Loin d'exciter mon courage, il n'employait plus son autorité
qu'à le modérer ; à la course, à la
chasse, je le voyais pâlir et frémir, s'il
redoutait pour moi le moindre péril ;
bientôt même il étendit ses tendres

sollicitudes jusqu'aux choses les plus frivoles. Il se plaisait souvent à tresser mes cheveux ; si je les accrochais aux branches des arbres en courant dans les taillis, il s'élançait vers moi en se plaignant vivement de mon étourderie : il redoutait pour moi jusqu'à l'ardeur du soleil ; jamais dans le haut du jour, il ne voulait me laisser aller sur les rochers et dans les plaines ; il me conduisait dans les bois, ou sous des ombrages épais ; et quand mon père lui reprochait doucement de gâter par de tels soins la première éducation qu'il m'avait donnée : J'avoue, répondait Balahac, que je trouve dans sa figure je ne sais quoi de délicat et de touchant, qui m'attendrit et qui m'inspire une faiblesse que je ne puis comprendre moi-même. Je ne saurais voir sans un étonnement qui a quelque chose de pénible, ses faibles mains lancer une lourde pierre, ou tendre un arc dont la grandeur surpasse celle de sa taille ; je souffre en voyant ses épaules ployer sous le poids d'un énorme carquois. Ne regarde - t - on pas avec peine une tendre fleur, lorsqu'agitée par les vents, elle se balance sur sa tige légère, et paraît prête à se rompre ? Hé bien,

j'éprouve cette impression désagréable,
quand je vois Favila exposé aux injures de l'air, quand le soleil darde ses
rayons brûlans sur son front, ou quand
la neige et la grêle tombent sur sa
tête. Sa constitution me paraît si fragile,
qu'il me semble qu'une chute, le moindre choc, les plus légers accidens suf-
firaient pour lui coûter la vie. Mon père
écoutait ces discours en souriant ; il
croyait y démêler un instinct secret,
et des sentimens qui s'accordaient avec
ses plus douces espérances. Nous ché-
rissions ce bon père avec la plus vive
tendresse ; nous trouvions dans sa conduite et dans ses entretiens, tout ce qui
pouvait nous faire aimer nos devoirs
et la vertu. Il avait posé des siéges de
mousse et de gazon dans la tour de
Pélage ; il nous y rassemblait tous les
soirs, et là, s'asseyant entre Balahac
et moi, tantôt il nous contait l'histoire
du grand Pélage, et celle de ses successeurs ; tantôt il nous vantait les charmes de la solitude, et le bonheur de
vivre ignoré des hommes dans une
douce obscurité. Souvent il nous parlait de l'amour, et de la félicité que
peut procurer une union formée par
la sympathie, et toujours il finissait

par nous assurer qu'il s'occupait déjà du soin de chercher pour chacun de nous une compagne aimable, et qu'aussi-tôt que j'aurais atteint ma dix-septième année, il nous marierait l'un et l'autre le même jour. Balahac ne comprenait pas comment mon père pourrait nous trouver une épouse dans le désert où nous vivions. Nous étions éloignés de toute habitation ; nous avions deux ou trois fois rencontré dans nos courses, à plusieurs lieues de notre chaumière, quelques filles de pâtres, mais elles nous avaient paru si grossières et si peu jolies, que nous ne pouvions nous former une idée séduisante de l'amour et de l'hymen.

Cependant mes jours s'écoulaient paisiblement dans l'heureux calme des passions et de l'innocence ; la tendresse de mon père et de Balahac répandait sur tous les instans de ma vie un intérêt pur et touchant, qui suffisait à mon bonheur. Je ne connaissais ni les plaisirs factices et les chagrins réels créés par l'opinion, ni les jouissances frivoles et les inquiétudes dévorantes causées par l'ambition et par l'orgueil. Je réfléchissais peu, je ne songeais point à l'avenir , parce que mon ignorance et

l'uniformité de ma vie ne me permettaient pas d'y entrevoir les révolutions
et les évènemens qui peuvent enflammer et frapper l'imagination ; sans défiance, sans crainte, sans prévoyance
et sans desirs, mon ame calme, neuve
et sensible, aimait sans exaltation,
jouissait avec sérénité, et n'avait jamais éprouvé les transports ou l'amertume d'un sentiment impétueux, et l'é-
motion violente de la joie ou de la
douleur. Mais cet état si doux ne devait pas subsister long-temps. J'entrais dans ma seizième année, lorsque
mon père fut tout-à-coup atteint d'un
mal qu'il jugea lui-même mortel, et
malheureusement il ne se trompait pas.
Au bout de quelques jours, sentant
qu'il touchait à ses derniers momens,
il nous fit approcher de son lit, en nous
prévenant qu'il allait nous découvrir
d'importantes vérités. Je me mis à genoux, et j'arrosai de pleurs la main qu'il
me tendait. Je dois, me dit-il, vous
déclarer votre naissance et votre véritable nom ; vous n'êtes point Favila,
et cet habit d'homme cache en vous la
fille de Bermude ; vous vous appelez
Axiane, et je suis votre père. Quoi !

repris-je, vous êtes l'un des successeurs du grand Pélage, vous êtes ce vertueux Bermude, que l'on croit mort depuis quinze ans? mon père allait répondre, lorsque Balahac, que la surprise et l'émotion avaient rendu pendant quelques instans immobile, prit la parole, et me regardant avec autant de trouble que d'atendrissement : O ciel, s'écria-t-il, Favila n'est point un homme!... Axiane, ô ma sœur!.... Non, interrompit Bermude, non, Balahac n'est pas le frère d'Axiane, car il n'est point mon fils. Ah! reprit Balahac avec transport, vous êtes toujours mon père! En disant ces paroles, il se jeta à genoux près de moi; il saisit ma main et celle de Bermude, et les pressa contre son cœur en versant un déluge de larmes. J'avais un frère, dit Bermude, et vous êtes son fils; il vous remit en mourant entre mes mains; vous étiez alors au berceau; de cet instant, je vous adoptai, et ceux qui vous donnèrent le jour n'auraient pu vous aimer davantage. Maintenant, poursuivit mon père, je dois vous rendre compte des motifs qui ont dirigé ma conduite. J'avais trente ans lorsque je montai sur le trône des Asturies (*). Je succédais au tyran le plus cruel. Je venais de terminer glorieusement une guerre longue et sanglante. Tout semblait me promettre un règne heureux et paisible ; mais les excès et les vices de mon prédécesseur avaient corrompu les mœurs publiques, car telle est la funeste influence d'un despotisme sanguinaire. Je voulus rétablir l'ordre et les lois. La haine et la vengeance, et non l'amour du bien public, avaient renversé le tyran. Le peuple irrité d'une horrible oppression, et fier d'en avoir secoué le joug, connaissait toute sa force, et en même temps ignorait ses véritables intérêts ; il était devenu féroce, défiant et turbulent ; il me fut impossible de l'éclairer ; et ne pouvant ni le servir, ni réprimer ses désordres, je pris le parti d'abdiquer. Je me retirai dans la province où j'étais né ; mais je n'y goûtai pas la tranquillité que j'espérais y trouver. Les hommes supposent toujours de l'ambition à ceux qui ont joué un grand rôle ; ils n'attribuent communément le sacri-

---

(*) Bermude premier succéda au tyran Mauregat. Cette couronne était alors élective. Bermude abdiqua l'an 791.

fice de leur rang et de leur autorité, qu'à un mouvement passager de crainte ou de dépit, ou à de profondes combinaisons politiques; on cherche en vain le repos avec un nom célèbre; on est toujours suspect aux ambitieux, aux intrigans. J'en fis la triste expérience; je fus calomnié, persécuté, forcé de quitter ma solitude et d'errer dans ma patrie, sans pouvoir me fixer dans une retraite paisible. Au bout de quelques années, je perdis mon épouse, qui mourut en donnant le jour à ma fille. Alors je formai la résolution de renoncer entièrement au monde; je fis courir le bruit de ma mort, et je vins m'établir dans ce désert. Une longue expérience m'avait appris que le bonheur est incompatible avec les passions violentes; aussi la nature ne nous les donne-t elle pas. Elles sont le fruit de l'éducation, qui tendant à perfectionner notre ame et notre esprit, exalte nos sentimens, en enflammant notre imagination : livrés à nos propres penchans, sans l'influence de l'exemple, sans l'aiguillon piquant de l'amour propre et de la difficulté, nous n'aurions qu'une sensibilité douce, mais durable; car la constance des affections est dans la nature, c'est l'orgueil sur-tout qui produisit la légèreté. Je voulais, mes enfans, vous rendre heureux ; je voulais vous unir un jour l'un à l'autre ; et persuadé que la douce sympathie, que la tendre et fidèle amitié, sont les seules bases solides du véritable amour, je voulais que vous vous aimassiez long-temps sans vous connaître. Je voulais enfin, que l'imagination n'eût aucune influence sur vos sentimens, parce qu'elle nous égare toujours, tandis que le cœur seul, lorsqu'il choisit sans pré-cipitation, ne nous trompe jamais. Mon dessein était de ne vous révéler ce mys-tère que dans deux ans ; mais la mort dont je sens les approches, me force en-fin à vous le déclarer..... Balahac..... je vous recommande votre sœur adoptive, votre unique amie désormais..... celle qui deviendra, je l'espère, votre épouse et votre inséparable compagne.... Ce-pendant, comme elle est trop jeune pour pouvoir connaître son cœur et pour en disposer, j'exige que vous ne lui proposiez que dans deux ans, de s'unir à vous par un lien indissoluble et sacré. Je desire cet hymen et ne le prescris point. A ces mots, Balahac prit la parole, pour jurer de me consacrer sa vie, quels que fussent, avec le temps, mes sentimens et ma décision. Après avoir reçu ce serment si touchant et si généreux, mon père nous remit deux cassettes, qui contenaient les preuves de notre naissance, une somme considérable en or, et toutes les pierreries de ma mère. Le reste du jour fut employé à écouter les sages instructions que mon père nous laissait par écrit, et dont il nous fit la lecture. Il nous conseillait de rester dans notre solitude; mais dans le cas où nous nous déterminerions à la quitter, il nous prescrivait la manière dont nous devions nous conduire. Nous passâmes la nuit entière auprès du lit de mon vertueux père; aux premiers rayons du jour, nous reçûmes sa dernière bénédiction, et peu d'instans après, il expira dans nos bras!..... Nulle expression ne saurait rendre ce que j'éprouvai dans cet affreux moment! mon attachement pour mon père, avait toujours été le sentiment dominant de mon cœur, et mon inexpérience et l'éducation que j'avais reçue, devaient rendre plus terrible encore la profonde douleur de cette perte irréparable. Je n'ignorais pas que la mort est le terme inévitable de la carrière humaine; mais jusqu'à cet instant, n'ayant jamais vu mourir, ou même disparaître une des personnes qui composaient pour nous tout l'univers, ce déchirant spectacle avait pour moi quelque chose d'incompréhensible. Il me frappait autant que si je n'eusse jamais eu l'idée de la mort. On ne pouvait m'arracher de la chambre de mon père. Déjà depuis quelques heures il n'existait plus, et je l'appelais encore, en faisant retentir notre chaumière des cris aigus du désespoir...... Enfin, quand mes forces furent entièrement épuisées, Balahac me prit dans ses bras, et me porta dans la forêt voisine. Aidé de ce fidèle serviteur dont j'ai parlé, Balahac creusa le tombeau de mon père, et l'enterra dans la tour de Pélage; ensuite il me conduisit dans ce triste lieu, devenu pour nous un temple; je jetai les yeux en frémissant, sur l'endroit où j'avais vu le siége de gazon qu'avait occupé mon père. Je me prosternai en appercevant le monument funèbre élevé par la piété de Balahac, et je perdis l'usage de mes sens, en embrassant cette terre sacrée. Cette impression terrible autant que douloureuse, ne m'empêcha pas d'y revenir dès le lendemain ; Balahac, pour me distraire, me proposa d'orner le chemin qui, de la forêt, conduisait à cette ruine révérée. Nous plantâmes deux haies de lauriers, entrelacés d'églantiers et de pampres, et nous plaçâmes des citronniers et des orangers sauvages devant la brèche par laquelle on entrait dans la cour. Chaque jour, au lever du soleil, nous allions sur la tombe invoquer l'Etre suprême et les mânes de mon père, confondant ainsi, par ce double hommage, deux sentimens sublimes, qui l'un et l'autre puisés dans la nature, n'ont en effet qu'une seule et même source ; la piété religieuse, et la piété filiale. Je passai les trois premiers mois qui suivirent la mort de mon père, dans un tel accablement, que je n'étais capable, ni de réfléchir sur ma situation, ni de former de nouveaux projets ; mais enfin, je sortis par degrés de cette espèce d'anéantissement ; mes idées se débrouillèrent, et je commençai à sentir que je devais jeter les yeux sur l'avenir, et peser mûrement les conseils de mon père. L'idée qui me frappait le plus, était celle de ce haut rang qu'avait occupé mon père. Il me semblait que la fille de Bermude, la fille d'un roi,

ne devait ni se conduire , ni penser
comme l'obscur Favila. J'avais à choisir entre deux partis , celui de rester
dans notre désert, ou celui d'aller vivre dans le monde. Je penchais beaucoup pour le dernier , malgré la peinture effrayante que mon père nous avait
faite tant de fois , des dangers auxquels
on est exposé, lorsqu'on vit dans une
société nombreuse. La curiosité seule
aurait à cet égard suffi pour me déterminer , indépendamment de la vanité
naissante qui me donnait tant de dégoût pour l'obscurité. Mais j'avais pour
Balahac une amitié sincère, et je savais
que tous ses desirs et tous ses vœux
se trouvaient fixés dans la solitude que
nous habitions. J'étais vivement combattue par la certitude de l'affliger ; cependant malgré mon affection pour lui,
et quoiqu'il fût plus tendre pour moi
que jamais, je n'avais plus , depuis la
mort de mon père, la même confiance
en lui. Il était devenu mon seul appui dans le désert ; je sentais confusément que l'égalité n'existait plus entre
nous ; cette idée me le rendait moins
agréable , et en même temps elle m'inspirait une sorte de crainte qui redoublait l'embarras que j'éprouvais à for-

mer une résolution positive. Balahac respectant ma jeunesse et les ordres de mon père, ne me parlait ni d'amour ni d'hymen ; mais toujours fixé près de moi il ne me quittait plus, et cette extrême assiduité m'importunait souvent. Sa présence m'en imposait tellement, qu'elle gênait jusqu'à ma pensée ; il me semblait qu'il devait la pénétrer, et je n'osais la fixer devant lui sur des projets contraires à ses desirs. Peu accoutumée à feindre, cette contrainte me devenait chaque jour plus pénible. Mon père, comme je l'ai dit, nous avait remis deux cassettes ; Balahac s'était chargé du soin de garder celle qui contenait l'or et nos papiers, et j'avais reçu l'autre, que je savais remplie des bijoux de ma mère. Long-temps absorbée dans ma douleur, j'avais, pendant plusieurs mois, oublié cette cassette ; enfin, je me la rappelai tout-à-coup, et en même temps j'éprouvai la plus vive curiosité de l'ouvrir ; mais voulant considérer à mon aise tout ce qu'elle contenait, j'imaginai que Balahac pourrait trouver de la puérilité dans l'examen scrupuleux que je comptais en faire, et je me promis de ne l'ouvrir qu'en son absence et à son insçu. Après avoir pris ce parti, je ne m'occupai plus qu'à trouver les moyens de me débarrasser de Balahac pendant quelques heures ; avant d'en venir à bout, je le tentai plusieurs fois vainement. Enfin, un matin qu'il partait pour la chasse, j'inventai, pour ne le pas suivre, un prétexte si plausible, qu'il consentit à me laisser dans la chaumière. Aussi-tôt qu'il fut sorti, je m'enfermai dans ma petite chambre, je pris ma cassette dont j'avais la clef, et je l'ouvris précipitamment. Le premier objet qui frappa mes yeux, fut un portrait en miniature qui représentait ma mère ; son nom était gravé sur la bordure. Je ne pouvais juger de la ressemblance ; mais n'ayant jamais vu de tableaux, je fus saisie d'admiration, en considérant cet ouvrage, qui me parut un chef-d'œuvre inconcevable. En même temps mes yeux se remplirent de larmes, en contemplant les traits de celle qui m'avait donné le jour..... Quand cette émotion si naturelle fut un peu calmée, j'examinai avec attention l'habillement somptueux de cette figure charmante, j'en fus éblouie, et je soupirai en comparant mon vêtement rustique à cette élégante parure. Plus empressée que jamais de

continuer ma recherche , je posai le portrait sur une table, et je tirai successivement de la cassetre , tous les bijoux qu'elle contenait. Il y en eut plusieurs dont il me fut impossible de deviner l'usage ; mais le portrait m'indiquait celui des colliers , des aigrettes , des bracelets et des bagues.Chaque chose avait pour moi le mérite de la nouveauté. J'étais également surprise et charmée , je ne pouvais me lasser d'admirer l'éclat et le merveilleux travail de ces brillantes bagatelles ; bientôt j'éprouvai le plus vif desir de m'en parer moi-même , du moins pour quelques instans ; et regardant le portrait , afin de bien placer ces ornemens, j'attachai d'abord dans mes cheveux une aigrette de saphirs et de rubis ; mais comme mon habit me cachait entièrement le cou et la poitrine, je le déchirai pour me découvrir la gorge ; ensuite je mis un collier de perles et une chaîne de diamans. Je relevai mes longues manches, et j'ornai mes bras et mes mains avec des bracelets et des anneaux de pierreries. Je n'avais point de miroir, et je n'en connaissais pas même l'usage ; mais desirant me voir ainsi parée , je descendis dans le jardin , je m'approchai
d'un

d'un bassin rempli d'eau, qui se trouvait à l'ombre sous une allée de peupliers, je m'assis sur un banc de gazon, au bord de la fontaine, et je me regardai dans l'eau, qui réfléchissait parfaitement ma figure. La manière dont j'étais mise, offrait un double contraste extrêmement ridicule, avec un habit d'homme, j'avais la gorge découverte, et les bras nuds comme une femme ; et avec des vêtemens faits d'une toile grossière, j'étais surchargée des plus magnifiques ornemens. En me regardant je ne fis que cette dernière remarque, je regrettai de n'avoir pas un habillement couleur de pourpre et d'azur, comme celui qu'on avait représenté dans le portrait de ma mère ; mais d'ailleurs je me contemplai avec un plaisir d'autant plus grand, qu'il était absolument nouveau pour moi ; pour la première fois j'examinai mes traits, et je me comparai aux autres objets que j'avais vus, aux jeunes paysannes que j'avais rencontrées dans mes courses. Je me persuadai que j'étais jolie ; cette découverte me fit apprécier la beauté, et je pensai en même temps qu'il était fâcheux de la cacher et de l'ensevelir dans un désert. Ces réflexions, et beaucoup d'autres qui ne s'étaient jamais offertes à mon esprit, m'occupèrent long-temps. Enfin, sortant de ma rêverie, j'allais m'arracher de cette dangereuse fontaine, lorsque levant les yeux, et tournant la tête, j'apperçus Balahac, qui, près de moi depuis un quart-d'heure, me regardait en silence. Je fis un cri perçant, et j'éprouvai, pour la première fois de ma vie, le sentiment pénible de la honte et de la confusion. La pudeur et le remords d'une vanité frivole, me causaient un embarras inexprimable. Mon premier mouvement fut de fermer mon habit, et de rabattre mes manches; ensuite je voulais fuir, mais Balahac me retenant: Oh! que crains-tu? me dit-il d'une voix tremblante; oh! laisse-moi te contempler encore!...... Ces paroles, les larmes qui mouillaient ses paupières, la vive émotion qui se peignait sur son visage, augmentèrent mon embarras, mais dissipèrent la crainte que j'avais de sa sévérité. Je ne répondis rien: j'étais debout; et comme la frayeur que je venais d'éprouver, m'ôtait la force de me soutenir sur mes jambes, je me remis sur le siége de gazon, en tenant fortement d'une main sur ma poitrine, mon habit déchiré, dans

la crainte qu'il ne s'entr'ouvrît. Dans ce
moment, Balahac se précipite à mes genoux ; ce mouvement me fit tressaillir ;
aussi-tôt, il se releva, et s'assit près de
moi. Il gardait un profond silence ; je
n'osais le regarder ; je l'entendis soupirer plusieurs fois ; nous restâmes plus
d'une demi-heure dans cette situation.
Au bout de ce temps, Balahac reprenant la parole, avec une voix plus calme
et plus assurée : O ma sœur ! me dit-
il, gardez-vous de croire que ces vains
ornemens puissent vous embellir !....
Il est vrai, je vous contemplais avec
surprise, avec ravissement..... mais
c'était vous que j'admirais, et non cette
nouvelle parure, qui n'est à mes yeux
qu'inutile et bizarre. Ah ! pourquoi
notre père a-t-il cru devoir nous laisser
ces funestes superfluités ! Et que ne
pouvez-vous, chère Axiane, les dédaigner autant que je les méprise ! En
achevant ces mots, Balahac ne put
retenir ses pleurs ; j'en fus vivement
touchée, mais cet attendrissement passager ne changea rien à mes résolutions secrètes. Cet entretien me fit
connaître que j'avais sur Balahac une
sorte d'ascendant dont j'ignorais la cause ; mais chaque instant, depuis cette

époque, m'en démontrait le pouvoir suprême. Cette découverte me causait un embarras, et me donnait avec lui une certaine réserve dont je ne pouvais me rendre raison, et en même temps elle m'affermissait dans mes projets ; car j'étais certaine que Balahac ne résisterait pas à ma volonté. Brûlant du desir de me montrer, d'admirer les chef-d'œuvres des arts, de voir des objets nouveaux, j'osai enfin conjurer Balahac de quitter notre solitude. Son chagrin fut extrême ; mais depuis l'aventure de la fontaine, il était préparé à cette demande ; et, comme je l'avais prévu, il y céda après l'avoir vainement combattue. Il exigea seulement qu'en entrant dans le monde, je continuerais à cacher mon sexe, et que je laisserais croire que nous étions frères. Je ne quittai pas notre désert sans répandre de sincères larmes sur le tombeau de Bermude, et sans éprouver une sorte de remords, en songeant que je laissais dans cette solitude les cendres révérées d'un si vertueux père ! Notre fidèle domestique, ou, pour mieux dire notre ami, nous suivit et nous servit de guide ; il nous conduisit dans l'une des villes que mon père avait désignées,

dans le cas où nous abandonnerions
notre paisible asyle. Notre voyage fut
assez long, mais heureux. Nous arrivâmes dans la ville vers le milieu du
jour. En y entrant, nous y remarquâmes
un grand mouvement, et je vis là, pour
la première fois, une multitude de gens
armés. L'habillement de ces soldats me
parut d'un éclat surprenant ; j'admirais
sur-tout leur maintien et leur contenance audacieuse et fière. Nous apprîmes
mes ces troupes étaient celles du célèbre Abdérame, ce vaillant général
venu du fond de l'Asie, pour détrôner
le tyran qui opprimait les Sarrasins.
Une grande partie de ce peuple révolté
contre son roi, s'était rangée sous les
étendards d'Abdérame, et ce jour
même, la ville où nous étions, avait
ouvert ses portes à ce fameux guerrier (13). En entrant dans la grande
place, nous vîmes paraître Abdérame.
Il était monté sur un superbe cheval
blanc, et distingué de tous les autres
par sa beauté, sa taille majestueuse,
et la magnificence de son armure ; mille
cris de joie s'élevèrent à son aspect ;
ces acclamations, ces hommages éclatans que je n'avais jamais vu rendre,
m'inspirèrent pour lui un respect et

une admiration qui allait jusqu'à l'enthousiasme. Mon visage était couvert de larmes, mon cœur palpitait avec violence, je respirais à peine, quand tout-à-coup, les troupes défilèrent devant Abdérame, au bruit de la musique guerrière. Je n'avais jamais entendu que les voix rustiques et les flageolets des pâtres de nos déserts; les sons bruyans des cymbales, des trompettes et des tambours me causèrent le transport le plus vif que j'aie jamais éprouvé; agitée d'un frémissement universel, je frissonnais, je brûlais, mille sensations tumultueuses et nouvelles troublaient ma raison, et exaltaient mon imagination embrasée; j'envisageais pour la première fois, l'image éblouissante de la gloire, et je la voyais avec ivresse. Lorsque les troupes eurent défilé, Abdérame fit au peuple une harangue, dans laquelle il invitait une partie des citoyens à prendre les armes, et à se ranger sous ses drapeaux. A peine eut-il fini de parler, que perçant la foule, je m'élançai vers lui, en criant que je voulais combattre et le suivre. Egalement frappé de la petitesse de ma taille, de ma jeunesse et de mon action, il me fit approcher, me tendit la main, et me considéra un instant avec l'expression de l'étonnement et de la bienveillance. Ensuite, se tournant vers la multitude : Amis, dit il, quel exemple pour vous ! voyez l'ardeur de cet aimable enfant !..... A ces mots, tout le peuple s'écria qu'il était prêt à s'enrôler. Abdérame, persuadé que mon action avait contribué à exciter cet enthousiasme, prit, dès cet instant, la plus vive affection pour moi. Au moment où je m'étais précipitée dans la foule, Balahac, n'ayant pu me retenir, m'avait suivi. Je le présentai comme mon frère, et il s'engagea avec moi. Abdérame nous envoya des habits dont j'admirai la forme et la richesse ; et ce fut avec une joie inexprimable que j'endossai une armure à-peu-près semblable à la sienne, et décorée de ses couleurs. Nous quittâmes la ville pour aller chercher l'armée du roi des Sarrasins. Quand nous fûmes en présence de l'ennemi, je considérai sans effroi cette multitude armée qui s'apprêtait à nous combattre. L'éducation que j'avais reçue me préservait de la timidité si naturelle à mon sexe. D'ailleurs, j'étais sous les yeux d'Abdérame ; je ne songeais qu'à justifier l'opinion qu'il avait de mon courage. Je le regardais comme le libérateur d'un pays opprimé ; et je croyais que les troupes commandées par lui , devaient être invincibles. Cependant je ne pus me défendre d'un mouvement d'horreur et de pitié , en considérant ce nombre prodigieux de soldats ennemis, et en pensant que nous n'étions rassemblés que pour les immoler tous , s'il était possible. Mais un regard d'Abdérame m'arracha presqu'aussi-tôt à cette triste méditation ; je pensai que ses ennemis ne pouvaient être que des monstres féroces , et que l'humanité même devait faire desirer leur destruction. Je me conduisis dans ce premier combat avec une intrépidité qui fixa plus d'une fois l'attention d'Abdérame. Balahac ; toujours à mes côtés , n'était occupé que du soin de parer les coups qu'on me portait ; bravant la mort sans rechercher la gloire, s'oubliant lui-même au milieu des dangers d'une bataille sanglante, il ne voyait que moi seule ; et me faisant un rempart de son corps , il combattait, non pour vaincre , mais uniquement pour me défendre. Nous remportâmes la victoire : la moitié de l'armée ennemie fut taillée en pièces ; le reste prit la fuite. Je n'oublierai jamais l'horreur dont je fus saisie , en me trouvant, après le combat , sur le champ de bataille , couvert de morts et de mourans. Je considérais cet affreux spectacle , en versant les larmes amères du remords et d'une compassion déchirante , lorsqu'on vint me chercher de la part d'Abdérame. L'accueil qu'il me préparait dissipa bientôt l'impression terrible que je venais de recevoir : je trouvai Abdérame au milieu de ses troupes victorieuses. Aussi-tôt qu'il m'apperçut , il vint à ma rencontre , me prit dans ses bras , et m'embrassa, en me comblant d'éloges. Mon cœur tressaillait de joie ; cependant ses caresses m'embarrassaient, et, par un mouvement machinal , je jetai les yeux sur Balahac. Son air triste et sévère m'intimida ; je me troublai , je rougis : mais je n'en sentis pas moins vivement le bonheur et la gloire d'obtenir publiquement des témoignages si flatteurs de l'approbation d'Abdéramé. Une seconde bataille décida du destin de l'Espagne. Abdérame tua , de sa propre main , le roi des Sarrasins ; et toutes les troupes de ce malheureux prince mirent bas les armes, et se rendirent au vainqueur. Malgré les soins de Balahac , je fus légèrement blessée

au côté droit, dans ce combat. Abdérame, voyant mes habits teints de sang,
me conduisit dans sa tente. Là, voulant
faire panser ma blessure, il ordonna à
un chirurgien d'ouvrir mon habit. Au
moment même, Balahac, se précipitant entre cet homme et moi, déclara
qu'il ne le souffrirait pas. Cette action
surprit étrangement Abdérame ; il resta
immobile, en me regardant fixement.
Ensuite s'adressant à Balahac, d'un ton
impérieux, il lui demanda l'explication
de ce bizarre procédé ; mais, sur-le-
champ, je me chargeai de la réponse.
Je n'étais pas fâchée d'avoir un prétexte
si naturel de déclarer mon secret au
héros qui avait pris tant d'empire sur
mon imagination ; et prenant la parole
sans hésiter : Seigneur, repris-je, un
seul mot va justifier Balahac. Je suis
une femme ; vous voyez en moi la fille
du vertueux Bermude, roi des Asturies.
Je prononçai ces derniers mots avec
une sorte d'emphase ; je savais qu'Abdérame était petit-fils d'un souverain (*), et je trouvais un grand plaisir
à lui apprendre que j'avais moi-même
une naissance illustre. A cet aveu, Ab-

―――――――――――

(*) Le calife Hescham.

dérame fit une exclamation qui exprimait à-la-fois l'étonnement, la joie et l'admiration ; il tomba à mes pieds ; il me dit tout ce que l'amour peut inspirer de passionné. Ce langage séducteur, que j'entendais pour la première fois, ne fit que trop d'impression sur mon ame ; je craignais d'être abusée par la plus douce de toutes les illusions, en voyant le grand Abdérame, ce héros si célèbre, embrasser mes genoux, et me rendre l'arbitre de ses destinées..... Cependant, au milieu de cet enivrement, l'importune idée de Balahac vint s'offrir à mon esprit ; je levai la tête avec timidité pour le regarder , mais Balahac avait disparu. Il ne revint point ; et le soir, je reçus de lui un papier qui contenait ces mots : « S'il vous reste » quelque sentiment de compassion » pour l'infortuné Balahac ,· je vous » conjure, Axiane, au nom sacré de » notre père, de n'épouser Abdérame » que dans deux ans ».

Ce billet m'affligea sensiblement ; je vis que Balahac avait pris le parti de me quitter et de s'éloigner. Je sentis que je ne pourrais m'accoutumer à son absence , et que son bonheur était nécessaire au mien ; mais j'interrogeais moins mon cœur que ma vanité ; et l'éclat qui environnait Abdérame, donnait à mes yeux tant de prix à son amour, que toute autre idée ne pouvait m'occuper profondément. Cependant, je pris l'inébranlable résolution de ne recevoir la foi d'Abdérame qu'au bout du temps prescrit par Balahac. Je le déclarai à Abdérame, en lui contant ingénument toute mon histoire. Abdérame se soumit à tout ce que j'exigeai, mais en me faisant promettre de ne le point quitter jusqu'à l'époque fixée pour notre hymen. Abdérame, vainqueur de tous ses ennemis, fit paraître, dans cette éclatante prospérité, autant de justice et de générosité, qu'il avait montré de valeur dans les combats. Le vœu de tous les peuples était de le déclarer souverain du pays qu'il avait conquis. Nous marchions vers Cordoue, et, durant la route, Abdérame m'entretenait de ses projets ; et je l'entendais avec ravissement me dire qu'il ne desirait la suprême puissance, que pour me placer sur le trône, et pour rendre ses sujets heureux. Le jour même de notre arrivée à Cordoue, Abdérame fut proclamé roi ; je vis avec transport couronner mon amant, et le héros que je croyais le plus digne de réunir les suffrages d'une grande nation. Il déclara publiquement ses engagemens avec moi, me logea dans son palais, et m'y fit traiter en reine. On m'apporta de sa part de magnifiques habits de femme, et je pris enfin les vêtemens de mon sexe. Quand je fus habillée, Abdérame entrant dans mon appartement, me fit passer dans un salon tout revêtu de glaces; il voulait jouir de ma surprise, sachant que cette invention magique m'était inconnue, puisque je n'avais habité jusqu'alors qu'un désert et des camps. Mon étonnement fut extrême, en voyant ma figure répétée tant de fois autour de moi; mais je me considérai tranquillement, malgré l'éclat de ma parure; je ne retrouvai plus cette sensation si vive, que j'avais éprouvée dans le désert au bord de la fontaine; j'avais depuis connu la gloire, et une vanité puérile ne pouvait plus m'enivrer.

Les six premiers mois du règne d'Abdérame me parurent s'écouler avec une inconcevable rapidité; des fêtes brillantes, des spectacles pompeux, les amusemens les plus variés, ne me laissaient ni le temps ni la possibilité de réfléchir;

la surprise et la curiosité donnaient à
mes yeux du prix aux moindres choses,
je jouissais de tout avec ravissement,
et sur-tout du bonheur de voir Abdérame applaudi par le peuple, et de l'en
croire adoré. Mais enfin, je commençai
à m'accoutumer à cette espèce d'enchantement, et mes yeux s'ouvrirent
par degrés. Depuis long-temps frappée
du spectacle de la misère que je rencontrais dans les rues, j'avais exprimé
ma compassion à cet égard ; Abdérame
avait répondu que cette calamité était
la suite de l'oppression barbare du dernier roi, et qu'il s'occupait des moyens
d'y remédier. Je savais que l'argent
pouvait la faire cesser, et je proposai
à Abdérame, comme une chose très-
simple, de distribuer au peuple la moitié des trésors que je lui connaissais ;
il sourit, en m'exhortant à me tran-
quilliser sur ce point. Je suivis ce conseil en donnant moi-même tout l'argent
que je possédais, car Balahac en partant, m'avait laissé la cassette dont il
était dépositaire. Bientôt le peuple connaissant ma sensibilité, s'adressa direc-
tement à moi, pour me prier d'engager
le roi à modérer les impôts qu'il avait
établis. Je me fis expliquer ce que c'est

qu'un impôt; quelle fut alors ma douloureuse surprise, en apprenant qu'Abdérame, loin de soulager ce peuple malheureux, en avait exigé de nouveaux tributs, et que les sommes arrachées à ces infortunés, payaient nos plaisirs, et ces fêtes que j'avais trouvées si charmantes ! Cette affreuse découverte me pénétra d'horreur. A l'instant je me dépouillai de mes riches vêtemens, je me fis apporter une robe de bure, et sous cet habit grossier, je me rendis chez le roi. Abdérame, lui disje, tant que je verrai des pauvres dans vos états, je resterai vêtue ainsi. J'ai congédié ces musiciens que vous m'avez donnés, et ce cortége inutile et brillant qui m'environnait; ma table ne sera plus servie qu'avec frugalité ; je n'assisterai plus à ces fêtes criminelles dont vos sujets font la dépense ; ne pouvant soulager la misère publique, du moins je veux la partager. S'il est vrai que vous m'aimiez, Abdérame, vous applaudirez à des sentimens si naturels, vous saurez regagner l'estime d'Axiane ; sinon, dégagée de mes sermens par l'honneur et par la vertu même, je romprai sans retour tous les liens qui m'attachent à vous. Mon apect et ce discours frappèrent vivement Abdérame ; il s'émut, s'attendrit, et entreprit de se justifier ; il n'y parvint pas entièrement, mais j'avais trop d'ignorance et de bonne foi, pour pouvoir sentir toute la fausseté de son artificieuse apologie ; il me persuada facilement qu'il était infiniment moins coupable que je ne l'avais cru ; il me fit des promesses touchantes, et nous nous séparâmes satisfaits l'un de l'autre. En effet, les fêtes furent supprimées ; on fit en ma présence de grandes largesses au peuple, et je cessai de voir des mendians dans les rues. Je ne recevais plus des requêtes des infortunés implorant ma compassion. Je crus que les impôts étaient abolis, que les soins d'Abdérame avaient enfin rétabli le bonheur dans Cordoue, et je restai plus d'un an dans cette erreur. Malgré tout l'amour d'Abdérame, je n'étais plus heureuse depuis l'entretien dont j'ai rendu compte ; sa justification n'avait pu me paraître complète. Je l'admirais moins, et le souvenir touchant et douloureux de Balahac s'offrait plus souvent à ma pensée. D'ailleurs, je remarquais avec chagrin qu'Abdérame, depuis qu'il était roi, paraissait moins pas-

sionné pour la gloire, et plus sensible
à la louange ; la vérité semblait quelquefois lui déplaire, et je le voyais combler de graces et de bienfaits, des gens
qui n'avaient d'autre mérite que celui
de savoir le flatter avec adresse. Enfin,
le faste de son palais, et les superbes
monumens qu'il faisait élever dans Cordoue, me donnaient toujours de l'inquiétude pour ses sujets. En arrivant à
Cordoue, j'avais établi Silo (c'est le
nom de ce fidèle serviteur de mon père)
dans une jolie maison de campagne aux
environs de la ville. J'allais l'y voir
quelquefois, mais jamais Abdérame ne
m'y laissait aller sans lui ; Abdérame
avait dans cette maison de vastes écu-
ries, et l'on y dressait des chevaux de
chasse pour lui. Un jour que nous y
étions ensemble, il eut envie d'essayer
un de ces chevaux en ma présence dans
un petit pré voisin de la maison ; mais
ce cheval l'emporta, et en franchissant
un fossé, s'abattit et renversa le roi,
qui fut tellement étourdi du coup, qu'il
resta évanoui sur la place. Mes cris firent
accourir tous les gens de la maison, et
Silo avec eux. Aussi-tôt que ce dernier
apperçut le roi étendu à terre sans connaissance, il s'approcha de moi, et me

glissant un papier dans la main, me dit bas ces paroles : *Lisez, quand vous serez seule au palais ; ma vie dépend de votre discrétion.* Je mis le billet dans mon sein, et Silo s'éloigna précipitamment. Le roi reprit l'usage de ses sens ; il n'avait qu'une blessure légère à la tête, il voulut retourner à Cordoue, et nous partîmes sur-le-champ. Quand je fus seule, j'ouvris le billet de Silo ; j'y trouvai ces mots : « La nuit du jour » où vous recevrez ce billet, je serai » à minuit dans la petite cour du palais ; » venez seule m'ouvrir la porte verte ; » j'ai des choses importantes à vous » révéler ». Remplie de trouble et d'inquiétude, j'ouvris la porte verte à l'heure indiquée, et fis entrer Silo, que je conduisis dans mon cabinet. Jugez de ce que j'éprouvai, quand ce vertueux vieillard, prenant la parole, me tint ce discours : « On vous trompe, Axiane ; » les gens qui vous servent sont vendus » au roi ; les placets qu'on vous adresse » sont supprimés ; le peuple de Cor- » doue gémit sous le poids des impôts ; » vous ne voyez plus de mendians, » parce qu'on les traîne dans les ca- » chots, et qu'un édit barbare défend » à la misère d'oser implorer les se-

» cours de la pitié. On m'a prescrit le
» silence sur ces calamités, en me me-
» naçant de la mort, si j'avais le courage
» de vous en instruire. Epié avec une
» infatigable vigilance, je n'ai pu vous
» éclairer plutôt; j'attendais une occa-
» sion favorable pour vous remettre
» ce billet écrit depuis six mois. Ou-
» vrez les yeux, Axiane, et songez
» que la fille du grand Bermude ne peut
» épouser un tyran ». A ces mots, je
me jetai au cou de ce vertueux vieillard : O mon unique ami ! m'écriai-je.
En disant ces paroles , je fondais en
larmes, je pensais à Balahac, et mon
cœur était déchiré. Je donnai mes pierreries à Silo, en le chargeant de les
vendre. Reviens dans quatre jours, à
la même heure, lui dis-je ; prépare
tout pour notre fuite, nous retourne-
rons dans nos deserts ; je veux aller
mourir de repentir et de regret sur la
tombe de mon père. Je formais sans effort cette résolution ; je méprisais Abdérame. Rien n'ayant pu corrompre encore les sentimens de justice et d'humanité que la nature et l'éducation
avaient gravés dans mon ame, je ne
pouvais concevoir un orgueil et des
vices qui, sans le funeste pouvoir de

l'habitude, paraîtraient à tous les hommes le comble de l'extravagance et de la cruauté. Au jour fixé, Silo revint; j'avais pris toutes les précautions nécessaires pour la sûreté de mon évasion, et nous partîmes sans obstacle. Durant toute la route, je ne songeai qu'à Balahac; le sentiment si tendre que je me retrouvais pour lui, me rendait d'autant plus à plaindre, que j'ignorais absolument son sort, n'ayant ni reçu de ses nouvelles, ni entendu parler de lui depuis notre séparation. Enfin, nous arrivâmes dans notre désert; mes pleurs coulèrent avec amertume, en reconnaissant les environs de ces paisibles lieux; mais quel fut notre étonnement, lorsqu'en approchant de la cabane, nous reconnûmes qu'elle était et plus grande et plus ornée! Je m'avançai précipitamment, et ma surprise redoubla en voyant sur la porte une inscription gravée en gros caractères. Saisie d'un trouble inexprimable, j'essuyai mes yeux remplis de larmes, et je lus ces mots: *Du moins, comme mon père l'a desiré, l'amour heureux habitera cette chaumière.* Tremblante et prête à m'évanouir, je craignis confusément d'éclaircir cet étrange mystère, et je me traînai vers la tombe de

Bermude. En entrant dans la tour, je restai un instant immobile, en voyant à la place du tombeau de gazon un superbe mausolée en marbre blanc ; deux lampes de porphyre attachées à des chaînes d'or, étaient suspendues aux côtés d'une pyramide ; on lisait ces mots tracés sur la pyramide : *La piété filiale et la reconnaissance ont érigé ce monument à la mémoire du plus sage des hommes.* O mon frère ! m'écriai-je, tandis que je m'égarais loin de toi, tu remplissais mes devoirs ! du moins cet hommage atteste ton existence, et je n'ai plus à pleurer que sur moi-même ! En parlant ainsi, je me prosternai sur la tombe, que j'arrosais de larmes. Tout-à-coup j'entends près de moi une voix étrangère ; je me relève, et je vois, en tressaillant, une jeune personne d'une figure charmante ; je l'interroge en tremblant ; elle m'apprend qu'elle habite la chaumière avec son époux. Je ne doutai point que cet époux ne fût Balahac ; un sentiment affreux et nouveau pour moi, vint flétrir mon ame déchirée, et ce premier mouvement de jalousie fut d'autant plus cruel, que je n'avais pas le droit de me plaindre du changement de Balahac. Cependant, je sortis de la tour pour aller rejoindre Silo, qui s'était arrêté devant la chaumière, et je le vis s'avancer vers moi avec un jeune homme qui m'était inconnu; une vive sensation de joie, plus prompte que la réflexion, me fit pressentir que ce nouvel hôte du désert était l'époux de la jolie paysanne, et je ne me trompais pas. Cet heureux couple m'apprit qu'un illustre guerrier, qui commandait dans Carcassonne, après les avoir unis, leur avait proposé de les établir, avec toute leur famille, dans ce désert qu'il venait d'embellir, en rendant l'habitation plus commode, et le jardin plus spacieux. J'interrompis ce récit pour demander le nom de leur généreux bienfaiteur; on me répondit qu'il s'appelait *Cléphis*; mais je ne pouvais méconnaître Balahac. J'imaginai facilement qu'il avait changé de nom; je pris sur-le-champ la résolution de me rendre à Carcassonne, et je partis dès le lendemain. Arrivée près de la ville, je m'arrêtai dans une ferme aux environs, et j'envoyai Silo à la ville, en le chargeant de voir le prétendu Cléphis, et de lui faire un détail exact de mes aventures et de mes sentimens. Quand Silo m'eut quittée, j'interrogeai mes hôtes sur Clé-

phis. Ils m'apprirent que ce guerrier
s'était distingué par de tels exploits et
des actions si généreuses, que les habitans du pays, après l'avoir pris pour
leur chef, venaient enfin de le procla-
mer roi ; et que le nouveau souverain,
depuis son couronnement, c'est-à-dire,
depuis un mois, avait pris le nom de
Balahac. Ces nouvelles ne me causèrent
pas une joie pure et sans mélange ;
une triste expérience m'avait donné
pour la royauté, une haine invincible
et profonde, et je craignis de ne plus
retrouver dans Balahac sur le trône,
les sentimens touchans et vertueux du
compagnon de mon enfance : cependant je songeais avec plaisir qu'il ne
régnait que depuis un mois, et qu'il
était impossible qu'il eût pu se corrompre en si peu de temps. Sur le
soir, je vis arriver Balahac, suivi d'un
cortége nombreux et brillant ; il m'a-
vait laissée dans un enivrement de la
pompe et de la grandeur, qui lui persuadait que pour me plaire, il devait
s'offrir à mes yeux dans cet éclatant
appareil. Je le retrouvai plus passionné
que jamais. Il me dit qu'il n'avait desiré se faire un nom célèbre, que pour
satisfaire mon ambition, et dans l'es-

poir que je ne balancerais point entre
Abdérame et lui , lorsqu'il aurait un
trône à m'offrir. Oui, mon frère , répondis-je , mon cœur s'énorgueillit de
vos exploits ; mais c'est la gloire que
j'aime , et non la dangereuse autorité
du pouvoir souverain. Bermude abdiqua
pour conserver sa vertu ; Abdérame a
perdu la sienne en montant sur le trône.
Ces exemples me suffisent ; jamais un
roi ne sera mon époux. Renoncez donc
au diadême ; la main d'Axiane n'est
qu'à ce prix. A ces mots , Balahac ,
étonné , me demanda de réfléchir à
cette résolution ; mais je l'assurai si
fortement qu'elle était inébranlable ,
qu'il me donna sa parole de faire le
sacrifice que j'exigeais. En effet , il
abdiqua solennellement le lendemain ,
et je reçus sa foi le jour même. Je lui
proposai de retourner dans notre désert ; mais l'essai de la puissance et du
trône avait déjà porté quelqu'atteinte à
la simplicité de ses mœurs. Balahac
voulut rester dans un pays plein de sa
gloire , et dont les habitans le recon-
naissaient toujours pour leur chef ; il
se montra digne de leur amour, par
son humanité , sa modération et son
invariable équité. Vous connaissez le
reste

reste de mon histoire. La guerre survint ; mon époux périt au siége de Carcassonne. Je sus venger sa mort, vaincre ses ennemis, et les forcer à signer une paix solide et glorieuse. Les peuples qui s'étaient soumis à Balahac, m'assurèrent tous les droits dont ils l'avaient rendu dépositaire. La reconnaissance voulait me donner un pouvoir sans bornes ; la prudence et la justice m'engagèrent à le limiter : et si j'avais eu d'autres sentimens, les vertus et l'exemple de l'illustre Béatrix me les feraient abjurer.

CHAPITRE XVIII.

Les éperons d'or.

L'enfance est si touchante ! ah ! quelle ame si dure
N'éprouve en sa faveur le plus tendre intérêt !
L'abbé DE LILLE.

Et de cet âge heureux que rien n'a corrompu ,
Les premiers mouvemens sont tous pour la vertu.
Menzicoff, de M. DE LA HARPE.

L'HISTOIRE de la comtesse exalta l'amour de Roger et l'amitié de Béatrix pour cette illustre héroïne. La duchesse, en regardant Isambard, faisait un éloge touchant des sentimens et du caractère de l'aimable Axiane, lorsqu'on vint, à la hâte, avertir les Chevaliers que les ennemis s'approchaient des remparts. Les princesses et les Chevaliers quittèrent Olivier, qui s'affligea vivement de ne pouvoir sortir de son lit. Tous les guerriers rassemblés se décidèrent à descendre dans la plaine ; et à peine y furent-ils, que le combat s'engagea, et dura long-temps avec un succès à-peu près égal de part et d'autre. Du côté des ennemis , le comte de

Bavière eut seul tout l'honneur de cette journée, dans laquelle il déploya tous les talens d'un grand capitaine, et toute la valeur du soldat le plus intrépide ; trois fois il rallia les troupes repoussées et les ramena à la charge ; le généreux Barmécide, toujours à ses côtés, lui sauva plus d'une fois la vie et la liberté, en parant les coups de ses adversaires, et en le dégageant de leurs mains. Gérold se trouvait au centre de l'armée, et il combattait contre Isambard, Thédéric et les autres Chevaliers français. Dans le parti de Béatrix, le brave Ogier était à la tête des troupes de l'aile droite. Le géant Bruhier commandait celle des ennemis ; il reconnut le Chevalier danois, qu'il avait eu la gloire de vaincre, et le défia de nouveau. Un instant auparavant, le féroce Rotbold, en voulant attaquer Axiane, qui se trouvait placée entre Ogier et Roger, lui porta un coup de lance. Roger, en le parant, en fut blessé. Alors Axiane, entendant Bruhier proposer un duel au Chevalier danois, défia aussi Rotbold. En vain Roger réclama le droit qu'il avait de le punir. Non, Seigneur, répondit Axiane, c'est la main d'une femme qui doit venger Ordalie et l'infortunée Azoline. Après avoir dit ces paroles, elle jeta à Rotbold le gage de bataille. On donna à l'armée le signal de ces deux combats particuliers. Aussi - tôt tous les autres guerriers suspendent leurs coups ; et tandis que les hérauts d'armes traçaient l'enceinte où devaient combattre Axiane et Ogier , contre Bruhier et Rotbold , Zemni , accourant tout-à-coup , s'approche du Chevalier danois , en défiant, à haute voix , l'écuyer de Rotbold , le perfide Tryphon , qui s'avança dans l'arène , avec son maître. Ce combat fut terrible , et dura plus d'une heure. Le lâche Tryphon prit la fuite ; mais dans ce moment , un soldat indigné lui lança une flèche qui lui perça le cœur. Bruhier fut tué sur le champ de bataille. Rotbold , atteint d'un coup mortel , tombe sur la poussière. Axiane aussi-tôt s'éloigna de lui , et rentra dans les rangs au bruit des acclamations des deux armées. On enleva Rotbold expirant ; il vécut encore quelques jours , pour éprouver toutes les angoisses d'une agonie douloureuse et d'une mort impie. L'aile droite des alliés , ayant perdu les deux chefs qui la commandaient , se mit en désordre. Dans le même temps , le roi de Pannonie et le duc de Bénévent , fondant avec impétuosité sur l'aile gauche des ennemis, la confusion devint générale dans l'armée des princes ; et la nuit, qui commençait à tomber, la redoublait encore. En vain Gérold et Barmécide voulurent, pour cette fois, rallier les troupes, qui se débandèrent et les entraînèrent dans leur fuite. Les défenseurs de Béatrix les poursuivirent vivement ; mais, tout-à-coup, le ciel se couvrit entièrement de nuages, et la nuit devint si obscure, que les vainqueurs, craignant de tomber dans quelqu'embuscade, donnèrent le signal de la retraite, qu'ils firent aussi-tôt. Cependant le jeune Mirva, emporté par son ardeur, avait imprudemment quitté Isambard, qui le rappelait en vain ; Mirva, dans la poursuite des fuyards et dans l'obscurité, s'était élancé hors des rangs, avec toute la vîtesse de son cheval, sans s'appercevoir qu'il s'éloignait de l'armée, et qu'il prenait un autre chemin. Enfin, au bout d'un quart d'heure, n'entendant plus de bruit autour de lui, il s'arrêta ; mais les ténèbres étaient si épaisses, qu'il ne put distinguer aucun objet. Son embarras fut extrême, car son inexpérience ne lui permettait pas d'y trouver un remède. Il resta long-temps immobile, en réfléchissant au parti qu'il devait prendre. D'abord, il distingua dans l'éloignement un grand bruit de chevaux ; mais il n'osait se diriger de ce côté , craignant de tomber dans les mains des ennemis. Peu-à-peu, ce bruit diminua ; et enfin Mirva n'entendit plus rien. Alors , il se hasarda d'errer à l'aventure, sans savoir où il allait. Au bout d'un quart d'heure , le ciel s'éclaircit un peu ; et Mirva connut qu'il était dans une prairie , séparée d'une partie de la forêt par un large fossé. En même temps , il apperçut dans l'éloignement une lumière ; il se dirigea vers cette faible clarté , qui semblait partir d'une chaumière. En poursuivant son chemin , il côtoyait toujours le fossé. Il n'était plus qu'à cinq cents pas de la chaumière , lorsqu'en jetant les yeux du côté de la forêt, il distingua confusément un cheval abattu, et un cavalier étendu dans le fossé. Mirva, sur-le-champ , descend de cheval , et s'avançant vers le bord du fossé, il vit que le cheval était mort, que le cavalier renversé était sans connaissance , mais qu'il respirait encore. Mirva dégage les jambes du cavalier qui se trouvaient passées sous le cheval ; ensuite il détache le casque de ce guerrier, il le débarrasse de sa lourde cuirasse , et n'ayant pas la force de le tirer du fossé, il s'y couche près de lui, et parvient de cette manière à soulever ses épaules et sa tête. Alors l'inconnu respire, ouvre les yeux, et reprend l'usage de ses sens ; il reconnaît, en revenant à lui, qu'un secours inattendu le rend à la vie. En cherchant son libérateur, qui le soutenait et occupait si peu de place derrière lui, il rencontre avec surprise une petite main, qui ne pouvait être celle d'un soldat. Au moment même une voix enfantine lui demande s'il est blessé ? Eh quoi ! s'écrie l'inconnu, c'est un enfant qui me sauve la vie ! Oh ! que je suis heureux, interrompit Mirva, de vous entendre parler ! Je pourrai donc me flatter d'avoir sauvé les jours d'un homme ! Olivier, j'en suis sûr, quand il saura cela, ne me grondera pas de mon étourderie, et ma princesse s'attendrira, m'embrassera, et m'en aimera mieux encore Mais pouvez-vous vous lever ? Je serai si content de vous voir sur vos jambes ! A ces mots, l'inconnu ému jusqu'au fond de l'ame, par les discours et la douce voix de son jeune libérateur, se retourna, prit Mirva dans ses bras, et le serrant pendant quelques minutes contre son sein, il sentit les pleurs de cet aimable enfant se mêler à ceux qu'il répandait lui-même. Enfin, le guerrier s'appuyant sur l'épaule de Mirva, se leva et sortit avec lui du fossé ; mais il était si faible, qu'il ne put procurer long-temps à Mirva la satisfaction de le voir debout. Il s'assit sur l'herbe, et questionnant Mirva, il apprit son âge, son nom, et qu'il était le page favori de la duchesse ; alors l'inconnu, sans se nommer, déclara à son tour qu'il était un des Chevaliers de l'armée des princes. Après cette explication, l'inconnu ayant recouvré ses forces, se leva, et prenant la main de Mirva : Ecoutez, cher Mirva, lui dit-il, sans votre secours, j'eusse infailliblement péri dans ce fossé ; je ne puis vous prouver ma reconnaissance qu'en me constituant votre prisonnier. Je reconnais parfaitement les lieux où nous sommes, je saurai vous guider ; venez, vous me présenterez à votre princesse, et j'ose croire qu'elle mettra quelque prix à cet hommage. Non, non, reprit Mirva, les vrais prisonniers sont ceux qu'on fait dans les batailles. Quand le combat cesse, il n'y a plus d'ennemis ; mais j'avoue que j'ai souvent envié les Chevaliers qui ont le bonheur d'apporter de glorieux trophées à Béatrix ; ainsi donc, si vous voulez me donner

une pièce de votre armure, j'aurais un
grand plaisir à l'offrir à ma princesse.
Je ferai plus, répondit le Chevalier, je
vous la porterai moi-même demain
matin, je vous en donne ma parole.
Hé bien, reprit Mirva, vous me ra-
menerez en même temps mon cheval,
que je vais vous prêter, afin que vous
puissiez cette nuit retourner dans votre
camp. L'inconnu profondément touché, refusa cette offre généreuse, mais
Mirva insista si fortement, en disant
qu'il prendrait des guides dans la chaumière pour le conduire au château,
que l'inconnu consentit enfin à ce qu'il
desirait; car il savait que Mirva serait
rendu au château en moins de trois
quarts-d'heure. Il le conduisit dans la
chaumière, lui choisit de guides qu'il
paya magnifiquement, en les assurant
que la princesse ajouterait encore à
cette récompense; ensuite il embrassa
tendrement l'aimable Mirva, prit son
cheval, et se sépara de lui, en renou-
velant la promesse de se rendre le lendemain de bonne heure, à la cour de
la duchesse. Le retour de Mirva causa
dans le château une joie universelle.
Tout le monde s'intéressait à lui, et
depuis la rentrée des troupes, les Che-

valiers du Cygne et la duchesse étaient dans la plus vive inquiétude sur le sort de ce charmant enfant. Mirva fut grondé et carressé ; mais il ne conta qu'une partie de son histoire, et ne parla point du Chevalier inconnu, afin de procurer à Béatrix une agréable surprise pour le lendemain. Mirva, malgré la fatigue de la journée, dormit peu, car le souvenir de l'inconnu, le desir de le voir au grand jour, et de recevoir son présent, le tint éveillé presque toute la nuit. Le lendemain matin, Barmécide ayant fait demander un sauf-conduit, arriva au château à dix heures ; il se rendit sur-le-champ dans la chambre d'Olivier, qu'il trouva couché sur un canapé, et tête-à-tête avec Isambard. Barmécide leur conta que dans la déroute de la veille, le cheval de Gérold ayant été tué, il s'était empressé de lui donner le sien ; qu'alors se trouvant à pied, il avait pris à la hâte le cheval d'un de ses écuyers, mais que malheureusement ce cheval était blessé, et que par cette raison, il n'avait pu suivre Gérold ; que cependant, à la faveur des ténèbres, il s'était dérobé à la poursuite des vainqueurs, en prenant une autre route ; que se trouvant seul dans une prairie, il avait voulu franchir un fossé, pour entrer dans la forêt ; que son cheval, harassé et blessé, s'était abattu en se cassant une jambe, et qu'il était retombé mort, en le renversant sous lui dans le fossé. Barmécide ajouta, qu'étouffé sous ce poids et sous celui de son armure, et violemment étourdi de la chute, il avait perdu connaissance ; et il termina ce récit, en contant de quelle manière il devait la vie au généreux secours du jeune Mirva. Olivier écouta ces détails avec autant d'attendrissement que de surprise ; il apprit à Barmécide que Mirva était ce même enfant qu'ils avaient trouvé dans les prisons du château de Rotbold ; Barmécide n'avait fait alors que l'entrevoir un moment, et n'ayant ni revu Mirva, ni entendu l'histoire d'Ordalie, il n'avait pu conserver le souvenir de cet enfant. Olivier chargea Isambard d'aller instruire la duchesse du motif qui amenait Barmécide ; un instant après, Béatrix et Axiane entrèrent dans la chambre, suivies d'Isambard, de Roger, d'Angilbert, de Lancelot et de Zemni. La duchesse demanda l'explication de ce qu'on venait de lui dire confusément, et après avoir écouté Barmécide avec la plus vive émotion, elle envoya sur-le-champ chercher Mirva, qui accourut aussi-tôt. Barmécide se précipitant vers lui, le prit dans ses bras, et frappé de sa beauté, le regarda quelques minutes avec un attendrissement inexprimable; enfin sentant ses pleurs s'échapper malgré lui, il posa Mirva aux pieds de la duchesse : Pardonnez, Madame, lui dit-il; pardonnez une faiblesse que je ne puis vaincre.... Hélas ! je fus père !.... s'il eût vécu, mon fils serait de cet âge; il n'aurait pas sans doute la raison et les vertus précoces de cet incomparable enfant ; mais il me semblé que l'enfant d'Abassa devrait avoir cette aimable figure ; dites-moi, si je m'abuse?..... Eh quoi ! ne trouvez-vous pas dans le visage de Mirva quelque ressemblance avec Abassa?..... Chacun répondit diversement à cette question; et Barmécide se rapprochant de Mirva, lui dit enfin, qu'il était cet inconnu qui lui devait la vie. A ces mots, Mirva transporté se jeta dans ses bras. Je vous ai ramené votre cheval, reprit Barmécide; et suivant ma promesse, je vous apporte une pièce de mon armure; la voici. En disant ces paroles, Barmécide lui donna des éperons d'or. Recevez, lui dit-il, ce signe honorable de la chevalerie (*), que sous peu d'années, j'en suis sûr, vous aurez le droit de porter, et recevez encore cette chaîne de pierreries, que mon épouse., qui vous chérit sans vous avoir vu, m'a chargé de vous offrir. Mirva, pénétré d'une joie vive et pure, embrassa mille fois le Chevalier, et courut ensuite présenter à la duchesse ces dons précieux, qu'il n'avait desirés que pour lui en faire hommage. Je crois, dit Béatrix, que nul Chevalier ne trouvera mauvais que j'accorde à Mirva l'honneur de porter ces éperons un jour entier....... Chacun applaudit à cette idée, et sur-le-champ Béatrix prenant l'heureux Mirva sur ses genoux, et lui attachant les éperons :. Cher enfant, lui dit-elle, souviens-toi que c'est à l'humanité que tu dois cette glorieuse distinction ; et lorsqu'un jour tu porteras ces éperons dans les combats, qu'ils te rappellent et cette action de ton enfance, et les vertus du généreux Barmécide. A ce nom qu'il n'avait pas encore entendu prononcer, Mirva tressaillit. Barmécide ! reprit-il ; eh quoi ! est-ce là le grand Barmécide ! Oui, répondit la duchesse, c'est lui-

____

(*) Les Chevaliers seuls pouvaient porter des éperons d'or.

même. Mais qui vous a parlé de lui ? — Personne dans ce château, mais le premier nom que j'aie entendu pro- noncer, est celui de Barmécide. — Et dans quel pays ? — Dans le mien, dont j'ai oublié le nom, car je n'avais, je crois, que cinq ans lorsque je l'ai quitté. Pendant ce court dialogue, Bar- mécide troublé, hors de lui, avait vingt fois changé de visage. Ah ! Madame, dit-il à la duchesse, daignez compatir à ma folie...... une véritable folie, je e sais..... mais au nom du ciel, souf- lfrez que j'interroge cet enfant. Mirva, lui dit-il, vous rappelez-vous si ce pays dont vous parlez est près de celui- ci?.... — Oh ! je sais qu'il en est bien loin, bien loin.... — Et pourquoi l'avez- vous quitté ? — Je l'ignore. Je me sou- viens seulement que j'avais un bien bon oncle, que j'ai vu en partant, et je n'ai pas oublié son nom, parce que j'en ai parlé bien long-temps après à mon père ; car j'y pensais toujours. — Et quel était le nom de cet oncle ? — Il s'appelait Nasuf. A ce nom, un cri général s'éleva dans la chambre, et Barmécide éperdu, fondant en larmes, demande aux prin- cesses la permission d'ôter l'habit de Mirva, afin de chercher le signe heu- reux qui doit dissiper tous les doutes.

On découvre l'épaule de Mirva, et l'on y trouve l'empreinte de la petite couronne d'olivier. A cette vue, Barmécide ne pouvant supporter l'excès de son bonheur, s'écrie : Ô mon fils ! et tombe évanoui dans les bras d'Isambard. Je n'entreprendrai point de tracer le tableau ravissant de Barmécide, entouré de ses amis, reprenant sa connaissance, et revoyant son fils en pleurs à ses pieds, baisant ses mains défaillantes, et pressant ses genoux contre sa poitrine !.... J'ai su peindre la terreur et le désespoir, une affreuse expérience m'a fait connaître toutes les sensations déchirantes de la douleur ! Mais depuis long-temps étrangère à la joie, comment pourrais-je en exprimer les mouvemens ?..... O toi, que l'absence, notre commun malheur, et tes dangers ont rendue, s'il est possible, plus chère encore à mon cœur, ô ma fille ! quand la justice aura révoqué l'arrêt cruel qui nous sépare, quand je te presserai dans mes bras, je n'envierai plus le sort de Barmécide, et je pourrai peindre alors, avec la vérité de la nature, et son bonheur, et les transports d'une mère qui retrouve l'enfant le plus chéri et le plus digne de l'être.

CHAPITRE XIX.

La vengeance.

Hommes ou démons, qui que vous soyez, oseriez-vous justifier les attentats contre mon indépendance par le droit du plus fort? ....

Etre superbe et dédaigneux, qui méconnais tes frères, ne verras-tu jamais que ce mépris rejaillit sur toi? Ah! si tu veux que ton orgueil soit noble, aie assez d'élévation pour le placer dans tes rapports nécessaires avec ces malheureux que tu avilis. Un père commun, une ame immortelle, une félicité future, voilà ta véritable gloire, voilà aussi la leur.

L'abbé RAYNAL.

Au milieu de la scène la plus touchante et la plus tumultueuse que la nature et l'amitié puissent produire, l'heureux Barmécide prononça plusieurs fois le nom d'Abassa et celui de Nasuf; il écrivit à Gérold pour l'instruire de son bonheur, et Zemni fut chargé de la double commission de porter ce billet, et d'aller chercher Abassa et Nasuf.

Cependant Mirva, malgré la joie de retrouver son père, exprima quelqu'in-

quiétude sur ses parens d'adoption. Je
leur appartiens aussi, dit-il ; Diaulas m'a
sauvé la vie. Sans lui, mon père, et
même sans Olivier, vous n'auriez jamais
revu votre fils ! Va, sois tranquille, reprit Barmécide en l'embrassant ; serais-je
père, si je ne partageais pas ta reconnaissance pour tes bienfaiteurs ? Oui, tu
seras toujours le fils de Diaulas et d'Ordalie, je te conduirai moi-même dans
leurs bras ; j'irai presser contre mon
cœur la main bienfaisante qui désarma
les monstres prêts à t'égorger. Enfin,
sois certain que je consulterai toujours
ton père adoptif et le généreux Olivier
sur tout ce qui te touche, et qu'à cet
égard, je n'agirai jamais que de concert
avec eux. Mirva répondit à ce discours
par les plus tendres caresses ; car cette
assurance achevait de le rendre parfaitement heureux. La duchesse lui fit dire
tout ce qu'il savait de son histoire ; il
conta que l'homme auquel Nasuf l'avait
confié, se disait son père ; qu'il le fit
voyager long-temps ; que cet homme
mourut presque subitement dans une
mauvaise auberge ; que les gens de la
maison chassèrent l'infortuné Mirva ;
qu'il erra dans les bois, ne trouvant
d'hospitalité que dans des chaumières ;

qu'enfin un homme qui allait en Saxe, se chargea de lui, le conduisit à Eresbourg; que là, il fut vendu aux prêtres du temple d'Irminsul, qu'il y resta plus d'un an, bien traité et bien nourri, sans se douter qu'il était au nombre des victimes, dont on ne prenait soin que pour les immoler dans les temps de calamités.

Malgré le plaisir inexprimable d'entendre Mirva, de le regarder et de le tenir sur ses genoux, Barmécide comptait chaque minute, et dans l'attente d'Abassa et de Nasuf, il respirait à peine; enfin ils arrivèrent. Abassa éprouva la joie la plus vive et la plus pure qui puisse pénétrer le cœur humain. Nasuf, en revoyant Mirva, reçut la récompense entière de son héroïque attachement et de ses vertus; et Barmécide, au milieu de ses amis, pressant successivement dans ses bras son heureuse épouse, son fils et Nasuf, connut enfin que l'éclat des grandeurs et la gloire même ne sont que de vaines chimères auprès des jouissances délicieuses de l'amitié, de la reconnaissance et de la nature. On apprit de Nasuf que la crainte mortelle que Barmécide ne donnât des soupçons au Calife en allant à la Mecque, l'avait déterminé à employer le cruel artifice, si nécessaire à la sûreté de l'enfant et de Barmécide, et auquel en effet Mirva devait la vie. Nasuf redoutant même son séjour en Asie, le renvoya en Europe, sous la conduite d'un homme sûr. Il en eut des nouvelles pendant deux ans; au bout de ce temps, il n'en entendit plus parler. Il crut que Mirva n'existait plus; et dans cette persuasion, il s'imposa sur cet enfant un silence éternel. Comme on était convenu d'une suspension d'armes, qui donnait quelque espérance de voir renouer les négociations de paix, Barmécide resta deux jours au château, et il les passa presque entièrement dans la chambre d'Olivier. Ce dernier, plus agité que jamais, avait besoin de la douce distraction que lui procuraient le bonheur et l'amitié de Barmécide. Accablé de regrets amers et de remords superflus, il ne pouvait goûter un instant de repos, depuis le jour où la duchesse avait découvert ses sentimens; et quoique le hasard eût trahi son secret, il pensait avec douleur, que sans sa faiblesse et son imprudence, Béatrix l'eût toujours ignoré. Cette princesse, certaine d'être aimée, avait repris sa gaieté douce et piquante, et tous les agrémens enchanteurs de son esprit. Olivier s'imposait en vain un rigoureux silence. Béatrix, assurée de son cœur, paraissait toujours satisfaite de lui ; elle trouvait sans cesse le moyen de le lui témoigner, et de le lui dire de mille manières différentes, et toujours avec autant de charme et de sensibilité que de délicatesse. Chaque instant semblait exalter la passion d'Olivier pour elle ; il l'aimait avec toute la violence dont son ame ardente pouvait être susceptible ; souvent il jouissait, malgré lui, de l'idée qu'elle connaissait son amour. La douce sécurité qu'elle montrait à cet égard, la rendait plus intéressante encore à ses yeux ; mais bientôt se rappelant ses malheurs, son crime, ses sermens, et sur-tout son ami, il était effrayé de sa situation, et jetait en frémissant les yeux sur l'avenir. Meurtrier d'une épouse innocente, il sentait profondément qu'un nouvel hyménée serait pour lui, sous ce seul rapport, un crime que rien ne pourrait excuser. Aussi ce projet coupable ne s'offrit jamais à sa pensée ; mais quel parti prendrait il ? Était-il possible d'espérer que Béatrix, instruite de ses sentimens, pût consentir à choisir Isambard pour époux ? Et même, dans cette supposition chimérique, oserait-il se flatter encore

d'avoir assez de générosité pour rester ,
à la cour de la duchesse , spectateur
tranquille du bonheur de son ami? Non ,
sans doute, il ne s'abusait plus à cet
égard ; il sentait qu'alors il serait contraint de s'imposer un éternel exil, de se
séparer pour toujours d'Isambard et de
Béatrix , et de perdre à la fois ainsi
les seuls objets de son affection. Il
desirait donc que Béatrix restât toujours
libre ; mais dans ce cas , Isambard serait
malheureux , et il faudrait encore quitter la duchesse ; il faudrait s'arracher
d'auprès d'elle malgré sa douleur, son
amour et ses regrets , et la laisser avec
la pensée déchirante qu'elle ne recou-
vrerait peut-être jamais le bonheur ,
ou même la tranquillité. C'est ainsi
qu'Olivier , dans toutes les supposi-
tions , n'envisageait dans l'avenir qu'un
sort affreux pour lui, pour son ami , et
pour la duchesse. Il ne se dissimulait pas
que Béatrix , certaine d'être aimée ,
triompherait plus difficilement d'une
passion malheureuse. Il voyait que son
cœur s'était r'ouvert à l'espérance ; et
quoiqu'il fût inébranlable dans ses des-
seins , il ne concevait pas comment il
aurait le courage de lui ôter entièrement des illusions si nécessaires à son

bonheur. Il s’était flatté pendant long-temps que du moins Isambard pourrait avoir encore une destinée heureuse et brillante, en partageant avec le temps les sentimens de l’aimable Axiane; mais cet espoir s’était évanoui, car il voyait que cette princesse avait enfin ouvert les yeux sur la passion d’Isambard pour Béatrix, et que d’après cette connaissance, elle mettait tous ses soins à réprimer un penchant que la raison n’approuvait plus.

Cependant Barmécide obligé de retourner au camp des princes, se rendit, une heure avant son départ, dans la chambre d’Olivier. Je vous apporte, lui dit-il, un écrit qui vous intéressera. Le soir même où la providence nous a rendu mon fils, Nasuf me dit qu’il fallait absolument que le Calife Aaron fût informé de ce bonheur inoui. En effet, Nasuf a écrit au Calife, et m’a montré sa lettre, que j’ai passé une partie de la nuit à traduire, afin de vous en procurer la lecture. A ces mots, Olivier prit des mains de Barmécide la lettre, qui était conçue en ces termes :

NASUF AU CALIFE AARON AL RASCHID.

Reconnais ces caractères, qui n’offri-

rent jamais à tes yeux que la vile assurance d'un respect idolâtre et d'une
aveugle soumission. Un esclave s'exprimait alors ; tu vas entendre enfin le langage d'un homme libre. Ce n'est point
en fuyant, ce n'est point en abandonnant
ma patrie , que j'ai repris les droits que la
nature m'avait donnés ; la vertu seule
peut effacer la flétrissure de l'esclavage.
Oui , dans ton palais , dans l'abjection
apparente de ton horrible faveur , je sus
m'affranchir, je te méprisais , et j'avais
sauvé Barmécide ! Oui , tyran, Barmécide
respire ! réuni pour jamais à son épouse ,
à son fils, son bonheur est mon ouvrage !
Va, je n'envie point tes exploits sanglans,
tes funestes conquêtes , et ce trône que
tu déshonores ; même avant de te haïr,
mon ame élevée au-dessus de la tienne ,
sut te préférer Barmécide. Chargé de fers
je fléchissais devant toi, mais mon cœur
indépendant s'élançait vers lui ; le tyran
n'obtenait qu'un vain hommage, le culte
véritable était pour le héros. Oserais-tu
m'accuser d'ingratitude ? Ah ! cruel ? je
n'étais à tes yeux qu'un vil instrument
fait pour servir tes fureurs ! Dans la dé-
mence de ton orgueil inconcevable, tu
croyais acquérir, par tes largesses et tes
dons, le droit affreux d'asservir son ame,
d'en étouffer tous les sentimens de justi-

ce, de compassion et d'humanité; enfin, de la corrompre et de la dénaturer, au gré de tes caprices et de tes passions.... Ce fut ainsi que tu m'ordonnas d'aller égorger Barmécide !... ce fut ainsi que pour sauver l'innocence, je n'hésitai point à me déclarer ton complice. Je reçus de toi le poignard qui devait immoler le bienfaiteur de l'Orient; tu me vis partir avec la stupide confiance de la férocité.... Je reparus à tes yeux, pâle, ensanglanté, tu crus voir sur mes vêtemens le sang de Barmécide; tu le contemplais avec avidité. Barbare ! c'était le mien ; mais ce sang généreux n'était plus celui d'un esclave, j'avais eu le courage de le verser moi-même pour tromper ta fureur. Cette large blessure qui se r'ouvrit en ta présence, (jamais dans les combats tu n'en reçus d'aussi glorieuse !) je la fis en plongeant dans mes flancs le poignard dont tu m'avois armé pour le crime. Je sais qu'il reste encore quelques traces de grandeur dans ton cœur corrompu, et ma haine s'en applaudit ; ton supplice le plus insupportable sera d'être forcé d'admirer en secret la vertu d'un esclave, de sentir, malgré ton orgueil, que l'ame de Nasuf est supérieure à la tienne. C'est peu d'avoir affronté tant

de

de périls, de m'être exposé tant de fois
à ton implacable vengeance ; j'ai bravé
l'ignominie ! j'ai supporté pendant deux
ans l'exécration publique ! et (ce que
tu ne pourras concevoir) je l'ai soufferte
avec sérénité ! Reconnais enfin qu'il est
un mobile de nos actions plus puissant
et plus noble que l'amour de la gloire ;
apprends qu'il est des sacrifices sublimes que la vertu seule peut produire,
et dont elle est à-la-fois le motif et la
récompense. Toi, qui n'as jamais agi
que pour obtenir l'applaudissement des
hommes, quel est ton recours aujour-
d'hui ? Malgré les flatteurs qui t'envi-
ronnent, tu ne peux t'abuser sur l'horreur de ton forfait ; j'ai vu tes remords
affreux ; je t'ai vu pleurer ta renommée ;
mais tu croyais conserver encore quelques droits à l'admiration publique, et
cet espoir n'est qu'une vaine illusion.
C'est sur-tout dans la justice et dans la
bonté que réside la gloire personnelle
des souverains ; tout ce qui d'ailleurs
illustre leur règne, est moins leur ouvrage que celui de leurs ministres, de
leurs généraux et de leurs soldats. Barmécide fut, pendant dix ans, le dieu
tutélaire de ton empire. Le peuple, juge
impartial de ceux qui le gouvernent,

connaissait tes faiblesses et tes vices cependant il respectait dans le Calife le bienfaiteur d'un héros ; il chérissait en lui l'ami de Barmécide ! mais il n'attribuait qu'au grand visir ces établissemens admirables, ces actions éclatantes de bienfaisance et de générosité qui se faisaient sous ton nom ; et la postérité confirmera ce jugement équitable de l'amour et de la reconnaissance. Maintenant que Barmécide a disparu, qu'est devenu ce florissant empire ? Le peuple opprimé sent de nouveau s'appesantir sur lui les fers du despotisme, qu'une main habile savait alléger sans les rompre. Déchu de ta grandeur artificielle, sans génie, ainsi que sans vertu, objet de mépris et de haine, tu ne sais plus régner que par la crainte ! et dans ce honteux abaissement, tu crois encore être fait pour dominer les hommes ? Les vils préjugés d'un stupide orgueil te persuadent encore que l'Être suprême n'a créé les peuples de l'Asie avec une ame immortelle, avec des penchans et des passions, et la faculté de choisir entre le vice et la vertu, que pour les assujettir à ton joug ; que pour les rendre plus soumis à ta volonté, que les animaux sauvages, libres habitans des vastes forêts de ton empire : car la crainte ne saurait les intimider. Le sentiment ne peut les séduire ; ils conservent dans toute son énergie, le noble instinct de l'indépendance, et tu ne peux les ployer à l'esclavage ; et quand la nature ne te laisse sur eux qu'une autorité précaire et partielle, qu'une autorité faible et momentanée, fondée sur l'adresse et la ruse, et non sur la force, tu peux penser qu'elle t'a donné le droit d'asservir tes semblables ! Ah ! pour sentir toute l'absurdité de cet horrible blasphême, rappelle-toi les faiblesses et les crimes qui souillèrent ta vie, et rappelle-toi la conduite de l'esclave Nasuf ; compare nos sentimens, nos caractères, et sur-tout nos actions ; et juge alors si le ciel nous avait formés l'un et l'autre, toi pour me commander, et moi pour t'obéir.

CHAPITRE XX.

Le vœu.

J'aime assez mon amant pour renoncer à lui.
Bajazet, de RACINE.

. . . . E le preghiere
Mosse dalla speranza in Dio sicura
S'alzar volando alle celesti sfere ,
Come va foco al ciel per sua natura.
LE TASSE.

LES négociations de paix furent rompues quelques jours après le départ de Barmécide ; les hostilités recommencèrent et durèrent environ trois semaines, sans aucun avantage décisif de part ni d'autre. Cependant Olivier , parfaitement guéri de sa blessure , eut une conférence particulière avec les autres Chevaliers français , sur les opérations de la guerre , et leur communiqua un plan d'attaque qu'il avait imaginé. Ce plan était aussi hardi que bien combiné, et ses compatriotes l'approuvèrent aisément , car les Français ont eu , dans tous les siècles , la brillante témérité d'un courage héroïque, et l'heureux pressentiment de la victoire. Les autres généraux combattirent d'abord le projet d'Olivier ; mais enfin, après beaucoup de débats, ce plan fut adopté. Quand la duchesse apprit cette décision, elle se livra à toute l'inquiétude que devait lui causer une entreprise également téméraire et périlleuse ; elle songeait, avec autant d'effroi que de douleur, qu'Olivier, en ayant conçu l'idée, était, en quelque sorte, responsable de l'évènement, et qu'il braverait tout, et s'exposerait, avec plus d'audace que jamais, aux plus affreux dangers, pour en assurer le succès. On devait s'armer le lendemain matin, un peu avant le jour, pour aller attaquer les princes dans leur camp ; ce qui fut exécuté. Après un combat opiniâtre, l'armée de Béatrix força les premiers retranche-mens ennemis ; mais ensuite, arrêtée par la valeur et l'habileté du comte de Bavière, elle fut obligée de livrer une seconde bataille. La victoire resta long-temps indécise. Gérold, remarquant que les troupes commandées par le duc de Frioul, commençaient à se mettre en désordre, envoya Barmécide de ce côté. Dans ce moment, Olivier s'avança vers le comte de Bavière, et fondit sur lui avec impétuosité. Le comte ébranlé se trouva serré de si près, qu'il ne put ni contenir son coursier, qui se cabrait, ni se servir de sa lance. Olivier saisit la bride du cheval. Aussi-tôt le comte donna une violente secousse au cheval, qui fit un écart prodigieux ; et en même temps, Gérold voulut porter un coup d'épée à son adversaire : mais il en reçut un qui le blessa grièvement. Olivier, pour la seconde fois, se précipita sur lui, en écartant et renversant tout ce qui se trouvait sur son passage. Gérold, hors d'état de se défendre, fut désarmé et fait prisonnier par le Chevalier du Cygne. A l'instant même, une partie des troupes de Gérold mit bas les armes, et se rendit au vainqueur : le reste prit la fuite. La déroute devint horrible et complète dans l'armée ennemie. Le duc de Frioul fut tué par Isambard ; on força le camp ; on fit un nombre prodigieux de prisonniers : enfin, cette bataille fut décisive. Olivier sentit vivement la gloire et le bonheur de cette grande journée ; on lui devait, et l'idée du plan d'attaque, et la défaite du comte de Bavière. L'armée entière, sur le champ de bataille, lui décerna

unanimement l'honneur du triomphe.
Isambard se hâta de porter à la princesse
ces heureuses nouvelles : devançant
tous les autres , il parut tout-à-coup à
ses yeux. Béatrix , en le voyant , voulut se lever ; mais, prête à s'évanouir ,
elle retomba sur sa chaise , en prononçant, d'une voix éteinte , le nom
d'Olivier. Madame , dit Isambard, vous
allez revoir Olivier ; il n'est point
blessé ; son génie et sa valeur ont terminé la guerre. Il vous amène le comte
de Bavière , qu'il a fait prisonnier : vous
n'avez plus d'ennemis ; c'est Olivier
qui vous en délivre. L'armée l'a proclamé le héros de cette journée mémorable ; vous allez le voir paraître
couronné par ses rivaux mêmes : mais
croyez qu'il n'est pour lui qu'un véritable triomphe , et que sa grande ame
ne peut le trouver qu'ici. Ô généreux
et cher Isambard ! s'écria Béatrix , en
fondant en larmes. En disant ces paroles , elle lui tendit les bras. Le sensible
Isambard mit un genou en terre devant
elle ; et Béatrix , se penchant vers lui ,
appuya sa joue sur la sienne. Cette faveur, qu'elle n'avait jamais accordée ,
n'était qu'un nouvel aveu de sa tendresse pour Olivier. Isambard ne le

savait que trop ; mais le visage adoré
de Béatrix touchait le sien ; il sentait
ses larmes couler sur ses joues ; il osait
presser ses mains contre son cœur ! Il
éprouvait une sensation délicieuse ; cependant , rempli d'amertume , il gémissait de son bonheur même : enfin ,
heureux et jaloux , il enviait et bénissait
son rival. Bientôt le bruit des instrumens guerriers annonça le retour des
vainqueurs , et Béatrix fut les recevoir.
Le modeste Olivier , confondu dans la
foule des guerriers , marchait en silence
derrière Axiane , Thédéric et la troupe
française , en donnant le bras au comte
de Bavière , que Barmécide soutenait de
l'autre côté ; car ce dernier , au moment
de la retraite des vainqueurs , était venu
se rendre prisonnier, afin de partager le
sort de son ami. La duchesse , malgré
l'excès de sa joie et de son bonheur , ne
put retenir ses larmes , en appercevant
Gérold dans le triste état où la fortune
l'avait réduit ; elle sentit combien il était
affreux pour ce prince aimable et brillant , de ne reparaître devant elle que
dans cette situation humiliante et douloureuse. Béatrix , pénétrée de cette idée,
s'avança vers le comte , pour lui dire
tout ce que la générosité peut inspirer

de délicat et de touchant. Gérold l'écouta
d'un air attendri, et dissimulant sa vive
émotion, il répondit avec noblesse et
simplicité. La duchesse le conduisit
dans un des pavillons du château ; elle
y fit venir ses médecins, qui visitèrent
les blessures du comte, et qui jugèrent
qu'elles étaient extrêmement dangereuses. Béatrix défendit dans son palais,
toute espèce de réjouissances et de
fêtes bruyantes ; mais elle passa le reste
du jour avec les Chevaliers rassemblés. Olivier se tenait à l'écart ; cependant Béatrix rencontrait souvent ses
regards ; et ne pouvant lui parler, elle
parut toute la soirée uniquement occupée d'Isambard ; car elle lui savait tant
de gré de lui avoir annoncé des évènemens qui la rendaient si heureuse,
et sa présence lui retraçait un souvenir
si doux, qu'elle éprouvait un sentiment
agréable toutes les fois que ses yeux
tombaient sur lui, et même lorsqu'elle
entendait le son de sa voix.

Le lendemain les chirurgiens levè-
rent le premier appareil qu'ils avaient
mis sur les plaies de Gérold, et après
avoir sondé ses blessures, ils déclarèrent à Barmécide qu'elles étaient mortelles. Barmécide inconsolable ne voulut

plus quitter son malheureux ami, et passa les jours et les nuits entières au chevet de son lit. Dans la soirée du troisième jour, le comte tomba par degrés dans une espèce de léthargie. Barmécide qui venait d'envoyer successivement tous ses gens chercher les médecins, se trouva seul avec lui. Le voyant sans mouvement, et ne l'entendant plus respirer, il le crut mort, et pénétré de douleur, il sortit de la chambre avec égarement, pour hâter et demander des secours, qu'il croyait lui-même inutiles. A quelques pas de la porte du comte, il rencontra Délie, qu'on n'avait point vue depuis quatre jours, parce qu'elle avait passé tout ce temps renfermée dans son appartement. Barmécide trop occupé de sa douleur, pour pouvoir être frappé de la singularité de cette rencontre, passait à côté de Délie sans lui parler ; mais cette jeune personne entendant ses gémissemens, l'arrêta, en disant : Eh ! quoi donc ! est-il plus mal ? Ah ! Madame, s'écria Barmécide, l'infortuné comte de Bavière n'existe plus ! En achevant ces mots, il s'éloigne brusquement, et Délie se précipite dans la chambre de Gérold. Elle s'élance vers le lit, et reste un moment immobile, en considérant le triste objet qui s'offre à ses regards. Gérold avait le visage tourné de son côté, ses yeux paraissaient être fermés pour jamais ; la pâleur de la mort couvrait son front, un de ses bras était étendu sur le lit !.... Délie, toujours debout, le regardait fixement sans verser une larme. Un morne désespoir fermait son cœur à l'attendrissement ! infortuné ! dit-elle, enfin te voilà donc délivré pour toujours du supplice affreux d'aimer sans espérance ! je dois t'envier, et non te plaindre !.... Mais je suis sûre du moins de ne pas te suivre !.... En disant ce paroles d'un ton sinistre et d'un air égaré, elle se penche vers le lit, et prend la main de Gérold ; elle s'étonne d'y trouver encore un reste de chaleur. Un faible rayon d'espoir la fit tressaillir et frissonner ; moins détachée de la vie, elle sent mieux sa douleur, ses larmes commencent à couler......... Elle met, en frémissant, sa main sur le pouls de Gérold, elle croit distinguer un léger battement ! Elle tombe à genoux en fondant en pleurs. O mon Dieu ! s'écria-t elle, daigne le rendre à la vie, et je jure de te consacrer la mienne.

Qu'il vive, et moi, renfermée dans un cloître, je ne vivrai plus que pour toi!... Dans ce moment terrible, c'est l'amour encore qui t'ose implorer, mais c'est l'amour qui se sacrifie!..... A peine eut-elle prononcé ces paroles, qu'elle entendit distinctement Gérold soupire. Grand Dieu! poursuivit-elle avec transport, je renouvelle ce serment sacré!... A ces mots, elle se relève et regarde Gérold. Il avait toujours les yeux fermés; Délie s'inclinant vers lui: Reçois, dit-elle, cet éternel adieu!..... et ce dernier baiser!..... En parlant ainsi, elle appuya sa bouche sur la sienne; dans ce moment, Gérold ouvrit tout-à-coup les yeux, Délie fit un cri perçant, et disparut comme un éclair. Le comte qui n'avait pas repris toute sa connaissance, n'eut qu'une sensation peu distincte de cet embrassement si tendre, et ne fit qu'entrevoir confusément une femme échevelée qui fuyait; mais ce souvenir et cette image restèrent gravés dans sa mémoire.

Cependant Barmécide revint avec les médecins, et sa joie égala sa surprise, en retrouvant le comte ranimé, qui, le corps à demi soulevé, s'appuyait sur une main, et de l'autre écartait son rideau, pour regarder fixement du côté, de la porte ; car il cherchait encore l'objet qui venait de disparaître. Mais comme il n'avait pas une seule idée distincte, il ne peut rendre compte de ce qui l'inquiétait. Les médecins, après avoir examiné Gérold, le trouvèrent infiniment moins mal ; et le lendemain matin, ils annoncèrent que ce prince était hors de danger. Sa jeunesse, et la force de sa constitution, rendirent extrêmement rapides les progrès de sa convalescence. Il fut en état de se lever au bout de cinq ou six jours. Un soir, se trouvant tête-à-tête avec Barmécide : Il faut, lui dit-il, que je vous conte une rêverie de ma maladie, qui me revient sans cesse à l'esprit, et dont le souvenir, loin de s'affaiblir, devient plus vif en moi chaque jour, à mesure que mes idées se débrouillent. En revenant de cette léthargie profonde, qui vous a causé tant d'effroi, il m'a paru que j'étais dans les bras d'une figure angélique, dont le souffle pur et divin, semblable à celui du Créateur, me rappelait à la vie, et me redonnait une ame. Je n'ai fait qu'entrevoir cet être céleste ; quand j'ai voulu le regarder, il s'évanouissait dans les airs ; je n'ai vu que ses vêtemens blancs, ses longs cheveux ondés et déployés. Il avait l'habit et la taille élégante et svelte d'une femme ; c'est sans doute sous cette forme que les anges apparaissent !.... Je sais bien que tout cela n'est qu'une vision, une espèce de délire causé par la fièvre ; mais vous n'imaginez pas combien ce rêve m'a frappé ! Ah ! Seineur, répondit Barmécide, attendri, ce que vous appelez une illusion, n'en est point une ; c'est l'infortunée Délie, que vous avez vue. Délie ! s'écria Gérold, quoi ! cette Délie.... il s'arrêta. Oui, Seigneur, reprit Barmécide, cette jeune et belle Délie qui, comme je l'avais soupçonné, nourrissant en secret pour vous une passion romanesque, en est aujourd'hui la victime. Elle vint ici, vous vit sur le bord de la tombe, implora pour vous le ciel, avec la double ferveur de l'innocence et de l'amour, et promit à Dieu, s'il vous rendait la santé, de s'enfermer pour jamais dans un cloître. En sortant de votre chambre elle courut chez Béatrix, et resta seule avec elle plus de trois heures. Le lendemain, la duchesse vivement affligée, la conduisit dans une maison qu'elle lui a donnée. Cette

maison sera très-incessamment trans-
formée en monastère. On y travaille
à cet effet nuit et jour , les grilles
sont déjà posées. On fait venir des religieuses d'un couvent qui se trouve
à quelques lieues d'ici, afin d'en former une communauté pour ce nouveau cloître, fondé par la duchesse pour
sa jeune amie ; car ne pouvant changer
sa résolution , Béatrix veut du moins
que Délie soit dans son voisinage. Les
prêtres sont mandés, tout se prépare
à la hâte pour cette triste cérémonie ;
enfin , Délie fera sans délai ce cruel
sacrifice , et prendra le voile dans huit
jours. Cet évènement a répandu la tristesse dans le château ; Lancelot , sur-
tout, passionnément amoureux de Délie , est inconsolable. Chacun pense et
dit , je vous l'avoue , Seigneur, que
vous devez tout faire pour arracher
Délie à son cloître , puisqu'elle ne peut
prononcer les vœux irrévocables que
dans un an ; et en effet, n'ayant plus
l'espoir de devenir l'époux de Béatrix,
si vous connaissiez Délie, vous sen-
tiriez qu'après la duchesse de Clèves ,
il n'est point d'objet plus digne de tou-
cher et de fixer un cœur tel que le
vôtre. Pendant ce récit, Gérold éprou-

vait un si prodigieux étonnement, que Barmécide aurait pu parler beaucoup plus long-temps, sans qu'il eût été tenté de l'interrompre. On doit se rappeler l'aventure du comte avec Armollède, et comment cette dernière, profitant de son erreur, s'était fait passer pour Délie ; d'après cette imposture, le comte persuadé que Délie était la plus misérable de toutes les femmes, ne pouvait concevoir ce grand sentiment qu'on lui attribuait, et le sacrifice réel qui en résultait. Cependant, forcé de croire à des faits positifs, il pensait que cette jeune personne, malgré la dépravation de ses mœurs, avait une violente passion pour lui ; mais comment accorder ce mélange d'amour et de piété que lui dépeignait Barmécide, avec ce dérèglement de condute, dont il avait des preuves si positives? Il se perdait dans ses réflexions ; cependant touché malgré lui du sacrifice éclatant dont il était l'objet, il crut devoir respecter la réputation d'une personne que le repentir peut-être autant que l'amour, conduisait dans un cloître, et il ne se permit pas un seul mot qui pût faire soupçonner à Barmécide l'opinion qu'il avait de Délie.

Une seule personne dans le palais , (Ogier le danois) pouvait éclairer le comte de Bavière sur l'intéressante Délie ; mais depuis quelques jours retenu dans son lit , pour avoir négligé une blessure légère qu'il avait reçue dans la dernière bataille , il était sérieusement malade , et hors d'état de s'entretenir avec ses amis , et de prendre part à ce qui se passait. Ainsi , tout concourait à prolonger l'erreur de Gérold.

Le jour où Délie devait prendre le voile étant arrivé , Barmécide trouva le moyen d'exécuter un projet qu'il avait conçu. Prenant le plus vif intérêt au sort de Délie , il s'affligeait en secret du peu de sensibilité que le comte montrait pour elle ; il attribuait cette espèce de dureté à sa passion pour la duchesse. Mais en même temps il était persuadé que l'extrême jeunesse de Délie , et sa beauté charmante , feraient la plus vive impression sur lui , s'il pouvait la voir sur-tout inopinément , et d'une manière frappante. Depuis deux jours les médecins avaient permis au comte de se promener , et Barmécide le conduisait. Il ne lui fut pas difficile de le mener près du monastère de Délie , sans qu'il s'en doutât ; car Gérold avait l'idée d'une maison de campagne située beaucoup plus loin, puisqu'il ne connaissait que celle d'Armoflède. En entrant dans le bois, le comte apperçut beaucoup de chevaux attachés à des arbres, et des écuyers qui les gardaient. Où peuvent être, dit-il à Barmécide, les Chevaliers dont je vois les chevaux ? Dans cette maison, répondit Barmécide, en lui montrant le nouveau monastère ; entrons-y, poursuivit-il, nous verrons ce qui peut attirer tant de personnes dans ce lieu. A ces mots, il s'avance vers la maison, Gérold le suit ; Barmécide qui avait tout préparé d'avance, et de concert avec la duchesse, entre avec le comte. Ils traversent un corridor qui conduisait à la chapelle ; après avoir fait quelques pas, Barmécide ouvre une petite porte, Gérold y passe avec lui, et se trouve dans une tribune grillée. Le comte surpris s'apperçoit avec émotion qu'il est dans une église remplie des Chevaliers et des dames de la cour de Béatrix. Il ne pouvait être vu, mais il distinguait parfaitement tous les objets qui l'environnaient, et celui qui le frappa le plus, fut une grande grille posée vis-à-vis de lui, et qui occupait toute la largeur de l'église ; un voile

noir était tiré derrière cette grille. Ah !
Barmécide, s'écria le comte, où m'avez-
vous conduit ? .... Pardonnez, Seigneur, reprit Barmécide. J'ai voulu que
vous vissiez l'innocente victime qui s'est
dévouée pour vous. Gérold allait répondre, lorsqu'un signal donné dans le
chœur des religieuses, avertit que la
cérémonie allait commencer.

Cependant on n'ouvrit point encore
le rideau noir ; un instant après, une
voix ravissante qui partait du couvent,
se fit entendre ; elle chantait un hymne...
Les sons touchans de cette voix, firent
tressaillir Gérold ; et Barmécide remarquant son émotion : Je sais, dit-il, que
suivant l'usage, c'est la novice qui doit
chanter dans ce moment, mais je suis
surpris comme vous, de la beauté merveilleuse de cette voix éclatante ; car
Délie ne s'est jamais vantée de posséder ce talent enchanteur, et personne
encore ne l'avait entendue chanter. Juste
ciel ! interrompit Gérold, quel souvenir
cette voix me rappelle ! Êtes-vous bien
sûr que ce soit celle de Délie ? Comme
il disait ces paroles, le rideau s'ouvrit,
et l'on vit la jeune et charmante Délie
magnifiquement parée, s'avancer lentement vers la grille où Béatrix en pleurs

l'attendait, pour lui donner le voile sacré. Sa jeunesse, sa beauté, l'expression touchante de sa physionomie, la noblesse et la modestie de son maintien, donnaient tant de prix au sacrifice qu'elle allait faire, que personne, en la voyant, ne put retenir ses larmes; on entendait retentir dans l'église un gémissement universel.... Ce témoignage de l'intérêt public acheva de troubler Gérold; il ne pouvait voir qu'une partie de la robe et de la taille de Délie. Le prêtre qui la conduisait, placé entr'elle et la tribune, lui cachait entièrement son visage; mais lorsqu'elle fut près de la grille, le prêtre reculant quelques pas, Délie s'approcha seule, et le comte, la voyant en face, se leva avec transport en s'écriant: Grand Dieu! c'est elle! c'est Maria!.... A ces mots, perdant l'usage de ses sens, il retomba sans connaissance sur son siége. C'était en effet la malheureuse et sensible Maria, qui s'était réfugiée chez sa rivale, dans l'espoir de l'intéresser et de lui plaire, et de pouvoir servir Gérold auprès d'elle. Dans le premier entretien particulier qu'elle eut avec la duchesse, elle embrassa ses genoux, en lui disant : *Je suis coupable et malheureuse!* Béatrix ne demanda rien de plus, la reçut dans ses bras, ne lui fit jamais de questions, et après avoir étudié son caractère, prit pour elle la plus tendre amitié. Maria ne se permit qu'un déguisement et qu'un seul mensonge : Elle prit un nom supposé, et dit qu'elle était née dans les états du comte de Bavière ; ce qui, motivait l'attachement qu'elle voulait avouer pour lui. Chaque jour, elle contait à la duchesse quelque trait intéressant de ce prince ; elle avait un recueil inépuisable de ses actions généreuses et bienfaisantes ; elle mettait tant de charme et de sentiment dans ses récits, que sans l'arrivée d'Olivier, ils eussent peut-être fait avec le temps quelque impression sur le cœur de Béatrix. C'est ainsi que Maria se conduisit jusqu'au moment où le comte fut fait prisonnier ; alors l'infortunée Maria, craignant pour les jours de Gérold, renonça à toute dissimulation. En sortant de la chambre de ce prince, elle fut se jeter aux pieds de la duchesse, lui dit son véritable nom, lui fit un aveu sincère de son égarement et de ses malheurs, et lui déclara le vœu qu'elle venait de faire, de se renfermer pour jamais dans un cloître. La duchesse combattit vaine-

ment cette résolution, Maria fut inébranlable; l'exaltation de son amour et
de sa piété lui persuadait que la vie
de Gérold était attachée à l'accomplis-
sement de ce cruel sacrifice. Ainsi Béatrix fut obligée de céder à ses vives
instances, en se flattant en secret, que
Gérold, touché d'un tel dévouement,
saurait trouver les moyens de vaincre
ses scrupules, et de l'arracher de son
monastère avant qu'elle eût prononcé
les vœux irrévocables.

Cependant Gérold, reconduit au palais,
et se retrouvant seul avec Barmécide, lui
expliqua la cause de l'étrange scène dont
il venait d'être témoin, et lui conta
sans détour l'histoire de la malheureuse Maria. Barmécide n'eut pas besoin
d'exciter dans l'ame de ce prince le repentir et la reconnaissance ; Gérold, en
retrouvant la sensible et généreuse Maria, plus belle et plus intéressante que
jamais, reportait vers elle sans effort,
tous les vœux que Béatrix avait reje-
tés. Son cœur, profondément touché de
tant d'amour, n'était plus occupé que
de Maria; enfin, l'honneur et l'inclination lui faisaient également desirer de
pouvoir la fléchir. Il lui écrivit sur-le-
champ la lettre la plus passionnée, et

Barmécide la porta lui-même. Cette lettre fut reçue avec autant de sensibilité que d'émotion. Maria la relut plusieurs fois en l'arrosant de ses larmes, elle promit de la conserver jusqu'à la mort ; mais inébranlable dans sa résolution, elle répéta toujours en gémissant : C'est pour lui que j'ai fait ce vœu ; comment n'y pas être fidèle ? Barmécide la conjura vainement d'accorder au moins à Gérold un moment d'entretien ; elle refusa positivement de le recevoir. Allez, Seigneur, poursuivit-elle, dites-lui que le ciel toujours équitable, ne devait pas permettre l'union de Gérold et de Maria ; mais c'est un destin assez doux pour la coupable Maria, de s'immoler pour lui, et d'obtenir ses regrets. En disant ces paroles, elle se leva et quitta Barmécide. La douleur de Gérold fut extrême, en apprenant le triste résultat de cette entrevue ; il fit beaucoup d'autres tentatives qui n'eurent pas plus de succès. Maria, fortifiée par les conseils de l'amitié, persista avec fermeté dans son dessein. La vertueuse Amalberge, décidée depuis long-temps à renoncer au monde, s'enferma dans le couvent de Maria, et y prit aussi le voile ; et Maria, soutenue par cet exemple, expia sa première faiblesse, en résistant à toute la séduction d'un amour plus dangereux que jamais, puisqu'il était devenu mutuel.

Depuis que j'ai quitté ma patrie, j'ai traversé le beau pays de Clèves ; seule alors, fugitive et persécutée, je passai devant ce monastère qui porte encore le nom de son intéressante fondatrice. En considérant cet édifice antique et vénérable, entouré d'une forêt majestueuse, je me rappelai avec attendrissement, les malheurs et le sacrifice de Maria ; mais bientôt un triste retour sur moi-même et sur ma propre situation me fit envier son sort, et je cessai de la plaindre, en songeant que du moins, dans cette solitude profonde, elle avait trouvé la paix, un asyle et une amie ! (*)

____

(*) A peu de distance du château de Clèves, on trouve en effet un grand monastère de religieuses, situé au milieu des bois, et qui s'appelle *Maria in baum ;* ce qui signifie *Maria dans les bois.*

CHAPITRE

CHAPITRE XXI.

La paix.

La paix, Seigneur, il faut lui tout sacrifier ;
C'est le fruit précieux qui naît d'un vain laurier.
Qu'elle suive toujours le char de la victoire,
Quand le vainqueur est homme et digne de sa gloire.

DU BELLOY.

AUSSITÔT que la santé du comte de Bavière fut parfaitement rétablie, la duchesse se formant un conseil de tous ses défenseurs, les assembla dans un vaste salon pour y discuter avec eux les articles de paix qu'elle voulait proposer à ses ennemis vaincus. Le roi de Pannonie et le duc de Bénévent parlèrent les premiers, et prétendirent que la duchesse pouvant imposer la loi, devait profiter de cette occasion favorable d'agrandir ses états, en exigeant plusieurs cessions, entr'autres celle des terres voisines du duché de Clèves, que possédait le comte de Bavière. Axiane prit ensuite la parole, pour opposer à cet esprit de conquêtes des idées de justice et de modération ; mais plusieurs Chevaliers appuyèrent les dicours de Theudon et de Grimoald, en soutenant que la paix ne pourrait être solide, si la duchesse ne ravissait pas à ses ennemis la plus grande partie de leur puissance. Isambard réfuta avec éloquence tous les argumens de cette politique odieuse, et malheureusement trop accréditée ; après avoir parlé long-temps sur ce sujet : Enfin , ajouta - t - il , je soutiens que la seule manière de rendre une paix solide et véritablement glorieuse, c'est de déraciner tous les germes de la haine , d'éteindre tous les ressentimens , et de donner le grand exemple d'une généreuse modération dans la prospérité (14). Tous les Français applaudirent avec transport à ce discours ; car leur premier mouvement fut toujours d'admirer la générosité , et de se livrer avec enthousiasme aux nobles sentimens qu'elle inspire. Théobald et Ogier le danois montrèrent la même manière de penser : mais Roger joignit à son suffrage une proposition nouvelle. Les souverains , dit - il , doivent surtout , dans leurs traités de paix , s'occuper du bien public et des intérêts sacrés de l'humanité. Ce fut ainsi que

Charlemagne, dans ses premiers traités avec les Saxons vaincus, imposa pour toute condition l'abolition de leurs abominables sacrifices; les ennemis de la duchesse de Clèves, nés dans les pays civilisés, n'ont pas les horribles superstitions de ces barbares, mais tous ces princes sont despotes et peuvent devenir des tyrans. Il me semble qu'il serait digne de la princesse de les forcer d'établir dans leurs états des lois sages et bienfaisantes, semblables à celles qui assurent le bonheur des sujets de Béatrix et d'Axiane. Cette idée de Roger séduisit plusieurs jeunes Chevaliers de son âge; mais Olivier la combattit vivement. Je conviens, dit-il, qu'arrêter le cours affreux des proscriptions et des meurtres, est le plus digne emploi que l'on puisse faire de la force, et le résultat le plus précieux de la victoire; mais, graces au ciel, la duchesse de Clèves n'a point à réprimer ces monstrueux excès; toutes les lois (que la morale ne réprouve pas) sont essentiellement bonnes, si elles conviennent aux peuples qui les suivent. Les plus parfaites aux yeux de la raison, celles du duché de Clèves, par exemple, pourraient avoir mille inconvéniens dans un autre pays ; le climat, les habitudes qui forment les mœurs, le caractère national, doivent produire chez les différentes nations, une éternelle variété de gouvernemens. Un peuple qui voudrait faire adopter ses lois à tous les autres peuples concevrait un projet à la fois gigantesque et puéril, et ne montrerait qu'une tyrannie extravagante et ridicule. Enfin, l'expérience de plusieurs siècles peut seule prouver la solidité des institutions humaines. La duchesse de Clèves a tout créé dans ses états ; en proposant aux princes alliés la constitution qui est son ouvrage, pourrait-elle dire : Abolissez tous vos usages, annullez toutes vos lois, et prenez les miennes ? La forme du gouvernement que je viens d'imaginer, et que je vous propose, est la meilleure ; j'ai tout prévu, je suis sûre d'avoir atteint le point de la perfection humaine, et je déclare que tous ceux qui ne pensent pas ainsi, sont absurdes. Quel langage ! Est-il possible de se représenter l'auguste Béatrix s'exprimant d'une manière si peu digne d'elle ? Ce discours ne serait-il pas insensé dans la bouche du premier législateur de l'Europe, de Charlemagne même ? malgré son âge et son expérience, quoiqu'il eût médité ses capitulaires pendant un grand nombre d'années, il a pensé n'avoir pas le droit de les imposer à sa propre nation ; il a cru ne pouvoir que les lui offrir, et les a soumis à sa discussion. Enfin c'est la raison, c'est le temps, et non la violence et l'autorité, qui peuvent produire les révolutions utiles ; et les législateurs qui veulent propager leurs idées, n'en ont qu'un moyen raisonnable et légitime ; c'est d'entretenir dans leurs pays l'abondance et la paix, et de rendre leur nation supérieure à toutes les autres, par la sagesse, les vertus et le bonheur. Ce discours d'Olivier plut sur-tout à Béatrix, elle en aimait le ton de franchise et la liberté ; elle avait trop de grandeur d'ame pour ne pas mépriser la flatterie ; et le langage de la vérité, dans la bouche d'Olivier, lui devenait plus cher encore, puisqu'il était un nouveau témoignage de son estime. Elle prit enfin la parole pour déclarer qu'après avoir attentivement écouté les différens conseils qu'elle venait de recevoir, elle persistait dans le dessein d'offrir la paix à ses ennemis, en ne leur imposant qu'une seule condition, celle de payer les frais de la guerre. La duchesse termina ce discours par des remerciemens touchans adressés à tous les Chevaliers. Voulant éterniser, ajouta-t-elle, le souvenir de ma reconnaissance, j'ai fait faire une colonne de marbre, sur laquelle sont gravés les noms de tous mes généreux défenseurs. Cette colonne sera posée demain, à l'entrée de la forêt ; on y lira cette inscription, tracée en gros caractères : *Les lois de ce pays garantissent ses habitans de toute espèce d'oppression. Mais à l'avenir, toute femme étrangère qui touchera cette colonne, en réclamant protection et secours, trouvera l'un et l'autre à la cour de Béatrix, lorsqu'elle pourra prouver qu'elle est l'objet d'une injuste persécution.* Deux gardes placés en sentinelles auprès de la colonne, seront chargés d'interroger et de guider ces infortunées fugitives. J'ai cru, poursuivit la duchesse, ne pouvoir mieux honorer les héros réunis dans le duché de Clèves, pour y défendre une étrangère opprimée, qu'en imitant leur générosité autant qu'il m'est possible, et j'ai pensé qu'un monument, décoré de leurs noms illustres, doit devenir le

refuge de l'innocence et du malheur (*).
Ici, Béatrix fut obligée de s'arrêter pour
recevoir à son tour les remerciemens
de tous les Chevaliers ; ensuite s'adressant encore à l'assemblée, mais avec
un peu d'embarras, et en rougissant :
Tous mes défenseurs, dit-elle, également illustres et généreux, m'inspirent
une égale reconnaissance ; je sais que
parmi des guerriers si renommés, les exploits seraient semblables, si l'occasion s'offrait à tous avec le même avantage. Je sais enfin, qu'entre tant de
héros, quand on proclame un vainqueur, c'est le plus heureux que l'on
couronne, et non le plus vaillant. Mais
puisque les lois de la Chevalerie ont
consacré cet usage, puisque ceux que
la fortune a les plus favorisés dans les
batailles, reçoivent de la main de leurs
nobles rivaux la palme de la victoire,
on ne sera pas surpris en me voyant
offrir aux Chevaliers du Cygne un hommage particulier de ma reconnaissance !.... Le généreux Isambard a vaincu

____

(*) En traversant les bois de Clèves, j'ai cher-
ché cette colonne bienfaisante, mais elle n'y
était plus ! Tout ce qu'on a pu m'en apprendre,
c'est qu'elle avait été transportée dans le pays de
Holstein, ou dans le Danemarck.

le comte de Thuringe, le plus redoutable de mes ennemis (après Gérold),
et par la défaite du duc de Frioul, il a
contribué au gain de la dernière bataille..... Que ne dois-je pas à son frère
d'armes!..... Il m'a sauvé la vie, en
exposant la sienne...... C'est lui qui
seul a conçu le dernier plan d'attaque,
auquel je dois la victoire; c'est encore lui qui, en faisant le comte de Bavière prisonnier, a terminé la guerre....
Tous les Chevaliers qui m'écoutent,
lui ont décerné le prix de cette journée
mémorable; c'est à eux qu'il appartient
de distribuer la gloire, leur suffrage est
la véritable récompense d'un guerrier;
je ne prétends point en offrir une, je
ne veux que remplir un devoir, en
montrant la sensibilité que je dois
éprouver. Je déclare donc, qu'à l'imi-
tation des princes mes voisins, je vais
établir dans mes états un ordre particulier de Chevalerie dont je serai le
chef. Mes sujets seuls y seront admis,
et je l'accorderai, sans égard à la naissance, à ceux qui se distingueront par
la vertu, le courage et la générosité.
Cette nouvelle institution s'appellera
l'ordre *des Chevaliers du Cygne* (*). Les

____

(*) Voyez la note 33 du second volume.

marques de l'ordre en rappelleront à
jamais l'origine ; le cordon sera blanc,
et la médaille représentera l'emblême
et la devise d'Isambard et d'Olivier. A
ces mots, les Chevaliers du Cygne,
vivement attendris, s'inclinèrent profondément. Au moment même, Axiane,
Théobald, Ogier le danois, Zemni et
les Français, applaudirent avec enthousiasme ; mais les autres Chevaliers gar-
dèrent un morne silence, et l'on vit
sur leurs visages l'expression altière
du mécontentement et du dépit. On entendit même plusieurs murmures. Cette
humeur, manifestée si clairement, parut
à la duchesse d'une extrême injustice,
le ressentiment qu'elle en eut, dissipa
l'espèce d'embarras qu'elle avait éprouvé
jusqu'alors. Elle se leva d'un air calme et
fier : J'ai rempli tous mes devoirs, dit-elle,
je sors satisfaite de cette auguste assemblée ; demain j'instituerai l'ordre des
Chevaliers du Cygne ; j'invite ceux qui
voudront voir cette cérémonie, à se
rendre dans ce salon, à dix heures du
matin. En prononçant ces mots, la duchesse salua l'assemblée, et sortit aussi-
tôt. Accompagnée d'Axiane et de quelques autres personnes, elle fut sur le-
champ chez le comte de Bavière, qu'elle

trouva seul. Elle lui fit part de sa décision relativement à la paix, et lui proposa d'en signer le traité. Le comte écouta Béatrix avec émotion, et lorsqu'elle eut cessé de parler : Votre générosité, Madame, lui dit-il, me touche vivement, et ne saurait m'étonner, quoique je dusse m'attendre à céder pour ma rançon cette partie de mes états qui forme une limite aux vôtres. Ces terres, si voisines du duché de Clèves, furent trop long temps pour moi la plus précieuse de mes possessions ! . . . . . . Maintenant je dois m'en exiler pour toujours ! Elles vous appartiennent, Madame, puisque vous pourriez en exiger l'abandon ; mais vous dédaignez même de les conquérir. Du moins, j'aurai le plaisir d'en faire un usage qui pourra vous être agréable, en les offrant à Barmécide ; et je croirai reconnaître dignement l'amitié de ce grand homme, en le fixant près de vous. A ces mots, Béatrix attendrie, répondit avec sensibilité, et Gérold prenant le papier qu'elle lui présentait, signa le traité de paix. Alors, Béatrix, en déclarant au comte qu'il était libre, lui demanda son amitié, lui promit la sienne, et termina ce discours en lui tendant la main avec la grace et l'air de franchise qui donnaient tant de charmes à toutes ses actions. Gérold reçut cette main avec autant d'attendrissement que de respect ; il la pressa dans les siennes , et ne put dire , en la baisant , que ces seuls mots : *Adieu , Madame !* ..... Dans ce moment, Barmécide entra , et quelques minutes après la duchesse sortit. Le comte se retrouvant seul avec son ami , lui fit part de tout ce qui venait de se passer. Barmécide admira la modération de Béatrix et la générosité de Gérold ; en même temps il refusa positivement les états que ce prince voulait lui donner ; mais le comte, insistant avec la plus grande force , lui déclara que s'il persistait dans ses refus , il romprait tous les liens de cette amitié si tendre qui les unissait. Enfin , poursuivit-il, vaincu , captif , humilié , je n'ai plus que ce moyen de relever mon caractère auprès de celle dont le suffrage me sera toujours plus précieux que tout l'éclat de la plus haute renommée...... auprès de celle que je dois fuir , puisque je ne pourrais jamais la revoir avec tranquillité....... Barmécide , prenez pitié d'un ami malheureux ! .... Procurez - moi la douceur inexprimable de faire une action qui paraît généreuse à Béatrix, et qui, en rapprochant d'elle des objets qui lui sont chers, assure en même temps un sort heureux à mon ami. à son épouse, à son fils !..... Songez que je ne vous fais point un sacrifice ; l'ambition ne fut jamais ma passion dominante , et maintenant elle est éteinte sans retour dans ce cœur combattu et déchiré.... Si Maria céde à mes vœux , je puis encore retrouver le bonheur ; mais dans cette supposition même , je ne resterai point dans des lieux si voisins de ce dangereux séjour. Le comté de Bavière sera notre asyle ; je vivrai loin de Béatrix et de tous les objets qui pourraient me la rappeler. .... Si Maria est inflexible , tout est fini pour moi. .... Je saurai me punir de son malheur et de mon crime..... Objet infortuné d'un sacrifice terrible et sublime, amant coupable , ami plus criminel encore , ne pouvant réparer des égaremens si funestes , du moins j'aurai le courage de les expier...... Oui , j'en atteste le ciel , si Maria prononce les vœux irrévocables , j'irai retrouver le vertueux Meinrad , et m'ensevelir avec lui dans son désert. A ces mots, les yeux de

Barmécide se remplirent de larmes, et Gérold, redoublant ses instances avec une force nouvelles, Barmécide, enfin, accepta ses offres généreuses. Le comte écrivit aussi-tôt à la duchesse, pour lui apprendre que cette affaire était irrévocablement terminée. Il chargea Barmécide de lui porter ce billet ; et sans attendre de réponse, il partit sur-le-champ.

CHAPITRE XXII.

Conclusion.

O divine amitié , félicité parfaite !
Seul mouvement de l'ame où l'excès soit permis ,
. . . .
Idole d'un cœur juste , et passion du sage ,
Amitié ! que ton nom couronne cet ouvrage !

VOLTAIRE.

L'INSTITUTION de *l'ordre des Chevaliers du Cygne*, annoncée par la duchesse, avait excité tant de jalousie parmi les Chevaliers, que le jour même , les quatre fils du duc Aymon , le duc de Bénévent, le palatin Astolphe , et quelques autres, prirent congé de Béatrix, et partirent sans délai. Le roi de Pannonie , dissimulant son profond ressentiment, ne suivit pas cet exemple ; il resta, quoiqu'il fût convaincu que le cœur de la duchesse s'était enfin donné ; mais il n'avait pénétré qu'une partie de son secret, et il croyait qu'elle aimait Isambard. Cette erreur était le fruit de plusieurs observations qui devaient naturellement abuser un homme de son caractère ; il savait qu'Isambard aurait pu prétendre à la gloire de consoler l'illustre et belle Axiane, de la perte de son époux. Cependant Isambard, loin de chercher à s'assurer une conquête si brillante, avait déclaré hautement sa passion pour la duchesse. Theudon ne pouvait concevoir qu'il eût fait un tel sacrifice, sans la certitude d'être aimé de Béatrix. En effet, depuis cette époque sur-tout, il le voyait mieux traité que jamais par elle. En même temps, il remarquait toujours la même intimité entre Isambard et son frère d'armes ; il en concluait qu'il était impossible qu'ils fussent rivaux : d'ailleurs, personne n'ignorait que la mélancolie d'Olivier était causée par une passion malheureuse, dont le temps et sa raison ne pouvaient triompher. Enfin, Olivier se tenait toujours à l'écart ; et en montrant pour Béatrix l'admiration qu'on ne pouvait lui refuser, il ne lui rendait aucun des soins qui déclarent ou qui trahissent l'amour ; il n'avait avec elle ni l'assiduité, ni l'empressement, ni le langage d'un amant. D'après ces réflexions, Theudon, entièrement persuadé de la passion mutuelle de Béatrix et d'Isambard, tourna vers ce dernier toute la haine et la noire jalousie dont son ame était possédée. L'aimable Axiane partageait l'erreur de Theudon ; elle croyait aussi qu'Isambard, aimé de la duchesse, allait bientôt obtenir sa main : mais ayant su réduire à l'amitié l'inclination naissante qu'elle avait éprouvée pour le Chevalier du Cygne, elle desirait vivement son bonheur ; et voulant en être témoin, elle avait promis à Béatrix de ne partir qu'après les réjouissances et les fêtes préparées pour la paix, qui devaient durer plusieurs jours. Le jeune Roger, passionnément amoureux d'Axiane, voyait avec une joie inexprimable, les évènemens qui semblaient présager l'union de Béatrix et d'Isambard. N'ayant plus à craindre un rival si redoutable, il osait concevoir des espérances, qui en effet se réalisèrent avec le temps. Barmécide avait annoncé qu'il reconduirait la comtesse dans ses états ; il croyait devoir cette preuve d'attachement et de respect à celle qui avait accueilli si généreusement son épouse fugitive. Roger sollicitait avec ardeur la permission de se joindre aussi à l'escorte de la princesse, et il se flattait de l'obtenir. Les autres

Français (à l'exception des Chevaliers du Cygne) devaient retourner incessamment à la cour de Charlemagne. Lancelot, accablé de douleur depuis l'instant où Maria s'était fait connaître, gémissait sur le sort de cette intéressante victime de la séduction et de l'amour, et n'était pas en état de réfléchir sur ce qui se passait autour de lui. Angilbert, plus calme et plus heureux, malgré l'espoir et le sentiment qui le rappelaient en France, observait, avec intérêt et curiosité, les différentes scènes dont il était témoin, et voulait, avant son départ, en voir le dénouement. Ogier le danois, rendu à la raison et à la philosophie, brûlait du désir de retourner dans sa chaumière et de retrouver sa Chloé, et il se promettait de partir sous peu de jours. Isambard, plein de trouble, d'amour et d'incertitude, sans espérance et sans dessein, attendait en silence le résultat de tant d'évènemens ; il n'osait interroger Olivier ; il démêlait aisément ses sentimens, mais ne pouvait pénétrer ses projets. Enfin, le malheureux Olivier se trouvait dans cette situation terrible, où tous les mouvemens du cœur sont contraints et combattus par le devoir et la raison. Les évènemens de la journée, et tout ce qui s'était passé au conseil, avaient produit en lui tant d'émotion, d'agitation et d'attendrissement, que se sentant hors d'état de prendre part à la conversation générale, et craignant de se trahir, il s'était dispensé de se mettre à table pour le souper, sous prétexte d'un violent mal de tête. Renfermé seul dans sa chambre, il s'abandonnait aux réflexions les plus accablantes. La conduite de la duchesse avec ses ennemis et ses défenseurs, le caractère de grandeur et de générosité qu'elle soutenait avec tant d'éclat, et les derniers témoignages qu'il venait de recevoir de sa tendresse, avaient mis le comble à sa passion pour elle. Cependant il était enivré sans être séduit ; l'honneur et l'amitié conservaient toujours sur lui le même empire. Fidèle à ses sermens, il sentait plus que jamais la nécessité de s'éloigner ; mais il ne persistait qu'avec désespoir dans cette résolution ; il voyait Béatrix satisfaite, heureuse, se livrant à la douce illusion que l'objet de tant d'amour, lié par tous les nœuds du sentiment et de la reconnaissance, n'aurait jamais le courage de l'abandonner ; il se représentait

d'avance son étonnement, son saisissement affreux, sa profonde douleur ;
il frémissait, et cependant sans pouvoir
être ébranlé. Juste ciel ! s'écriait-il,
dans quel abîme m'ont précipité ma
faiblesse et mon imprudence ! Il faut
donc devenir ingrat et barbare, pour
n'être pas vil et parjure !..... Etat horrible ! où je ne puis ni m'aveugler, ni
me surmonter ; où la passion et la
raison, conservant un égal équilibre,
laissent assez de force à la vertu pour
me guider et m'entraîner, quoiqu'elle
n'ait plus le pouvoir de me dédommager ou de m'offrir une seule consolation !..... O Béatrix ! pour prix de vos
bienfaits, et de ces témoignages ingénieux et touchans d'une tendresse si
pure, je vais donc vous dire un éternel
adieu !..... Du moins vous connaîtrez
avec détail tous les sentimens de ce
cœur déchiré ! Hélas ! même en vous
quittant, je n'oserais vous les peindre !
Comment avoir la force de m'arracher
d'auprès de vous, en me livrant au
bonheur de vous exprimer ce que je
sens ! Mais vous trouverez mon ame
toute entière dans une lettre qui vous
sera remise après mon départ ! Oh !
qu'il me sera doux de vous montrer

enfin, dans cet écrit, tout l'excès de mon amour ! Avec quel délice ma main tremblante tracera chaque mot, chaque expression !..... Avec quelle rapidité les pages de cette lettre se trouveront remplies ; et cependant le temps employé à l'écrire, sera le dernier instant du bonheur qui m'est réservé !.....

Tandis que l'infortuné Chevalier du Cygne s'abandonnait à ces réflexions douloureuses, Béatrix, dont toutes les pensées, les projets et les démarches n'avaient qu'Olivier pour objet, annonçait à Zemni que Théobald consentait à son union avec Sylvia. Demain, ajouta-t-elle, après la cérémonie de l'institution de l'ordre du Cygne, vous pourrez recevoir la main de Sylvia ; et quoique j'aie annoncé que mes sujets seuls seraient admis dans ce nouvel ordre fondé par ma reconnaissance pour votre bienfaiteur et le mien, je ferai une exception en votre faveur ; je sens combien il doit vous être doux d'acquérir le droit de porter les couleurs et la devise d'Olivier !..... D'ailleurs, l'époux de Sylvia ne peut être un étranger dans le duché de Clèves ; et c'est un devoir pour moi de traiter le fils de Théobald, comme s'il était né dans mes états. Allez, Zemni, consulter Olivier. Je ne puis que former des vœux pour vous ; c'est à lui seul de décider de votre sort. Allez lui parler, vous reviendrez ce soir m'apporter sa réponse. A ces mots, Zemni pénétré de joie et de reconnaissance, courut à l'appartement d'Olivier ; il lui conta tout ce que Béatrix venait de lui dire. Ce récit toucha profondément Olivier. Il sentait combien la duchesse trouvait de charmes à combler de bienfaits ce jeune homme dont il avait sauvé les jours, et qui avait avec lui des rapports si chers et si intéressans. Mais des preuves nouvelles de la tendresse ingénieuse et délicate de Béatrix, ne pouvaient qu'aggraver encore, s'il était possible, ses regrets déchirans et sa douleur. Cependant, dissimulant les divers sentimens qui l'agitaient, il répondit à Zemni d'un air calme et satisfait, et voulut aller avec lui remercier sur-le-champ la duchesse. Mais Zemni l'arrêtant : Un moment, Seigneur, lui dit-il ; je vous conjure de ne point me faire prendre un engagement qui doit m'attacher à la cour de Clèves, si vous n'êtes pas décidé vous-même à vous y fixer. Ma reconnaissance pour vous est mon premier sentiment, comme mon premier devoir; ma gloire est de vous suivre, et la fortune et l’amour ne pourraient rien pour mon bonheur, s’il fallait me séparer de vous. Pour toute réponse, Olivier embrasa tendrement Zemni, en l’invitant à le suivre, pour se rendre chez la duchesse. Zemni obéit avec joie, regardant cette invitation comme un aveu tacite d’un projet qu’Olivier ne voulait pas encore déclarer. Il se le persuadait d’autant plus facilement, qu’il avait pénétré depuis long-temps la passion mutuelle de la duchesse et d’Olivier. Les deux Chevaliers trouvèrent Béatrix dans le salon. En les appercevant, elle se leva, et suivie de Théobald, elle les emmena dans un cabinet voisin. L’entretien fut court, Olivier parla peu, mais avec une expression qui satisfit Béatrix. En le quittant, elle lui rappela qu’on se rassemblerait le lendemain à dix heures. Ce jour, ajouta-t-elle, sera un des plus beaux jours de ma vie. Je le consacrerai tout entier à la reconnaissance !.... au sentiment le plus cher à mon cœur !.... Olivier, plus troublé, plus combattu que jamais, se retira précipitamment; il passa presque toute la nuit dans une agitation qui ne lui permit pas même de se coucher. Cependant un accablement profond succédant à cette situation violente, il tomba par degrés dans ce demi-sommeil, causé par l'épuisement des forces, et qui, loin de les réparer, achève de les anéantir ; espèce de léthargie fatigante et terrible, où l'on garde le sentiment de ses maux, sans conserver la raison qui peut en modérer l'excès ; où les songes fugitifs, mais frappans, n'offrent que des images effrayantes ou douloureuses !.... L'infortuné, dans cet assoupissement pénible, voyait successivement passer devant lui, comme des ombres plaintives, Isambard, Célanire et Béatrix ; il croyait entendre de longs gémissemens, auxquels se mêlaient les accens d'une voix menaçante...... Il tressaillait, et souvent un réveil convulsif dissipait ces tristes illusions ; mais, en reprenant ses facultés, il retrouvait toujours au même instant la pensée accablante, qui dominait en lui toutes les autres ; son cœur oppressé se disait : *Je dois sacrifier à Béatrix la mémoire de Célanire !.....*

A neuf heures, Olivier fut enfin tiré

de cet état d'anxiété ; il entendit frapper à sa porte : c'était Barmécide qui venait d'arriver. Il apprit à Olivier qu'il avait amené sa famille, et qu'il sortait de l'appartement de la duchesse, dans lequel il avait laissé Abassa et Mirva. Nous sommes venus, poursuivit Barmécide, prendre part à la gloire des Chevaliers du Cygne, et à la joie de Béatrix. Cette charmante princesse nous a reçus avec la sensibilité la plus touchante ; je ne l'ai jamais vue si aimable, si belle et si parée. Elle achevait de s'habiller, et nous a fait voir le cordon blanc et la médaille du nouvel ordre qu'elle fonde aujourd'hui. J'en serai décorée la première, nous a-t-elle dit ; ces précieux ornemens ne me quitteront plus, et jamais diadême ne sera porté avec autant d'orgueil. Comme Barmécide finissait ce récit, Mirva parut tout-à-coup, vint se jeter dans les bras d'Olivier, et le pressa, de la part de la duchesse, de se rendre dans le salon. Olivier se hâta de réparer le désordre de sa coiffure et de son habillement. Isambard et Zemni vinrent le chercher ; et plein d'attendrissement et de trouble, il les suivit. Il apprit d'eux que le roi de Pannonie ne se trouverait point à

la

la fête , sans témoigner ni dépit ni
mécontentement ; il avait imaginé un
prétexte pour s'éloigner tout le jour,
en annonçant qu'il ne reviendrait que
le lendemain. Les Chevaliers du Cygne
arrivèrent dans le salon un instant avant
la duchesse. Toutes les fenêtres étaient
ouvertes ; les cours, les galeries et les
appartemens étaient remplis de peuple
et des troupes de la duchesse. Enfin,
elle parut. Aussi-tôt le palais retentit
de cris de joie , d'acclamations et
d'applaudissemens. Béatrix , vivement
émue , s'était arrêtée au milieu du
salon. Tous, les yeux fixés sur elle, la
contemplaient avec autant de surprise
que d'admiration ; on remarquait dans
son maintien et sur sa physionomie,
une expression nouvelle , qui parut
aussi frappante que l'éclat éblouissant
de sa beauté. La douceur et le sentiment se peignaient toujours dans ses
regards ; mais en même temps un air
de triomphe et de joie, donnait à toute
sa personne quelque chose d'imposant
et de fier, qu'elle n'avait pas ordinairement. Toujours vêtue de blanc, et avec
une extrême simplicité, depuis l'arrivée
des Chevaliers du Cygne, elle portait,
pour la première fois, un habillement
somptueux ; elle avait une robe de

brocard d'or, brodée de perles et d'é-
meraudes. Le cordon blanc et la médaille de l'ordre du Cygne se dessi-
naient d'une manière tranchante , sur
ces couleurs foncées que Béatrix n'avait
choisies que pour faire ressortir davantage les nouveaux ornemens que l'amour
lui rendait si chers ; elle s'avança vers
une fenêtre , se plaça sur un grand bal-
con qui donnait sur les cours ; et là ,
pouvant être entendue du peuple et des
soldats , elle lut à haute voix le traité
de paix ; et ensuite fit un discours ,
pour annoncer l'institution de l'ordre
du Cygne , et les motifs qui la portaient
à le fonder. Quand elle eut cessé de
parler , le peuple applaudit avec transport ; et au même instant , tous les
soldats chantèrent la chanson d'Olivier.
De douces larmes s'échappèrent des
yeux de la duchesse ; elle se retira de
la fenêtre ; elle apperçut Olivier dans
un coin du salon ; et quoiqu'il fît tous
ses efforts pour composer son visage ,
elle y vit encore l'impression des sentimens qu'elle éprouvait elle - même.
Béatrix , annonçant qu'elle allait se
rendre à la chapelle , appela les Chevaliers du Cygne , et s'appuyant sur
leurs bras , sortit aussi-tôt du salon.
Elle fut suivie des autres Chevaliers et

de toutes les Dames. Olivier et Isambard, presqu'également troublés, mar-
chaient en silence, lorsqu'après avoir
traversé deux pièces, ils sortirent de
leur rêverie, en remarquant que la duchesse prenait un chemin différent de
celui qui conduisait à la chapelle. —
Isambard fit à ce sujet une observation ;
et Béatrix répondit, en souriant, qu'elle
ne se trompait pas de chemin. Elle
continua de marcher, et au bout d'un
vestibule, elle s'arrêta devant la porte
de la galerie qui avait été brûlée. Depuis
cet accident, une multitude d'ouvriers
travaillait sans relâche, nuit et jour, à
la réparer ; mais comme les portes en
étaient toujours soigneusement fermées,
personne n'en connaissait l'intérieur.
Enfin, les deux battans de ces portes
s'ouvrirent tout-à-coup. Aussi-tôt une
musique douce et majestueuse se fit
entendre, et la duchesse entra dans la
galerie. La décoration de cette pièce
immense, à-la-fois simple et magnifique, était en blanc et or ; mais quelle
fut l'émotion des Chevaliers du Cygne,
et sur-tout d'Olivier, en voyant tous
les lambris de la galerie chargés de
trophées d'armes, et décorés de leurs
chiffres et de leurs devises ! Après avoir
fait quelques pas, la duchesse se tour-

nant du côté d'Olivier : Il était juste, lui dit-elle, de vous consacrer cette galerie, dans laquelle je vous ai vu marcher sur des poutres embrasées, et traverser des torrens de feu pour voler à mon secours ! C'est ici, désormais, que tous les Chevaliers du Cygne seront reçus ; c'est ici que, pour honorer l'héroïsme, je donnerai l'emblême et la devise que vous avez illustrés, et qui doivent à jamais rappeler le souvenir de toutes les vertus. Ah ! Madame, dit Olivier d'une voix basse et tremblante, quel nouveau danger je retrouve en ce lieu ! Comment pourrais-je y conserver un faible reste de raison !...... Il s'arrêta..... — et Béatrix, heureuse autant qu'attendrie, ne lui répondit que par le plus tendre regard. Au bout de la galerie, on trouva la nouvelle chapelle, qui formait, avant l'incendie, la chambre de Béatrix. L'on y entra. La duchesse se plaça près de l'autel, entre Axiane et Abassa ; et la cérémonie commença. Le vénérable Théobald, s'avançant le premier, fut décoré avant tous les autres de l'ordre du Cygne. Béatrix, qui révérait comme un père son vertueux instituteur, n'observa aucun cérémonial en le recevant ; elle ne souffrit point que, selon l'étiquette, il se mît à genoux devant elle, et en lui passant le cordon de l'ordre, elle se leva et l'embrassa. Mais pour Zemni et les autres, elle suivit les usages ordinaires de la Chevalerie, et en leur donnant la médaille, elle répéta toujours la formule qu'elle consacrait à ces réceptions, en disant à chacun : *Soyez vaillant, bienfaisant et généreux, comme ceux qui les premiers ont porté cet emblême.*

Le mariage de Zemni et de Sylvia termina cette intéressante cérémonie, pendant laquelle Olivier éprouva successivement toutes les émotions délicieuses et violentes, tous les sentimens déchirans et passionnés, que peuvent inspirer l'admiration, la contrainte, la reconnaissance et l'amour approuvé par la raison, mais combattu par le devoir. En sortant de la chapelle, on se rendit au pavillon d'Axiane, où la princesse voulait dîner ; on trouva ce pavillon magnifiquement décoré d'ornemens nouveaux. Le frontispice et les pilastres étaient chargés d'inscriptions ingénieuses à la gloire d'Axiane, et qui célébraient les vertus et rappelaient les grandes actions de cette illustre héroïne. Enfin, Béatrix dans ce jour, en satisfaisant tous les sentimens les plus chers à son cœur, en immortalisant les services, les exploits, le nom d'Olivier, sut remplir en même temps tous les devoirs de la reconnaissance et de l'amitié.

Après le dîner, Olivier trop violemment affecté pour pouvoir se mêler à la conversation, sortit du pavillon, et fut dans la forêt. Aussi-tôt qu'il se trouva seul, ses larmes coulèrent avec autant d'abondance que d'amertume; sa raison se confondait, s'égarait, en songeant au sacrifice qu'il avait si solennellement juré de faire. Il ne pouvait supporter l'idée de détruire la douce sécurité de la duchesse, de lui arracher la confiance que lui donnaient sa tendresse et tant de bienfaits, de changer en désespoir, cette joie si pure dont elle était pénétrée. Cette image attendrissante lui ravissait tout son courage. Enfin, la pitié, l'amitié, l'amour et l'honneur bouleversaient toutes ses idées, anéantissaient tour-à-tour ses projets, et déchiraient son ame abattue, en y excitant à la fois et de nouveaux combats et de nouveaux remords. Enseveli dans ces tristes pensées, il errait avec égarement dans la forêt, lorsqu'il apperçut à deux cents pas de lui Barmécide, Angilbert et Lancelot, qui s'avançaient à sa rencontre. Ne pouvant les fuir, il les rejoignit, et Barmécide l'invita à venir voir avec eux la colonne sur laquelle Béatrix avait fait graver les noms de tous ses défenseurs. Au détour d'une allée, ils rencontrèrent un écuyer du roi de Pannonie, qui, en voyant Olivier, lui demanda si son frère d'armes était dans la forêt ou au château. Olivier surpris de cette question, voulut savoir à son tour, si cet écuyer était chargé par son maître d'une commission pour Isambard. Oui, Seigneur, dit l'écuyer, je dois lui remettre un billet. Donnez-le-moi, reprit Olivier; j'imagine facilement ce qu'il contient : Isambard le recevra dans un instant, et je réponds pour lui, qu'il acceptera ce qu'on lui propose. Assurez-en votre maître; je vais retrouver Isambard; ne faites point d'autres démarches auprès de lui; dans les choses de ce genre, il faut éviter l'éclat. Allez, et recommandez le silence et la discrétion à votre maître. Quand l'écuyer fut parti, Olivier ouvrit le billet, et y trouva, comme il l'avait imaginé, un cartel pour Isambard. Theudon, en le défiant au combat, l'invitat à se trouver le jour même, une heure avant le coucher du soleil, dans un endroit de la forêt qu'il désignait. Olivier demanda aux trois autres Chevaliers le secret sur cet évènement. Il leur déclara qu'il le cacherait à Isambard, et se battrait à sa place ; ce qui était d'autant plus facile, qu'ayant la même taille et des armes semblables, Theudon ne pourrait le reconnaître lorsque la visière de son casque serait baissée. Les Chevaliers promirent à Olivier le plus profond secret, à condition qu'ils seraient tous les trois témoins du combat. L'on retourna au palais ; Olivier rentra dans le salon. Il y parut avec un maintien calme et serein ; il annonça que Barmécide devant aller, sur la fin du jour, recevoir les derniers adieux de Gérold, qui partait pour la Bavière, il l'accompagnerait pendant une partie du chemin. Il assura qu'il serait de retour pour le souper ; il sortit avec Barmécide. Isambard les suivit jusque sur le perron du palais, et témoigna le desir de les accompagner. Olivier lui persuada facilement qu'il devait rester auprès de la duchesse ; mais en le quittant, il l'embrassa ; ce qu'il ne faisait pas ordinairement, lorsqu'il se séparait de lui pour si peu de temps..... Olivier et Barmécide attendirent quelque temps sur les remparts Angilbert et Lancelot, qui vinrent les rejoindre.

Ces trois amis d'Olivier renouvelèrent encore des représentations qu'ils avaient hasardées déjà sur le combat où s'allait engager Olivier. Songez, répétait Barmécide, qu'Isambard se plaindra sûrement de ce généreux artifice. Non, reprit Olivier, j'emploie un stratagème, mais je ne fais point une supercherie. Les ennemis d'Isambard ne sont-ils pas les miens ? Quand je les découvre avant lui, n'ai-je pas le droit de les combattre le premier ? D'ailleurs, croyez, mes amis, que dans cette circonstance, je ne suis qu'équitable. Enfin, ne troublez point par d'inutiles réflexions cette douce tranquillité que je sens renaître dans mon ame...... dans cette ame agitée depuis si long-temps...... Je ne sais quel heureux pressentiment semble y rétablir le calme et la sérénité ; laissez-moi jouir d'un état si doux et si nouveau. Les trois Chevaliers surpris de ce discours, se regardaient avec étonnement, et ne firent plus de réponse. Ils n'avaient jamais entendu le Chevalier du Cygne parler avec tant de franchise sur sa situation ; et en effet, Olivier, sans savoir pourquoi, ne sentait plus la nécessité, et n'éprouvait plus le désir de dissimuler ce qui se passait au fond de son cœur. A l'entrée de la forêt, ils trouvèrent leurs écuyers, qui les revêtirent de leurs armures ; ils n'avaient qu'un petit quart de lieue à faire pour se rendre au lieu indiqué. Ils y arrivèrent au bout de quelques minutes. Theudon, accompagné de quatre écuyers, les y attendait. Barmécide, s'avançant vers lui, l'instruisit qu'il ne venait avec Angilbert et Lancelot, que pour être témoins du combat ; et, en lui montrant Olivier, il ajouta : *Voilà le Chevalier du Cygne prêt à recevoir le gage de bataille.* Pour toute réponse, le roi jeta son gant, qu'Olivier ramassa. Ensuite les deux ennemis, après avoir salué les témoins, se précipitèrent l'un sur l'autre. Ils combattirent long-temps à cheval, sans recevoir de blessure ; mais dans un choc violent la lance d'Olivier fut rompue, et le cheval du roi s'abattit. Dans ce mouvement, il laissa tomber sa lance, il se débarrassa de son coursier, et mit l'épée à main. Olivier en fit autant en sautant légèrement à terre. A l'instant même il fondit impétueusement sur Theudon. Ce dernier, surpris, ébranlé, recule quelques pas. Olivier le presse vivement, l'atteint, le blesse mortellement, et le renverse mourant sur la pous-

sière. Aussi-tôt que le généreux Olivier
le vit tomber, son premier mouvement fut de le secourir ; il s'approche,
Theudon lui tend la main. Olivier touché, jette son épée, et se baissant veut
relever son ennemi vaincu ; mais le perfide Theudon tenant un poignard caché
dans sa ceinture, le tire tout-à-coup,
et le plonge dans le sein d'Olivier, qui
s'écrie en tombant : Graces au ciel, j'ai
préservé mon ami d'un assassinat !....
Barmécide et les deux autres Chevaliers
poussent un cri terrible, et s'élancent
vers le Chevalier du Cygne et son meurtrier. Ce dernier rendait le dernier soupir ; et le malheureux Olivier, baigné
dans son sang, paraissait n'avoir que
peu de momens à vivre. On bande sa
plaie avec des mouchoirs. On coupe
des branches d'arbres, on en fait un
brancard, sur lequel on le couche. Ses
amis désespérés se chargent de le porter, et retournent ainsi au château. Les
écuyers de l'exécrable Theudon avaient
voulu prendre la fuite au moment de
l'assassinat ; mais les écuyers des Chevaliers les arrêtèrent, afin d'emmener des
témoins de plus de la victoire d'Olivier
et du crime de Theudon. Cependant
Olivier paraissant se ranimer un peu,
recommanda à ses amis de ne rentrer

au château que par les cours de derrière,
afin qu'il pût se rendre dans son appartement, sans passer sous les fenêtres du
palais de la duchesse. On marchait lentement, et la nuit était tout-à-fait tombée,
lorsqu'on arriva au château. En approchant de la cour où se trouvait le pavillon d'Olivier, on entendit un grand
bruit d'instrumens et de chants pleins
d'alégresse, dans lesquels on distinguait
le nom d'Olivier répété mille fois.... Les
Chevaliers frémirent, et leur douleur
s'accrut encore, en entrant dans la
cour..... Une brillante illumination y répandait l'éclat du jour le plus éblouissant ; les murs étaient tapissés de guirlandes de fleurs, et de couronnes de
lauriers entremêlés du chiffre et de la
devise des Chevaliers du Cygne, tracés
sur toutes les façades, en caractères de
feu. Des troupes et un peuple immense
remplissaient cette enceinte, et des soldats français et germains, confondus dans
la foule avec les pâtres et les bergères,
mêlaient leurs chants guerriers aux romances villageoises, et dansaient aux
sons réunis des cymballes belliqueuses
et des musettes champêtres. Les Chevaliers, forcés de traverser la cour, ima-
ginèrent facilement l'impression terrible
qu'allait produire sur cette multitude le

spectacle inattendu d'Olivier mourant !
En effet, à peine eut-on jeté les yeux
sur le brancard ensanglanté, et sur le
malheureux Chevalier du Cygne, que
les touchans témoignages de la plus
vive douleur succédèrent rapidement
aux bruyantes démonstrations de la joie.
On entendit de toutes parts des gémissemens, et des cris lamentables et si
perçans, que toutes les voûtes du palais
en retentirent. Barmécide se hâta d'envoyer Angilbert et Lancelot chercher
les chirurgiens, et prévenir Isambard et
la duchesse de ce tragique évènement,
puisqu'il était impossible de les y préparer, et de le leur annoncer avec quelques
ménagemens. Cependant on porte Olivier dans sa chambre, Barmécide le pose
sur son lit, et ensuite s'assied à son
chevet. Olivier voyant sur son visage
l'expression de la consternation et de la
douleur : Cher Barmécide, lui dit-il,
vous connaîtrez bientôt le secret de mon
cœur...... Alors vous cesserez de vous
affliger de ma mort. Barmécide allait répondre ; mais la porte s'ouvrit, et l'on vit
paraître Isambard, qui, pâle, hors d'haleine, vint se jeter dans les bras d'Olivier,
en disant d'une voix entrecoupée : Ah !
qu'as-tu fait ?.... Ah ! cruel ami, c'est
pour moi !.... Il n'en put dire davantage ;

ses sanglots lui coupèrent la parole. Dans ce moment, la duchesse entra, suivie de Zemni et des Médecins. Sa physionomie expressive et touchante peignait avec énergie l'état affreux de son cœur ; mais elle ne pleurait point, elle avait su composer son maintien, elle trouvait tout le courage dont elle avait besoin, dans la crainte d'augmenter le danger d'Olivier, en l'attendrissant, et lui causant une vive émotion. Elle pria Isambard, d'un ton sévère, de s'éloigner un moment du lit de son ami, et faisant approcher ses médecins : Leur habileté, dit-elle, a tiré le comte de Bavière d'un état qui paraissait mortel ; je me flatte que les blessures du généreux Olivier ne sont pas aussi dangereuses, et qu'il sera moins difficile de lui rendre promptement la santé. Après avoir dit ces paroles d'une voix assez ferme, Béatrix sortit de la chambre et retourna dans son appartement ; elle ne s'y enferma point, et y reçut les deux princesses, Théobald, Roger, Ogier le danois, et les Chevaliers français. Toutes ces personnes admiraient et chérissaient Olivier, elles ne pouvaient gêner Béatrix, car elle cessait absolument de se contraindre en leur présence. Elle trouvait une sorte de consolation à ne plus déguiser des sentimens qui donnaient tant de prix à la conduite d'Olivier; elle voulait que tout le monde sût enfin, qu'elle l'adorait, qu'elle en était aimée, et qu'il avait refusé sa main. Baignée de larmes et pénétrée de la plus mortelle inquiétude, elle jouissait du moins de la douceur nouvelle d'ouvrir son ame toute entière, et d'avouer publiquement une passion si violente, et qu'elle avait dissimulée si long-temps. Quoique sa douleur fût inexprimable, elle était cependant modérée par l'espérance; l'infortunée Béatrix s'abusait encore sur l'état d'Olivier, et n'en imaginait pas le pressant danger. Les médecins, après avoir pansé sa blessure, dirent à Isambard et à ses autres amis, qu'ils leveraient ce premier appareil le lendemain matin, et qu'alors seulement ils pourraient prononcer sur son état. Personne dans le château ne se coucha. Isambard, Barmécide, Angilbert, Lancelot et Zemni passèrent la nuit dans la chambre d'Olivier, et tous, sans se parler, sans se communiquer leurs craintes et leurs idées funestes. Isambard, les yeux fixés sur Olivier, le considérait avec égarement; il suivait tous ses mouvemens avec une telle attention, que l'on voyait se peindre sur son visage tout ce que celui d'Olivier exprimait. Il ne réfléchissait ni ne pensait, mais il souffrait, s'affaiblissait avec lui, et comme lui paraissait empirer, s'éteindre et s'approcher de ses derniers momens. Aux premiers rayons du jour, les quatre écuyers de l'infâme Theudon furent conduits, par ordre de la duchesse, devant un tribunal public, présidé par Théobald. Là, en présence des troupes et de tout le peuple assemblé, on lut à haute voix la déclaration écrite et signée des témoins du combat. Cet écrit constatait le triomphe d'Olivier, sa générosité, et l'assassinat commis par Theudon ; les écuyers de ce monstre confirmèrent la vérité de ces funestes détails, qui produisirent sur le peuple une telle sensation, que leur indignation et leur ressentiment s'étendirent jusque sur les écuyers de Theudon, quoiqu'ils n'eussent point participé au crime de leur maître, et qu'ils parussent le détester. La sagesse de Théobald sut calmer l'effervescence de ces premiers mouvemens, les écuyers furent congédiés et conduits sur les frontières ; ensuite on se rendit au lieu où se trouvait la colonne érigée par la duchesse, à la gloire de ses défenseurs, et Théobald, suivi du peuple, s'approchant de la colonne, en fit effacer

le nom justement détesté du lâche roi
de Pannonie.

Cependant Olivier, sur les sept heures
du matin, reçut la seconde visite des
chirurgiens, qui venaient lever le premier appareil qu'ils avaient mis sur sa
blessure. Olivier voulut que tous ses
amis, sans en excepter Isambard et
Zemni, sortissent de sa chambre, il leur
fit promettre de ne revenir que lorsqu'il
les ferait rappeler. Les chirurgiens exa-
minèrent et pansèrent sa plaie, sans proférer une seule parole. Lorsqu'ils eurent
fini, Olivier, les regardant d'un air doux
et tranquille : Je sens, leur dit-il, que
mon état est mortel, mais l'intérêt le
plus puissant me fait desirer de savoir
avec précision, combien de temps je
puis vivre encore, et la probité vous
prescrit de répondre sans détour à cette
question. A ces mots, les chirurgiens
parurent interdits, et répondirent d'une
manière équivoque ; mais Olivier les
pressa si vivement et avec tant de fermeté, qu'ils lui déclarèrent enfin que
la durée de sa vie ne pouvait passer
celle du jour. Olivier reçut cet arrêt sans
surprise et sans émotion ; il chargea les
chirurgiens d'en aller instruire Barmécide et Lancelot, en les priant de sa
part, d'en prévenir la princesse, Isam-

bârd et Zemni. Mais recommandez-leur, ajouta-t-il, de respecter l'entière solitude dont j'ai besoin durant quelques momens, et que je veux consacrer à la religion. Les chirurgiens promirent d'exécuter ses ordres, et sortirent. Olivier fit venir un prêtre ; après avoir rempli, avec une piété sublime, tous les devoirs imposés par le christianisme, il s'entretint encore un quart-d'heure avec ce prêtre, qui, au bout de ce temps, se retira dans la chambre prochaine. Olivier se fit apporter la cassette qui renfermait tout ce qu'il possédait de plus précieux, la tresse de cheveux, la chaîne d'or (touchantes offrandes de Célanire), et l'écharpe de Vitikind, qu'il tira de la cassette. Malheur, dit il, à qui n'emporte dans la tombe que des lauriers ensanglantés !...... Désormais ma gloire et ma renommée n'appartiendront plus qu'à ceux qui m'ont aimé ; mais ceci me reste, et me suivra dans le cercueil ! oui, je veux que cette écharpe y soit posée sur mon sein. Elle fut le prix d'une action généreuse, inspirée par la seule humanité, et que je me retrace aujourd'hui avec plus de plaisir que tous les triomphes éclatans, obtenus par les armes ! En disant ces paroles, Olivier posa l'écharpe sur son lit. Ensuite il se recueillit dans un profond silence pendant quelques instans ; et après avoir rassemblé toutes ses forces et rappelé tout son courage, il envoya dire à la duchesse et à Isambard qu'il desirait les entretenir. Lancelot et Barmécide s'étaient acquittés de leur funeste commission ; le premier était encore enfermé avec le malheureux Isambard et Zemni, tandis que Barmécide, chez la duchesse, partageait la douleur et l'effroi d'Axiane et d'Abassa, qui tenaient dans leurs bras l'infortunée Béatrix, agitée d'affreuses convulsions, survenues à la suite d'un long évanouissement. Enfin, Barmécide profitant d'un instant de calme apparent, causé par l'épuisement de ses forces, s'approcha d'elle, et lui dit qu'Olivier la demandait. Elle tressaillit, et ses larmes, qui n'avaient point encore coulé, bientôt inondèrent son visage ; elle se leva, et retomba sur son siége. Ah ! Madame, dit Barmécide, songez qu'Olivier vous attend ! Quelle sera l'amertume de ses derniers momens, s'il vous voit dans cet état ! pour toute réponse, Béatrix essuya ses pleurs, se releva, et s'appuyant sur le bras de Barmécide, sortit avec lui. Il la conduisit jusqu'à la porte d'Olivier, et là il se retire, et Béatrix entre seule. Isambard était déjà dans la chambre, placé dans la ruelle du lit, et à moitié caché par les rideaux ; on entrevoyait à peine son visage pâle et immobile. La duchesse, d'un pas chancelant, s'avança vers le lit, et tomba dans un fauteuil. Olivier avait renvoyé tous ses gens Il y eut un moment de silence. Enfin, Olivier prenant la parole : Je me retrouve donc encore, dit-il, entre les deux objets qui partagent toutes les affections de mon cœur !.... J'ai voulu les rendre dépositaires de mes derniers vœux !.... En prononçant ces paroles, il détacha de son bras le collier de perles, et le posant dans la cassette qui contenait les offrandes de Célanire : Dans cet instant solennel, poursuivit-il, il m'est permis de réunir aux dons de Célanire, les bienfaits de Béatrix !.... Je desire que ma tombe, sans inscription et sans ornemens, puisse être placée au pied d'un sorbier, et que ces gages précieux soient à jamais suspendus aux branches de cet arbre, sacré pour moi. Je desire encore emporter dans le cercueil l'écharpe de Vitikind et le portrait de Célanire...... Ici Olivier s'arrêta, et n'obtint pour réponse que des gémissemens sourds et étouffés..... Je connais vos ames généreuses, reprit-il; je suis certain que les derniers desirs de votre ami ne seront point oubliés. Oui, dit la duchesse, s'il est possible que Béatrix puisse exister lorsqu'Olivier n'existera plus; vous serez obéi..... Un torrent de pleurs accompagna ces paroles. Olivier se troubla, et laissa aller sa tête sur son oreiller. La duchesse frémit; ses larmes s'arrêtèrent tout-à-coup. Ne doutez pas de mon courage, reprit-elle d'une voix tremblante et concentrée...... Je puis tout sur moi-même pour vous obéir; je puis vivre, si vous l'ordonnez..... Eh bien! dit Olivier, sachez donc qu'il est un autre vœu que j'ose former encore, et daignez m'écouter l'un et l'autre, sans m'interrompre. Cessez de vous affliger et de me plaindre; la mort seule, ô Béatrix! pouvait m'affranchir de l'opprobre du parjure, ou du supplice affreux et bizarre d'être ingrat envers vous!..... Hélas! vous connaissez mon crime et mes sentimens; mais vous ne pouviez connaître toute l'horreur de mes remords, et vous ignoriez mes résolutions!...... Oui, j'avais juré de vous fuir, de vous quitter pour jamais !..... Ce jour même devait éclairer mon départ !..... Aujourd'hui même, je devais vous dire un éternel adieu ; n'était-ce pas toujours mourir ? et quelle mort, juste ciel ! J'emportais avec moi vos justes reproches ! Je vous abandonnais volontairement !..... Et j'avais à supporter à-la-fois votre douleur, la mienne, et le malheur de mon ami !..... Je n'éprouverai point l'inconcevable tourment de m'arracher des lieux que vous habitez ; mais quels regrets déchirans me restent encore !..... O Béatrix ! ô mon frère ! vous pouvez les dissiper tous ; vous pouvez m'affranchir du poids affreux de mes remords..... Ah ! je ne puis descendre avec tranquillité dans la tombe, qu'en unissant pour jamais, par des nœuds indissolubles, les seuls objets qui m'attachaient à la vie. Qui, moi ! s'écria Béatrix, quand je me meurs..... quand je suis consumée par une passion invincible, qui ne s'éteindra qu'à mon dernier soupir, je pourrais consentir..... Non, Olivier, vous ne l'espérez pas ; non..... Béatrix prononça ces paroles avec l'accent impétueux d'une vive indignation et de la plus violente douleur, et ses sanglots lui coupèrent la voix...... Isambard, qui, jusqu'à ce moment, glacé par un morne désespoir, avait gardé un profond silence, tout-à-coup ouvrit le rideau, et découvrant un visage égaré, que la pâleur et le saisissement rendaient méconnaissable : Olivier, dit-il, oserais tu concevoir le projet de former un lien qui pût me rattacher à la vie?.... Les yeux fixés sur ta tombe, j'attendrai qu'elle s'ouvre pour moi, et je fais le serment.... Arrête, interrompit Olivier, arrête.... Je n'ai plus qu'un mot à dire.... Si vous persistez l'un et l'autre dans vos refus, vous remplirez d'amertume mes derniers momens, et vous les avancerez, n'en doutez pas..... A ces mots, Isambard et Béatrix tombèrent à genoux, en fondant en pleurs. Olivier prit leurs mains qu'il unit dans les siennes : Vivez, leur dit-il, pour honorer ma mémoire ; vivez ensemble pour mieux conserver mon souvenir. Ah ! c'est dans le sein déchiré d'Isambard que les pleurs de Béatrix doivent couler; et quelle autre que Béatrix pourrait partager ou concevoir les regrets d'Isambard ! Ames sensibles et sublimes, je vous confie comme un dépôt, ce feu sacré de l'amour et de l'amitié, cette flamme active et pure qui va s'éteindre en moi. Oh ! qu'elle ne s'exhale point avec mes derniers soupirs ! Recueillez-la, qu'elle revive en vous, et je n'aurai point perdu l'existence. Mais, poursuivit-il, je sens que mes forces s'épuisent.... Achevez de combler tous mes vœux; que mes derniers regards puissent jouir du ravissant tableau d'une union si chère..... J'ai osé prévoir que vous céderiez à la volonté de votre ami mourant; tout est préparé pour l'auguste cérémonie. Au nom du sentiment qui nous unit tous trois, ne perdons plus de temps. L'infortunée duchesse, et le malheureux Isambard, n'étaient pas en état de répondre; mais Olivier, certain de leur obéissance, donna le signal convenu. Au moment même la porte s'ouvrit, et l'on vit paraître le prêtre qui, d'après les ordres d'Olivier, avait mis ses habits pontificaux, et était suivi de Théobald, de Barmécide, d'Angilbert, de Lancelot et de Zemni, qui devaient servir de témoins. Tous les Chevaliers, pénétrés de douleur, et les yeux baignés de larmes, s'avancèrent en silence, et entourèrent le lit d'Olivier. Le prêtre s'approcha du pied du lit, auprès duquel on voyait étendu un long et magnifique manteau de pourpre qu'Olivier tenait de Béatrix.

Il prit ce manteau, et découvrit, en l'ôtant, un autel qu'il avait posé lui-même dans la matinée. Olivier conjura le couple infortuné d'aller à l'autel. La duchesse pressant une des mains d'Olivier dans les siennes : O toi que mon cœur avait choisi pour époux ! s'écria-t-elle, cher Olivier, ô mon amant ! écoute encore la voix de Béatrix, permets-lui d'exprimer pour la dernière fois, ce sentiment insurmontable que ta mort et la mienne ne saurait anéantir, puisque mon ame est immortelle !. Cet amour malheureux va descendre avec toi dans la tombe, se déposer sous tes cendres, et s'ensevelir pour toujours, sans s'éteindre jamais !.... Cependant tu seras obéi, tes volontés sacrées seront exécutées !.... Le soin de les remplir est un lien qui m'attache encore à la vie !.... Oh ! que la paix renaisse dans ton ame généreuse !.... Oui, ton ami, privé d'un frère, trouvera dans Béatrix, la plus tendre des sœurs !.... Pourrais-je ne pas remplir mes devoirs, quand c'est toi qui me les imposes !.... Ange consolateur, interrompit Olivier avec transport, adorable et chère Béatrix, ta voix céleste a calmé mes vives douleurs et dissipé mes remords ; oui..... il me semble que tu viens de me rendre l'innocence et toute ma vertu. Olivier prononça ces paroles avec un enthousiasme qui ranima ses forces ; la pâleur de son visage décoloré s'était dissipée ; ses yeux brillaient d'un feu nouveau ; le sentiment et la sérénité se peignaient à la fois sur sa physionomie. La duchesse le contempla un instant avec une sorte d'extase ; ensuite voyant ses traits s'altérer, et l'incarnat de ses joues s'affaiblir, elle se leva brusquement, et s'appuyant sur Théobald, elle s'avança vers l'autel.... Olivier saisit l'écharpe de Vitikind, qui se trouvait à côté de lui, et la passant autour de sa taille : O Célanire ! s'écria-t-il, j'ai le droit de la reprendre, je suis digne de la porter dans ce moment ! .... Après avoir dit ces mots, Olivier joignit les deux mains, et les élevant vers le ciel, il resta dans cette attitude, avec la plus touchante expression de ferveur et d'attendrissement. Lorsque la cérémonie fut terminée, Isambard courut se jeter dans les bras de son ami, et la malheureuse duchesse, respirant à peine, n'ayant plus qu'une demi-connaissance, et toujours soutenue par Théobald, s'approcha lentement du lit. Olivier lui tendant une main défaillante : Epouse d'Isambard, lui dit-il, ô ma sœur !.... votre vertu sublime vient d'expier tous mes égaremens.... En achevant ces paroles, ses yeux se fermèrent à moitié.... On entendit dans la chambre un gémissement universel ; un cri douloureux s'échappe de la bouche d'Isambard..... Béatrix frissonne ; elle veut se pencher vers Olivier mourant, et elle retombe évanouie dans les bras de Théobald et de Barmécide. Olivier soupire ; il prononça d'une voix éteinte les noms chéris de Célanire et de Béatrix !.... Zemni, baigné de pleurs, lui prodigue inutilement de vains secours!... Isambard le tient dans ses bras et le presse contre sa poitrine !.... Tout-à-coup Olivier entr'ouvre des yeux languissans ; il voit, il reconnaît son frère.... L'amitié fidèle recueille son dernier regard et son dernier sentiment....O mon ami ! dit-il.... A ces mots, il laisse tomber doucement sa tête sur le sein d'Isambard, ses yeux se referment pour jamais.... il expire !

F I N.

NOTES

DU TROISIÈME VOLUME.

(1) Cet Astolphe, paladin Anglais, est un personnage de ce temps, fameux dans les vieilles chroniques et anciens romans, et l'un des héros de plusieurs poëmes modernes.

(2) Cette reine Edburge existait véritablement dans ce temps : je lui conserve le caractère que l'histoire lui donne, et je n'ai point altéré les faits qui la concernent. Elle fut la rivale d'Egbert ; les Anglais occidentaux l'abandonnèrent pour se donner à lui, et elle mérita ce sort par ses vices, la dépravation de ses mœurs et ses crimes. Chassée d'Angleterre, elle trouva un asyle à la cour de Charlemagne. Un jour elle dit à Charlemagne que le plus grand objet de son ambition serait d'être reine de France. Hé bien, répondit Charlemagne en plaisantant, je suis veuf, et mon fils aîné n'est pas marié, qui voulez-vous épouser de nous deux ? Le plus jeune, dit Edburge. Si vous m'aviez choisi, répliqua l'Empereur, je vous aurais donné mon fils ; mais puisque vous me l'avez préféré, vous n'aurez ni lui ni moi. Charlemagne donna à cette princesse une abbaye, qu'elle quitta pour s'enfuir avec un nouvel amant. Elle finit par aller à Pavie, où elle mourut dans la misère.

(3) On trouve dans l'histoire plusieurs exemples de cet héroïsme que je suppose dans Bar-

mécide ; le plus fameux se trouve rapporté dans la Henriade. Duplessis-Mornay , l'homme le plus vertueux du parti protestant, fut l'un des plus tendres amis de Henri IV. Voici ce qu'en dit Voltaire :

Mornay revole au prince , il le suit , il l'escorte ;
Il pare en lui parlant plus d'un coup qu'on lui porte ;
Mais il ne permet pas à ses stoïques mains ,
De se souiller du sang des malheureux humains.
De son roi seulement son ame est occupée.
Pour sa défense seule il a tiré l'épée ;
Et son rare courage , ennemi des combats ,
Sait affronter la mort , et ne la donne pas.

HENRIADE , chant 8e.

Il marche en philosophe où l'honneur le conduit ,
Condamne les combats, plaint son maître , et le suit.

HENRIADE , chant 6e.

(4) Les anciennes chroniques disent qu'il y avait , du temps d'Ogier, un géant formidable , nommé Bruhier, que par la suite Ogier combattit et tua. Au reste, un géant n'est point un être fabuleux, quand on ne lui donne pas plus de huit ou neuf pieds de haut (ce qui fait une taille gigantesque assez raisonnable). Tout le monde sait que le feu roi de Prusse avait parmi ses gardes un géant qui avait huit pieds six pouces huit lignes , mesure de France. (*Voyez* le dictionnaire de Bomare, article *Géant*.) Ainsi l'on pourrait raisonnablement supposer que cette taille n'est pas le dernier effort que la nature puisse faire dans ce genre.

(5) Je n'ai pu donner dans cet ouvrage qu'une idée bien imparfaite de ces touchantes associations ; c'est dans l'histoire de France qu'il en faut chercher les détails. L'imagination ne saurait les embellir ; ils suffisaient seuls pour rendre à jamais respectable l'institution de l'ancienne

Chevalerie. C'est dans l'histoire de du Guesclin, de Clisson, de Sancerre, du vaillant Boucicaut, de Bassompierre, et de tant d'autres héros français, qu'on trouvera les vrais modèles et les exemples admirables de cette amitié pure et sublime, qui n'est plus aujourd'hui qu'une chimère. C'est enfin dans l'histoire de ces siècles reculés, qu'on verra l'enthousiasme de l'amitié ajouter à l'enthousiasme de la gloire et de la vertu, et l'emporter sur celui de l'amour même. Je me contenterai de copier ici le détail des cérémonies donné par M. de Sainte-Palaye. Les fraternités d'armes, dit-il, se contractoient de plusieurs façons différentes. Quelquefois, mais rarement, les Chevaliers se faisaient saigner ensemble, et mêlaient leur sang. Plus communément les compagnons d'armes imprimaient à leur serment les plus sacrés caractères de la religion; ils baisaient ensemble la paix que l'on présente aux fidèles dans les cérémonies de la messe; quelquefois ils recevaient en même temps la communion; souvent ils faisaient entr'eux l'échange de leurs armes. De ce moment, ils portaient un habit et des armures semblables. Ils voulaient que l'ennemi pût s'y méprendre, et courir les mêmes dangers. L'union des frères d'armes était si intime, qu'elle ne leur permettait pas d'avouer des amis qui n'auraient point été des amis de l'un et de l'autre. Le frère d'armes de Boucicaut crut devoir refuser de Henri de Transtamare une somme très-considérable, uniquement parce que ce prince était ennemi de Boucicaut. Les sermens des frères d'armes consistaient à ne jamais abandonner son compagnon, dans quelques périls qu'il se trouvât; *à l'aider de ses conseils, de son corps et de son avoir jusqu'à la mort*, et à soutenir même pour lui

le gage de bataille, s'il mourait avant que de
l'avoir accompli. Le frère d'armes devait être
l'ennemi des ennemis de son compagnon, l'ami
de ses amis. Tous deux devaient partager par
moitié leurs biens présens et à venir, et employer leurs biens et leurs vies à la délivrance
l'un de l'autre, lorsqu'ils étaient pris.

(6) Les duels étaient très communs dans les
batailles et dans les siéges, et communément
les combattans avaient pour motif la gloire de
leurs dames. On aurait peine à croire, dit M. de
Sainte-Palaye, si l'on n'était appuyé du témoignage des historiens, que des assiégeans et des
assiégés aient suspendu leurs coups au fort de
l'action, pour laisser un champ libre à des
écuyers qui voulaient immortaliser la beauté
de leurs dames, en combattant pour elles. C'est
néanmoins ce qu'on vit arriver au siége du château de Thoury, en Beauce; et l'on pourrait
citer une multitude d'exemples semblables. Cet
esprit de galanterie ne s'était point encore perdu
dans les guerres de Henri et de Louis XIV; on
y faisait quelquefois le coup de pistolet pour
l'amour et pour l'honneur de sa dame. Au siège
d'une place, on vit un officier blessé à mort,
écrire sur un gabion le nom de sa maîtresse, en
rendant le dernier soupir.

(7) Dans le défi d'armes, qui fut proposé en
1414, au siége d'Arras, entre quatre Français,
dont était chef le bâtard de Bourbon, jeune enfant, et quatre Bourguignons, dont était chef
le Chevalier de Cotte Brune; celui-ci fit apporter de grosses et fortes lances; mais quand il sut
qu'il avait affaire à un enfant, *il trouva manière d'avoir lances gracieuses, desquelles il
feist ses armes à l'encontre du bâtard de Bourbon si gracieusement, que nul ne fut blessé.*

(8) De toutes les récompenses que la Chevalerie proposait (dit M. de Sainte-Palaye) , la plus glorieuse sans doute était le prix de la valeur décerné au jugement de ceux mêmes qui avaient le droit d'y prétendre. Aussi , Joinville ne crut pas pouvoir mieux faire l'éloge de Henri de Cône, son oncle , qui mourut des blessures reçues dans une action contre les Turcs, qu'en ajoutant ces paroles : *Et lui ouïs dire à sa mort qu'il avait été en son temps en trente-six[t] batailles et journées de guerre, desquelles souventes fois il avait emporté le prix d'armes.* Outre le prix décerné au plus brave Chevalier du jour, quelquefois au sortir d'un combat ou d'un assaut, on donnait aux autres guerriers qui s'étaient signalés, des chaînes d'or. On donna depuis à ce présent une signification allégorique ; on voulut faire entendre à ceux qui le recevaient, que leur valeur n'avait besoin que d'être enchaînée. *Par la Pâques Dieu*, dit Louis XI, en donnant une chaîne d'or de 500 écus au brave Raoul de Lannoy, *par la Pâques Dieu. mon ami , vous êtes trop furieux en un combat; il vous faut enchaîner ; car je ne veux point vous perdre , et desirant me servir de vous plus d'une fois.* Les Anglais décernèrent aussi de grands honneurs à ceux qui dans une action avaient surpassé tous les autres combattans.

(9) Au siége de Calais, Edouard III combattit contre Eustache de Ribaumont, *fort et hardi Chevalier, qui deux fois l'abattit à genoux.* Le monarque se releva toujours , et força enfin ce redoutable ennemi de lui remettre son épée et de se rendre. Edouard III eut la générosité de couronner cet ennemi qui l'avait si peu ménagé. Victorieux , il donne le soir à souper aux

prisonniers français , après les avoir revêtus de manteaux neufs et magnifiques , comme les Chevaliers anglais. *Après le souper , il vint (dit Froissard) , à messire Eustache de Ribaumont. Vous êtes , dit il, le Chevalier au monde que veisse oncques plus vaillant assaillir ses ennemis, ne son corps défendre , ni ne me trouvai oncques en bataille , où je veisse qui tant me donnast affaire corps à corps , que vous avez hui fait ; si vous en donne le prix sur tous les Chevaliers de ma court par droite sentence. Adonc prit le roi son chapelet qu'il portait sur son chef, qui bon et riche était de fines perles , et le meist sur le chef de monseigneur Eustache, et dit : Monseigneur Eustache , je vous donne ce chapelet, pour le mieux combattant de la journée de ceux du dedans et du dehors , et vous prie que vous le portiez cette année pour l'amour de moi. Je sais que vous êtes gai et amoureux , et que volontiers vous trouvez entre dames et demoiselles ; si dites par-tout où vous irez, que je le vous ay donné. Si vous quitte votre prison, et vous en pouvez partir demain, s'il vous plaît.*

On sait quels honneurs le prince de Galles rendit, après la bataille de Poitiers, au roi Jean son prisonnier; avec quels témoignages de respect et de vénération il refusa constamment de s'asseoir à la table de ce monarque, et quels éloges éclatans il donna à sa valeur. L'histoire de France et d'Angleterre est remplie de traits de ce genre; puisse celle de la fin de ce siècle renouveler encore ces touchans exemples de générosité !

(10) On voit dans les Mémoires de l'ancienne Chevalerie , que les dames et les princesses allaient visiter les Chevaliers blessés ; que les

jeunes demoiselles apprenaient l'art de guérir leurs blessures, et de les panser, ce qu'elles faisaient fréquemment.

(11) L'auteur de *Philomena* ou *Philumena*, ouvrage précieux par son antiquité (*), dit que Balahac qui s'était fait couronner roi de Carcassonne, périt au siége de cette ville, et laissa une veuve, femme d'un grand courage, dont j'ai pu me permettre de changer le nom, qui, pour la signification qu'il a prise depuis, n'offrirait pas aujourd'ui l'agréable idée d'une héroïne de roman ; car elle s'appelait *Carcas* ou *Carcasse*. Sa représentation, dit M. Gaillard, se voit encore sur la porte de la cité , avec l'inscription *Carcas sum*, dont la corruption a sans doute donné le nom à la ville. La veuve de Balahac entreprit de venger son époux, et soutint le siége avec tant de gloire, que Charlemagne lui laissa la propriété et la seigneurie de la ville. Les Sarrasins vinrent insulter la comtesse de Carcassonne dans sa ville, se moquant d'une femme guerrière, et la renvoyant à sa quenouille. Elle s'arma d'une grande quenouille, qui était une lance redoutable ; elle y fit attacher un gros écheveau de chanvre, laissant seulement la pointe de la lance libre et découverte. Elle mit le feu à l'écheveau, et se jeta ainsi avec sa lance enflammée au milieu des Sarrasins, qu'elle remplit de terreur, et qu'elle mit en fuite. On montre encore dans la cité de Carcassonne son bouclier et sa quenouille, ou lance victorieuse. Son comté de Carcassonne, joint à sa gloire personnelle, la fit rechercher par les Chevaliers les mieux faits, les plus jeunes, et les plus braves. Celui à qui elle donna la

____

(*) C'est un roman historique. On conjecture que le nom de *Philomena* est celui d'un secrétaire , historien ou chroniqueur vrai ou supposé de Charlemagne.

préférence fut un Chevalier français, nommé Roger, tige d'une longue suite de comtes de Carcassonne, dont la plupart prirent ce nom de
Roger. (Voyez *Histoire de Charlemagne*, *par*
M. Gaillard.)

(12) On sait que dans ces temps, et même encore dans le siècle dernier, on croyait aux philtres, aux talismans, etc. L'imposteur Mahomet,
le fameux Valstein, et beaucoup d'autres reçurent des philtres dont l'effet fut de les empoisonner, quoiqu'on n'eût eu que le dessein de les
rendre amoureux. L'histoire nous apprend que
le poëte Lucrèce prit un philtre dont la violence
altéra sa raison pendant long-temps. Les romanciers content que Charlemagne étant déjà vieux,
eut une maîtresse qui n'était elle-même ni jeune
ni jolie, mais qu'il aimait éperdument. Elle
mourut; Charlemagne lui fit faire un magnifique
cercueil, couvert par dessus d'une glace, à travers laquelle on pouvait voir le déplorable objet
qu'enfermait le monument. Il passait les journées
entières à la considérer; enfin il montra une douleur si extravagante, que l'archevêque Turpin
soupçonna qu'un attachement si singulier avait
quelque cause surnaturelle. Il examina le cadavre
de la défunte, et s'apperçut qu'on lui avait laissé
au doigt un anneau sur lequel étaient gravés des
caractères, qu'il jugea magiques; il enleva l'anneau, le mit à son doigt, et parut devant l'Empereur. Il en reçut un accueil auquel, jusque-là,
toutes les bontés de ce prince ne l'avaient point
accoutumé ; il se vit accablé de démonstrations
d'amitié qui passaient toute mesure. Il n'y avait
rien que Charlemagne ne voulût faire pour lui,
et à l'instant. Tantôt il allait conquérir l'empire
d'Orient, et le lui donner, afin que Turpin fût
au moins son égal ; tantôt il allait le faire pape,

pour que Turpin fût son supérieur spirituel. La vivacité de ses transports, l'impétuosité de sa tendresse, confirmèrent l'archevêque dans son opinion. Mais il ne voulait que désenchanter l'Empereur; il avait trop de religion pour vouloir profiter d'une opération magique. En conséquence, pour empêcher que ce dangereux anneau ne passât dans des mains qui pourraient en abuser, comme les premières, il le jetta dans un étang voisin du lieu où fut depuis Aix-la-Chapelle. Alors, ce fut de l'étang que Charlemagne devint amoureux. Il fit bâtir sur ses bords un palais, un temple, une ville, dont il fit la capitale de son empire : il préféra ce séjour au reste de l'univers, il voulait y vivre et mourir (*). J'ai lu plusieurs ouvrages très-curieux sur les philtres et les talismans, ouvrages écrits au commencement du siècle dernier, et dont les auteurs, quoique remplis d'érudition, traitent cependant cette matière avec la plus grande gravité, et ne pensent pas qu'on puisse révoquer en doute une multitude de faits semblables, qu'ils citent à chaque page. D'après de telles opinions, on ne doit pas trouver mon petit page trop crédule; d'ailleurs il n'a que quinze ans, il est amoureux; que de raisons pour tout croire aveuglément !

(13) Abdérame I, surnommé (fort mal-à-propos) le Juste, était petit-fils du calife Hescham, de la race des Ommiades. Après la ruine de sa famille, il fut appelé en Espagne par les Sarrasins révoltés contre leur roi. Abdérame défit ce dernier dans un combat, et prit le titre de roi de Cordoue. Il fit la conquête de la Castille, de l'Aragon, de la Navarre, et du Portugal. Il protégea les arts, instruisit & embellit l'Espagne.

(*) *Voyez* Histoire de Charlemagne.

C'est lui qui a bâti la superbe et fameuse mos-
quée de Cordoue, qui subsiste encore. Il eut
d'éclatantes qualités, mais il ne fut pas un grand
roi, car il opprima ses sujets, qui, sous ce règne,
furent accablés d'impôts. Il mourut l'an 789 ou
799. Bermude I , que je suppose père d'Axiane,
abdiqua l'an 791 ; de sorte que la conquête de
Cordoue par Abdérame , fut faite avant la mort
de Bermude ; mais j'ai déjà dit que je ne m'assu-
jettirais point à suivre avec exactitude l'ordre
chronologique.

Il ne faut pas confondre le fondateur de
Cordoue avec un autre Abdérame, qui vivait
un peu avant lui , qui fut gouverneur de l'Espagne sous Heschani, calife des Sarrasins, et qui
fut tué dans une bataille que lui livra Charles
Martel en 732.

(14) La justice, la modération et la générosité , voilà les véritables bases de la saine politique. Cette politique sublime fut celle de
Louis IX, que ses ennemis mêmes choisirent
pour arbitre. Sully se conduisait par les mêmes
principes. (Voyez ses Mémoires.) Assurément,
dans ces temps orageux , un ministre du caractère
de Mazarin, n'aurait pas rétabli les affaires de
Henri IV. J'ai beaucoup lu l'histoire, et je re-
gretterais infiniment d'avoir consacré un temps
si considérable à une lecture en général si sèche
et si fatigante, si je n'en avais pas retiré le plus
précieux des résultats, en me confirmant dans
l'opinion, *qu'en toutes choses , la résolution
la plus équitable et la plus vertueuse est la
plus utile et la meilleure.* Quelques hommes
d'état de ce siècle n'approuveront certainement
pas la politique des Chevaliers du Cygne et de
Béatrix. Je pourrais tirer de l'histoire beaucoup
d'exemples d'une générosité plus grande encore,

et dont le succès a prouvé l'utilité ; mais si je voulais au contraire entrer dans le détail des inconvéniens et des maux qui ont résulté du manque de justice et de modération, j'entreprendrais une histoire très-volumineuse. Je me contenterai de citer un seul trait de ce genre, que me fournit l'excellent historien que j'ai déjà cité tant de fois (M. Gaillard) et dont je copierai la judicieuse réflexion sur ce sujet.

Pendant la captivité de François Ier, à Madrid, Charles-Quint délibéra dans son conseil sur le traité qu'il devait faire avec ce prince. L'évêque d'Osma, confesseur de Charles-Quint, fut d'avis de traiter le roi de France avec une générosité qui pût assurer à jamais de son amitié, en obtenant toute sa reconnaissance. Il proposa donc de n'exiger de lui aucune cession, et de lui rendre la liberté. Le duc d'Albe rejeta cet avis comme dévot et chimérique, et entraîna tout le conseil. Dans le même temps le fameux Erasme indiquait dans ses écrits ce parti généreux, comme le seul moyen d'assurer la paix. C'était, dirent dédaigneusement les ministres de Charles-Quint, l'idée d'un bel esprit, fort belle en morale et sur le papier, mais qui ne valait rien en politique. On sait que François Ier protesta contre tout ce qu'il avait signé en Espagne. Deux siècles de guerre, suite de la rigueur du traité de Madrid et de l'inexécution nécessaire de ce traité si dur, ont prouvé que c'était l'avis du confesseur et du bel esprit qu'il aurait fallu suivre.

Fin des Notes.

TRADUCTION

DES

ÉPIGRAPHES

ANGLAISES ET ITALIENNES

DU TROISIÈME VOLUME.

CHAPITRE III, page 27. *Male amor si nasconde.*

L'Amour se cache mal.

Seconde épigraphe du même chapitre. *Ben s'ode il ragiona*, etc.

On entend les discours, on voit le visage; mais on ne peut lire dans le cœur et juger de ce qui s'y passe.

CHAP. VIII, page 113. *Manca il parlar,* etc.

La seule parole lui manque, et même elle ne lui manque pas, si l'on en croit le témoignage de ses yeux.

CHAP. IX, page 124. *Think me not lost,* etc.

Ne crois plus m'avoir perdu; j'implore pour

toi le ciel ; je ne suis plus ton épouse, mais je serai désormais ton ange tutélaire.

Seconde épigraphe du même chapitre. *Mira come son bella*, etc.

O mon fidèle ami   contemple-moi ; vois comme je suis heureuse et belle, et que ma félicité dissipe ta douleur.

CHAP. X , page 130. *Voi che oscurar varreste* , etc.

Vous qui voudriez, par de malins raisonnemens obscurcir la gloire des femmes, dites-moi si vos héros ont des vertus plus sublimes ?

CHAP. XIII, page 174. *For blesseing ever wait*, etc.

Les actions vertueuses attirent les bénédictions du ciel, et tôt ou tard sont récompensées.

CHAP. XX, page 292 . . . . . *e le preghiere*, etc.

Et les prières inspirées par l'espoir et la confiance en Dieu, s'élèvent vers les sphères célestes, comme la flamme, par sa nature, s'élance vers le ciel.

Fin des Epigraphes du troisième Volume.

9 782329 538600